AF544228

Lorbeer
Literaturverlag

ISBN 978-3-938969-39-7

KZ Wilischthal

Unter »Hitlerauges« Aufsicht

Pascal Cziborra

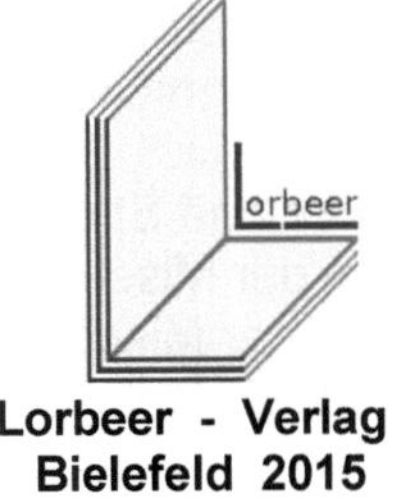

Lorbeer - Verlag
Bielefeld 2015

Inhaltsverzeichnis

Einleitung

Teil 1 - Das Lager Wilischthal
Von der Entstehung bis zur Auflösung

Teil 2: Personen im Lagerumfeld
Wachpersonal, Belegschaft und Bevölkerung

Teil 3: Stationen der Deportation

Häftlingsüberstellungen und Transporte

Teil 4: Statistik, Daten, Diagramme

Forschungsstand und Datenbasis

Geleitwort

Mit etwa 100 Außenlagern und Kommandos sowie über 100.000 Häftlingen im Laufe seines Bestehens, gehörte das Konzentrationslager Flossenbürg - 1938 in der Oberpfalz nahe der tschechischen Grenze gegründet - zu den großen KZ des nationalsozialistischen Lagersystems [1].
Mehr als 16.000 der Häftlinge waren Frauen und Mädchen, davon die gute Hälfte Jüdinnen, die entweder ab September 1944 unter die Verwaltung des KZ Flossenbürg gestellt worden waren oder nach und nach aus anderen Konzentrationslagern den KZ-Komplex Flossenbürg erreichten, um in dessen Einzugsbereich Zwangsarbeit für die deutsche Rüstungswirtschaft zu verrichten. Gerade das Kapitel dieser Außenlager, insbesondere für Frauen, wurde bislang kaum mit ausreichend wissenschaftlichem Ansatz aufgearbeitet, und allgemein zugänglich gemacht.
Die Buchreihe „Die Außenlager des KZ Flossenbürg" trägt dazu bei, dieses Manko der Geschichtsschreibung zu beseitigen.
Vor Ihnen liegt die erweiterte zweite Auflage des ersten Bandes dieser Editionsreihe, deren Hauptziele die Klärung der einzelnen Häftlingsschicksale, die zukünftige Unterstützung der Erinnerungsarbeit und Bildung vor Ort, sowie die Anregung der internationalen wissenschaftlichen Aufarbeitung des Holocaust sind.
In intensiver Forschungsarbeit wurden zahlreiche Dokumente zur Auswertung zusammengetragen, die die Ereignisse im Außenlager Wilischthal für die Deutsche Kühl- und Kraftmaschinen GmbH, eine Tochterfirma der Auto Union AG, von verschiedenen Perspektiven her beleuchten sollen. Anhand diverser Quellen lässt sich die Geschichte des Lagerstandortes detailliert nachvollziehen und es konnten auch fast alle Häftlinge identifiziert und ihre Schicksale beinahe ausnahmslos geklärt werden. Vielleicht ist es möglich in Zukunft auch noch die letzten Rätsel zu Herkunft und Verbleib der Häftlinge zu lösen. Hinweise nehmen Autor und Verlag entgegen.

---

[1] Vgl. Peter Heigl & Toni Siegert

Die Hauptquellen dieser Wahrheitssuche

Die in diesem Band vorliegenden Häftlingsaussagen stammen hauptsächlich aus Vernehmungsprotokollen der Zentralen Stelle der Landesjustizverwaltungen zur Aufklärung nationalsozialistischer Verbrechen in Ludwigsburg. Die Ermittlungsakten sind ein wichtiger Bestand des Bundesarchivs. Zudem wurden wo immer möglich weitere Zeitzeugenberichte in schriftlicher und mündlicher Form herangezogen, um die damaligen Geschehnisse zu erhellen. Aufgrund der schweren Zugänglichkeit, weniger wegen der Sprachbarrieren, blieben die 26 Interviews[2] der von Steven Spielberg initiierten Shoah Visual History Foundation inhaltlich ungenutzt. Lediglich online einsehbare biografische Daten und Deportationsstationen wurden abgeglichen.

Für die Erhebung einer Opferstatistik und die Erstellung der Häftlingsseiten, wurden in aufwendiger Einzelanalyse, die Flossenbürger Häftlingsregister mit der Theresienstädter Datenbank und den Daten entsprechender Gedenkbücher und Bücher über die Deportationen aus betroffenen Ländern abgeglichen. Zudem erfolgten Rücksprachen mit Archiven und Gedenkstätten und Erkundigungen bei diversen Organisationen. Bei unsicheren, bzw. mehrdeutigen Daten, werden die möglichen Varianten mit angegeben. Zudem wurden zum Zwecke dokumentarischer Bestätigung und Feststellung der Überlieferungsqualität, Selbstzeugnisse ehemaliger Häftlinge gesammelt. So konnte auch die Autobiografie Yaja Borens „We Only Have Each Other", Goti Bauers „Una Vita Segnata", Frida Misuls „Deportazione: il mio diario", sowie Selma Ornsteins „Tagebuch" „So war es ..." mit in die Analysen einbezogen werden. Die Geschichte der involvierten Firmen wurde in erster Linie im Sächsischem Staatsarchiv Chemnitz in den Beständen der Auto Union recherchiert und mit Daten aus geeigneter Literatur ergänzt.

Einen ungewöhnlichen Weg geht diese Edition mit der Nennung des Wachpersonals und der Aufarbeitung seiner Geschichte. Hierzu wurden in erster Linie Vernehmungsprotokolle und der überlieferte Schriftverkehr des Lagers ausgewertet.

---

[2] SVHF: 129, 1468, 4807, 5969, 6622, 6758, 7013, 9173, 14687, 15964, 16027, 18515, 18776, 22813, 25625, 26130, 29118, 29541, 34151, 35276, 35869, 36966, 39965, 43394, 43883, 44328

Teil 1: Das Lager Wilischthal

Von der Entstehung bis zur Auflösung

a) Vorgeschichte und Anbahnung

Mit zunehmenden Arbeitskräftemangel in der Rüstungsindustrie kam es 1944 auf den Gebieten des Deutschen Reiches zu einem Schub von Lagerneugründungen. Um den Arbeitskräftebedarf der Kriegswirtschaft zu decken, verlieh die SS verstärkt KZ-Häftlinge an Unternehmen, die sich durch die Hereinnahme von Häftlingen erhofften, die eigene Lage zu entspannen, und die Stückzahlvorgaben erfüllen, oder angestrebte Profite maximieren zu können. Neben dem „Arbeitslohn", den die SS quasi als Verleihgebühr einforderte, mussten die Unternehmen sich um eine Unterkunft mit entsprechenden Sicherheitsvorkehrungen, und um die Verpflegung kümmern. Bei weiblichen Kommandos wurde meist auch die Stellung von Frauen für den Ausbildungslehrgang zur Aufseherin verlangt. Auch das KZ Flossenbürg in der Oberpfalz expandierte ab dem Spätsommer 1944 zusehends. Allein in den Monaten September und Oktober wurden mindestens 25 neue Lager gegründet, 15 davon für Frauen[3]. Mit dieser Ausweitung des Lagersystems führte die SS ihr Programm *„Vernichtung durch Arbeit"* vor allem in den Männerlagern dezentralisiert, vielerorts kaum vor den Augen der Zivilbevölkerung versteckt, ungeniert fort. Eine dieser erwähnten Lagerneugründungen war das Arbeitslager Wilischthal der Deutschen Kühl- und Kraftmaschinen GmbH, kurz DKK, Scharfenstein. Die DKK war 1931 als Tochterfirma der Auto-Union gegründet worden. Nach zwischenzeitlichem Besitz des Unternehmens durch die Sächsische Staatsbank kehrte die DKK 1940 als eigenständiges Unternehmen wieder in den Mutterkonzern zurück. In der Ortschaft Wilischthal wurde an der Zschopau ein Zweigwerk betrieben. Da die dortigen Produktionskapazitäten nicht ausreichten, die gewünschten Stückzahlen herstellen zu können, bestanden bereits seit Anfang 1944 Bestrebungen, die serienmäßig geplante Fertigung der Zulieferproduktion für das MG

---

[3] vgl. Martin Weinmann ; Pascal Cziborra. Frauen im KZ S.23ff. ; Pascal Cziborra. KZ Flossenbürg – Gedenkbuch der Frauen S.7ff & 58ff.

151, in die Räumlichkeiten der nahen Wilischthaler Niederlassung der Mafrasa Textilwerke zu verlagern.
In einem überlieferten Sitzungsprotokoll der DKK Scharfenstein vom 11.02.1944 heißt es unter den Punkten 3 und 4 der Agenda:

> „ 3.Raum.
>
> Die weiteren Verhandlungen über die Sicherstellung des Betriebes der Fa.Mafrasa in Wilischthal sind positiv verlaufen. Mit Hilfestellung von DKK hat Mafrasa jetzt die Möglichkeit, das derzeit in Wilischthal liegende Fertigungsvolumen in ihren Zweigbetrieb nach Lößnitztal zu verlagern. Damit ist die Freistellung der Räume in Wilischthal mit der gleichzeitigen Überleitung von 29 Arbeitskräften für DKK gesichert.
>
> 4. Menschen.
>
> Für die Kammlinie von monatlich 10.000 Stück werden 216 zusätzliche Arbeitskräfte benötigt. Darauf sind die 29 Menschen, die uns jetzt aus dem Betrieb der Fa.Mafrasa in Wilischthal zur Verfügung stehen, anzurechnen. Die weitere Deckung des Kräftebedarfes muß mit allen Mitteln, so wie es der Einlauf und das Ansteigen des Programmes erfordern, betrieben werden.“[4]

In dieser Formulierung, deutet sich bereits an, dass auch ein Häftlingseinsatz für die rüstungswirtschaftlich wichtige Produktion in Erwägung gezogen wird, falls der Arbeitskräftebedarf nicht anderweitig zu decken wäre.
Das MG 151, dessen Zulieferproduktion in Wilischthal sichergestellt werden sollte, war eine für den Einsatz in Militärflugzeugen konstruierte automatische Waffe, die 1935 im Kaliber 15 mm von der Firma Mauser entworfen und 1937 zur 20 mm Maschinenkanone weiterentwickelt wurde. Durch Tausch des Laufes und einer Modifikation der Schussanlage konnte das MG 151/15 auf das größere Kaliber umgerüstet werden, das in der Lage war, Explosionsgeschosse zu verschießen. Darüber hinaus konnten alle Typen des MG 151 für das synchronisierte Schie-

[4] StAC 31050 AU 586

ßen durch den Propellerkreis eingesetzt werden.[5] Für die Bewaffnung von Flugzeugen, auf deren Bau man in der letzten Kriegsphase verstärkt setzte, war das MG 151 nahezu unerlässlich. Mit den Umbaumaßnahmen für die angestrebte Betriebsverlagerung für die entsprechende Produktionslinie wird Anfang März 1944 begonnen. In einem Schreiben vom 3. März 1944 an die Mafrasa Textilwerke AG – Chemnitz, Lothringer Str. 2 lautet es unter dem Betreff „Inanspruchnahme Ihres Zweigwerks Wilischthal“:

> „Nachdem der Rüstungsinspekteur IV a, Dresden, im Einvernehmen mit dem Rüstungsobmann entschieden hat, daß die Räumlichkeiten Ihres Zweigwerks Wilischthal zur Verfügung gestellt und Ihre Arbeitskräfte bis auf einige Führungskräfte und 20 Ostarbeiterinnen zu unseren Gunsten umgesetzt werden sollen, und wir im Laufe der mit Ihnen geführten Verhandlungen die Einzelheiten der Inanspruchnahme festlegten, werden wir nunmehr gemäß der heute mit Ihnen geführten fernmündlichen Rücksprache des Rechtsunterzeichneten am kommenden Montag, den 6. März 1944, mit der Aufnahme der erforderlichen Arbeiten beginnen.
> Zu unserem Bedauern sind wir nicht in der Lage, Ihrem Wunsche Rechnung zu tragen, wonach der Krempelsaal zuletzt von uns in Anspruch genommen werden soll, weil wir die für diesen Raum vorgesehenen Pressen zum Teil bereits zur Verfügung haben und die größte der dort aufzustellenden Pressen in aller Kürze eintreffen wird. Bis dahin muß jedoch die notwendige bauliche Veränderung dieses Saales durchgeführt sein. Es ist deshalb für uns dringend erforderlich, daß wir gerade bei diesem Saal unsere Arbeiten beginnen. Wir danken Ihnen dafür, daß Sie uns in dieser Beziehung entgegenkommen und das Auslaufen Ihres Betriebes diesem Erfordernis anpassen.
> Die Inanspruchnahme Ihres Zweigwerkes erfolgt nach den Bestimmungen des Reichsleistungsgesetzes, womit gleichzeitig auch die für dieses Gesetz maßgebenden Richtlinien zur Grundlage des mit Ihnen abzuschließenden Vertrages gemacht werden können. Wir werden in Kürze Gelegenheit nehmen, uns über die einzelnen in dem Vertrag festzuhaltenden Bedingungen in einer persönlichen Rücksprache mit Ihnen auszutauschen. Über den Termin dieser Aussprache werden wir uns

[5] vgl. Wikipedia – online Enzyklopädie / Flugmuseum Aviaticum

mit Ihnen noch ins Einvernehmen setzen und Herrn Dr. Schüler, den Leiter der Rechtsabteilung der Auto Union A-G, Chemnitz, bitten, an diesen Besprechungen teilzunehmen."[6]

Die vorbereitenden Baumaßnahmen zur Betriebsverlagerung bzw. -umsetzung wurden also begonnen, bevor ein Mietvertrag, der alle Einzelheiten und finanziellen Gesichtspunkte regelte, unterzeichnet war. Dieser wurde als Entwurf erst Ende August aufgesetzt, nachdem alle Gutachten zur Gebäudesubstanz bis zum 8. Juni 1944 erfolgt waren. Der endgültige Vertrag wurde erst im Februar 1945 unterzeichnet. Das Mietverhältnis begann rückwirkend zum 6. März 1944 und war auf die Dauer des Krieges ausgelegt.[7]
Die endgültige Stilllegung des Mafrasa Zweigwerkes ist für den 20. Mai geplant. In einem Besprechungsprotokoll vom 3. Mai 1944 zu einer Besprechung am 27. April 1944 in Wilischthal unter Direktor Lindgens und Prokurist Hoffmann der Mafrasa, Dr. Hanns Schüler der Zentralen Behördenabteilung (ZBA) der Auto Union, Direktor Werner Kratsch und H. Neubert von der DKK sowie Architekt Kornfeld, wird notiert:

„1. Es wurden folgende Punkte besprochen und festgelegt

Für die Räumung der restlichen Maschinen rechnet die Mafrasa mit einer Räumungsfrist von 10 Tagen. Da ab 1. Juni 44 die Räume restlos der DKK zur Verfügung stehen müssen, muß die endgültige Stillegung der Mafrasa spätestens am 20. Mai erfolgen. Ab 21. Mai wird DKK die Arbeitskolonne für die Demontage und Transport der Maschinen bereithalten.

2. Herrn Kornfeld ist der Termin für die vorläufige Fertigstellung der 1. Juli 1944 aufgegeben. Für die vorläufige Fertigstellung wird benötigt:
der halbe Saal für die großen Pressen
der kleine Pressensaal fertig mit den Fundamenten,
die große Werkstatthalle vollständig,
die Unterkunftsbaracken für ausländische Arbeiter vollständig,

---

[6] StAC 31050 AU 4261 S. 35
[7] Vgl. StAC 31050 AU 4261 S. 37 Obwohl der Vertragsentwurf Ende August steht, wird er Anfang September noch nicht unterzeichnet. Vgl. Schreiben vom 6.9.1944 ebd. S. 20

> Auslands- und Inlandsküche kann nach dem 1. Juli fertiggestellt werden, da die Verpflegung vorläufig behelfsmäßig aus einer Feldküche erfolgen kann. [...]"[8]

Obwohl also bereits seit Anfang März die Betriebsverlagerung in vollem Gang war, bekam die DKK Scharfenstein für das angestrebte Rüstungsprojekt erst am 31. Mai 1944 auch vom Planungsamt der Luftwaffe grünes Licht. Im Schreiben heißt es:

> „Betr.: Errichtung einer Zweitfertigung von Deckelkörpern und Gehäusen für MG 151 sowie spanlosen Waffenteilen in Wilischthal.
>
> Bezug: Ihr Schreiben Illg/Ho vom 22.5.44
>
> Im Einvernehmen mit dem Hauptausschuss Waffen, dem Leiter des zuständigen Sonderausschusses W 34 und der zuständigen Fachabteilung des Technischen Amtes Gl/C-B 6 wird einer Ausweitung o.g. Fertigung in den Räumen des Spinnereibetriebes Mafrasa/Chemnitz, in Wilischthal, zugestimmt.
>
> Die erforderlichen Verlegungsmaßnahmen sind beschleunigt durchzuführen. Alle Um- und Neubauten, sowie Installationen sind auf das unbedingt erforderliche Mindestmaß zu beschränken.
>
> Es wird ausdrücklich darauf hingewiesen, daß die Bestimmungen des Deutschen Reichsanzeigers Nr. 203 vom 1.9.43 (Verlegungsgrundsätze) für diese Ausweitung keine Anwendung finden.
>
> Sämtliche Kostenfragen sind mit der hiesigen Dienststelle GL/F 3 zu klären."[9]

Spätestens im Juni 1944 wurden dann für den DKK Standort Oederan 500 KZ-Häftlinge angefordert. Im irrtümlichen Schreiben der DKK-Direktion vom 24.06.1944 an das SS-Reichssi-

---

[8] StAC 31050 AU 4261 S. 29
[9] StAC 31050 AU 4261 S. 27

cherheitshauptamt[10] wird bereits um einen Ortsbesichtigungstermin für die Abnahme des Standortes durch einen Amtsvertreter gebeten. Erst nach der Abnahme der Produktionsstätte und des Lagers, konnte mit einer Überstellung von KZ-Häftlingen, den begehrten Arbeitskräften, gerechnet werden.
Aus einem Reisebericht über den Besuch des K.L. Flossenbürg/ Oberpf. am 8. und 9. August 1944[11] geht zudem hervor, dass auch für Wilischthal Anfang August bereits eine Anforderung von 500 Häftlingen vorlag. Erwähnt wird auch das Werk Scharfenstein, für das von Seiten der DKK ebenfalls 500 Häftlinge angedacht waren. Max Koegel, Kommandant des KZ Flossenbürg, war letzte Forderung aber nicht bekannt. Von den drei genannten Häftlingsanforderungen wurde später nur die für Oederan in vollem Umfang bedient. Die DKK legte besonderen Wert auf eine „ratenweise Einführung der Häftlinge" und vereinbarte mit Obersturmbannführer Koegel drei „Raten". Zunächst eine Zustellung von 100 Häftlingen, der im Abstand von einigen Wochen zwei Zustellungen von jeweils 200 weiteren Häftlingen folgen sollten. Auch für Wilischthal scheint eine solche Regelung vereinbart worden zu sein. Zu der dritten Rate kommt es hier aus unbekannten Gründen jedoch nicht mehr. Im Standort Scharfenstein soll es gar nicht erst zur Gründung eines KZ-Häftlingskommandos gekommen sein. Weder von staatlicher Seite aus, noch in den Dokumentationen diverser Gedenkstätten wird Scharfenstein als Außenkommando des KZ-Flossenbürg geführt. Dennoch konnte ein dokumentarisches Indiz für die Existenz eines solchen Lagers gefunden werden. Im Protokoll der Werksleitersitzung vom 20. Januar 1945 wird unter der Rubrik *Menscheneinsatz* für Werk DKK Scharfenstein der *Lohnempfängerbestand* für den 20.12.1944 erhoben, bzw. dokumentiert.[12] In der Auflistung der *Ausländer* werden 441 männliche und 33 weibliche Zivil- oder Zwangsarbeiter in verschiedene Nationen aufgeschlüsselt. Zudem werden 9 kriegsgefangene Franzosen, 214 kriegsgefangene Russen und 183 männliche KZ-Häftlinge aufgelistet. Hinweise aus der Bevölkerung und ehemaligen Häftlingskreisen sind dringend erforderlich, um die

[10] Stadtarchiv Oederan
[11] Stadtarchiv Oederan
[12] StAC 32050 AU 2036

mögliche Existenz eines KZ-Kommandos in Scharfenstein nachzuweisen, und die Herkunft der Häftlinge zu klären. Unter Umständen könnte es sich aber auch um Strafgefangene gehandelt haben, die versehentlich als *KZ-Häftlinge* aufgeführt werden.
Für das Lager Wilischthal gibt es keine derartigen Dokumentationsprobleme. Es muss aber darauf hingewiesen werden, dass einige weibliche Wilischthaler Häftlinge nach ihrer Befreiung in Theresienstadt als vorherige Haftstätte *Scharfenstein* angaben. Dies ist wohl auf die Firmenbezeichnung *DKK Scharfenstein* zurückzuführen, und nicht als Indiz für ein Scharfensteiner KZ-Lager für Frauen anzusehen.
Obwohl spätestens Anfang August bestellt, vermutlich jedoch schon einige Wochen oder gar Monate früher, wurde der erste Teil der angeforderten Häftlinge erst etwa ein viertel Jahr später nach Wilischthal überführt. KZ-Häftlinge wurden grundsätzlich erst dann zugewiesen, wenn eine *angemessene* Unterbringung wie Grundausstattung vorhanden war, und genügend Wachpersonal bereitgestellt werden konnte. Für die Aufnahme von weiblichen Häftlingen waren daher ausgebildete SS-Aufseherinnen vonnöten, die man, sofern möglich, meist aus der eigenen Belegschaft oder über die zuständigen Arbeitsämter (zwangs)rekrutierte. In der späten Phase des Krieges konnte der benötigte Bedarf an Aufseherinnen nämlich nicht mehr mit angeworbenen Frauen, die sich freiwillig zu dieser Tätigkeit meldeten, gedeckt werden. Auch für Wilischthal wurde eine Zahl junger Frauen - vermutlich zu großen Teilen aus der Belegschaft der DKK- auf den Ausbildungslehrgang nach Holleischen geschickt. Sie wurden dafür am 8.9. durch die Verwaltung des Stammlagers Flossenbürg eingestellt. Am 27.9.1944 wurden (die) 15 Frauen nach abgeschlossenem Lehrgang nach Wilischthal in Marsch gesetzt. Die älteste ist Helene Klofik, Jahrgang 1904. Sie wird *„als verantwortliche Aufseherin beim dortigen Kommando“* [13] eingeteilt. Zwei Damen sind um die 30 Jahre alt, die anderen 12 sind sehr junge Frauen zwischen 20 und 23 Jahren gewesen. Viele dieser Frauen - vielleicht sogar alle - wurden zum Lehrgang und der späteren Tätigkeit *dienstverpflichtet* und hatten sich – wie oben beschrieben - nicht freiwillig als Aufseherin gemeldet.

[13] Barch, B 162 / 3851, S. 557 Kopie von Originaldokumenten aus dem Schriftverkehr Holleischen – DKK

Dennoch benahmen sie sich später sehr unterschiedlich gegenüber den ihnen anbefohlenen Häftlingen. Wie und wo die Aufseherinnen eingesetzt wurden, bis die ersten Häftlinge eintrafen, ist derzeit noch ungeklärt. Helene Klofik erhielt direkt im Anschluss des Lehrgangs drei Tage Urlaub zur Beschaffung von Winterbekleidung.[14] Vermutlich wurden in den vier Wochen bis zum Eintreffen der Häftlinge Vorbereitungen und Besorgungen im, und für das Lager getätigt. Vielleicht wurden die Frauen, nachdem sich die Ankunft der Häftlinge verspätet hatte, aber auch vorübergehend in einem anderen Lager eingesetzt. Ein dokumentarischer Beleg hierfür konnte allerdings nicht gefunden werden. Woran angesichts der Verlagerungsbestrebungen seit Februar 1944 und dem Beginn der Baumaßnahmen am 6. März eine frühere Inbetriebnahme des KZ-Lagers letztlich scheiterte, ist unbekannt. Unklar ist auch, ob die Produktionsstätte von Anfang an für den Einsatz von KZ-Häftlingen geplant war, oder ob man zunächst noch mit dem Einsatz anderer ausländischer Zwangsarbeiter rechnete.
In einer Übersicht der Belegschaft der Auto Union AG, sowie deren Tochtergesellschaften vom 16.9.1944 heißt es nüchtern:

> „Für den Monat September sind noch 100 KZ-Häftlinge für Werk DKK-Willischthal [sic] zu erwarten.“[15]

Zum Zeitpunkt dieser Aussage befanden sich die künftigen Aufseherinnen auf dem Ausbildungslehrgang in Holleischen. Möglicherweise gab es aber Verzögerungen, weil noch nicht alle rechtlichen und finanziellen Grundlagen geklärt waren. Selbst der Mietvertrag für das seit 6. März im Umbau befindliche Objekt, der als Entwurf seitens der Mafrasa bei der DKK per Mitteilung vom 31.8.44 eingegangen war, war bis zum 6. September 1944 nicht unterzeichnet worden. In einem entsprechenden Schreiben von der Rechtsabteilung der DKK z.h. Herrn Direktor Kratsch selbigen Datums heißt es:

> „Die Verhandlungen mit Mafrasa sind ja nun soweit gediehen, daß der Mietvertrag zum Abschluß kommen kann. Einen Vertragsentwurf haben wir von Ihnen bereits erhalten. Bevor wir

[14] Barch, B 162 / 3851, S. 557
[15] StAC 31050 AU 3872

> aber an die endgültige Ausarbeitung abzuschließenden Vertrages gehen, empfehlen wir, doch nochmals Überlegungen anzustellen, ob es nicht möglich ist, doch noch einen Verlegungs- oder Umsetzungsbescheid zu erhalten. Mit Schreiben vom 31.5.44 hat wohl das RLM [Reichsluftfahrtministerium] ausdrücklich darauf hingewiesen, daß die Bestimmungen der Verlegungsgrundsätze vom 1.9.43 für diesen Vertrag keine Anwendung finden. Nachdem aber für Sie veränderte Produktionsverhältnisse aufgetreten sind und auch die Ausführungsbestimmungen vom 20.5.44 zu den Verlegungs- und Umsetzungsgrundsätzen erst am 27.6.44 veröffentlicht wurden, muß es dem RLM möglich sein, uns einen Verlegungs- oder Umsetzungsbescheid zu geben. U.E. käme wahrscheinlich ein Umsetzungsbescheid in Frage. Es ist auch kaum anzunehmen, daß am 31.5.44 – dem Tag des Ablehnungsbescheides des RLM – dort schon die Umsetzungsgrundsätze vom 20.4.44 in allen Einzelheiten und ihre Auswirkung bekannt waren.
> U.E. lohnt es sich, bei diesem Vertrag einen nochmaligen Vorstoß zu unternehmen."[16]

Auf den empfohlenen nochmaligen Vorstoß wird seitens des Betriebsdirektors Kratzsch verzichtet.[17] Dennoch bleibt man mit dem Reichsluftfahrtministerium wegen der Finanzierung des Rüstungsvorhabens in Kontakt, da eine Einigung zwischen Mafrasa und DKK schwierig und die Rechtsgrundlage wegen einer Gesetzesänderung in der Planungs- und Beantragungsphase unsicher oder strittig ist. In Beantwortung eines Schreibens des RLM vom 30.11.1944 heißt es am 18. Dezember 1944 unter dem Betreff „Ausbau und Finanzierung des Zweigwerkes Wilischthal" an den Reichsminister der Luftfahrt:

> „Wir danken für Ihr Schreiben vom 30.11. und teilen Ihnen mit, daß wir ebenfalls eine persönliche Aussprache über die Angelegenheit des Investierungsantrages und die Erteilung einer Kriegsrisikoklausel für zweckmäßig halten.
> Wie Ihnen bekannt ist, fordert die Mafrasa neben ihrer Miete noch einen Schadensausgleich für den entgangenen Betriebsgewinn des Zweigwerkes Wilischthal. Diese Forderung wird mit RM 35 000,-- jährlich von der Mafrasa gestellt.

[16] StAC 31050 AU 4261 Bl. 20
[17] Vgl. StAC 31050 AU 4261 Bl. 19

> Da wir nicht in der Lage sind, diese Kosten, die über den Mietpreis hinaus gehen, zu tragen, ist es erforderlich, daß hierüber eine Besprechung zur Klärung stattfindet. Wir schlagen deshalb vor, daß diese Besprechung zusammen mit der obigen Angelegenheit Anfang Januar bei Ihnen stattfindet. Wir werden uns erlauben, einen passenden Termin Anfang Januar mit Ihnen telefonisch zu verabreden."[18]

Der Mietvertrag über jährlich 46.800 RM[19] wurde nach mehrmaligen Vertragsanpassungen erst am 17. Februar 1945[20] seitens DKK unterzeichnet am 19. Februar 1945 an die Firma Mafrasa zur Gegenzeichnung übermittelt. Das war fast vier Monate nachdem das KZ eröffnet und die Produktion angelaufen war. Anbahnung und Vertragsverhandlungen hatten damit mehr als ein ganzes Kriegsjahr in Anspruch genommen. Von den ersten Baumaßnahmen bis zur Lagereröffnung waren ca. 8 Monate verstrichen. Der fehlende Mietvertrag, die Gesetzesänderung bei den Verlegungsgrundsätzen und die Finanzierungsunsicherheit verhinderte jedoch nicht die Lagereröffnung, verzögerte diese wenn überhaupt nur ein wenig. Zu einer Häftlingsüberstellung nach Wilischthal kommt es im September 1944 nicht mehr.

b) Ankunft des 1. Häftlingstransportes

Die ersten Häftlinge trafen erst am 30. Oktober 1944 in Wilischthal ein. Sie wurden wohl am 27. Oktober[21] in Auschwitz auf Transport geschickt und kamen aller Wahrscheinlichkeit nach in der Nacht vom 29. auf den 30. an. Demnach ergibt sich eine Dokumentationslücke für die Tätigkeit der Aufseherinnen von etwa einem Monat. Bei dem Häftlingstransport handelt es sich um 100 Jüdinnen ungarischer, griechischer (italienischer), polnischer und belgischer Herkunft. Die Frauen erhielten die Flossenbürger Häftlingsnummern 58752 bis 58851. In Wilischthal

[18] StAC 31050 AU 4261 Bl. 10

[19] Hauptgebäude 3.704,85 qm à RM 10,-- ; Nebengebäude 1.526,30 qm à RM 6,-- ; Hof- und Gartenflächen anteilig rd. 6.000,-- qm à RM 0,10

[20] Vgl. StAC 31050 AU 4261 Bl. 39

[21] laut VP Susi S. Barch, B 162 / 3849, S.95 & VP Allegra S. S. 205, VP Rebecca (Rita) B. S. 224 Barch, B 162 / 3850

trugen sie vermutlich zunächst keine, vielleicht aber eine provisorische, oder andere interne Nummerierung auf der Häftlingskleidung. Sichere Angaben hierüber waren nicht in Erfahrung zu bringen. Offizielle Stoffnummern zum Aufnähen auf die Kleidung wurden vom zuständigen KZ Flossenbürg jedenfalls erst am 24.01.1945 in den Postversand gegeben.[22]. Zu diesem Zeitpunkt befanden sich die Häftlinge bereits zwei, bzw. knapp drei Monate im Lager. Die ihnen in Auschwitz auftätowierten Häftlingsnummern hatten in Wilischthal keine Bedeutung mehr. Der Arbeitseinsatzführer Flossenbürg im selben Schreiben:

> „Es ist zu beachten, daß bei Veränderungsmeldungen nur noch die Flo.Nr. der Häftlinge angegeben wird."

Die Zusammensetzung des ersten Transportes ist vergleichsweise heterogen. Dennoch konnten die Deportationsgeschichten einzelner Gruppen gut nachvollzogen werden. Die 32 im Flossenbürger Nummernbuch als *italienische Jüdinnen* registrierten Frauen und Mädchen wurden allesamt von den griechischen Inseln Rhodos und Kos deportiert, die damals unter italienischer Verwaltung standen. Auch die 17 *belgischen Jüdinnen* kamen alle mit demselben Transport aus Mechelen (Malines) in Auschwitz an. Die 19 *polnischen Jüdinnen* durchliefen wahrscheinlich (fast) alle vor Auschwitz das KZ Krakau Plaszów, nur die 33 als *ungarische Jüdinnen* registrierten Frauen sind aus verschiedenen Transporten zusammengesucht und wurden im Auschwitzer Durchgangslager selektiert. Während die Häftlinge auffallend blockweise nach ihrer Nationalität, bzw. Herkunft der Transporte und wie sich nun herausstellte weitestgehend nach aufsteigenden Auschwitzer Häftlingsnummern registriert sind, die nicht in den Flossenbürger Nummernbüchern verzeichnet wurden, ist als letzte – das Ordnungsprinzip brechend – die Häftlingskrankenschwester Elisabeth Ungar[23] registriert. Die Revierärztin Gabriele Heller aus Budapest, die unter der Häftlingsnummer 58852 ebenfalls als 101. Person dem 1. Wilischthaler Transport zugeschrieben wird, wurde allerdings unbe-

[22] Schreiben des Arbeitseinsatzführers an das Arbeitslager (Deutsche Kühl- u. Kraftmaschinen) GmbH Wilischthal vom 24.1.45 CEGESOMA Brüssel Mikrofilm 14368 / Kopie in der Gedenkstätte Flossenbürg

[23] Ihr Schicksal ist ungeklärt. Hinweise sind erwünscht.

kannten Datums aus dem Außenlager Oederan der DKK Scharfenstein nach Wilischthal überstellt. Sie hatte am 10. Juli 1944 ihre zwei kleinen Töchter an die Gaskammern in Auschwitz verloren und war in Oederan bereits am 09.10.1944 ein erstes Mal unter der Flossenbürger Häftlingsnummer 54588 registriert worden.[24] Es ist möglich, dass das medizinische Personal bereits in Auschwitz speziell für diese Tätigkeit ausgewählt und den Transporten zugeteilt wurde.
Die älteste Frau des Wilischthaler Gründungstransportes war 47 Jahre alt, aber als 43jährige[25] mit dem Jahrgang 1901 registriert. Der jüngste registrierte Jahrgang ist 1928. Es sind aber gleich mehrere Mädchen in Wirklichkeit 1929 geboren. Die jüngste dieses Transportes ist noch 14 als sie in Wilischthal ankam.[26]
Hier wurden Sie von den Aufseherinnen in Empfang genommen und bekamen Schlafplätze in ihrer Baracke zugewiesen. Ihre Ankunft beschreibt die damals 41-jährige Ungarin Ester B. folgendermaßen:

> „Wir kamen in der Nacht an und wurden im Lager von SS-Aufseherinnen empfangen. Sie wiesen uns Baracken [27] an, jeder von uns bekam seinen Schlafplatz. Als wir in Wilischthal ankamen, befanden sich dort noch keine Häftlinge, das Lager war leer.“[28]

Für die ankommenden Frauen wurde eine Willkommensmahlzeit vorbereitet. So berichtet die polnische Jüdin Bella W.:

> „Nur zur Begrüßung in dem Lager bekamen wir eine anständige Mahlzeit.“[29]

Um was es sich handelte und welcher Art diese Begrüßungsmahlzeit war, bleibt unspezifiziert. Nach kurzer Eingewöhnung vielleicht auch Quarantänezeit kommen die Frauen bereits zum

---

[24] Vgl. Pascal Cziborra. Frauen im KZ. S.166f.
[25] Frida Facher, FloNo.: 58775
[26] Weitere statistische Informationen finden Sie in Teil 4.
[27] Es existierte nur eine große Baracke, die mehrfach unterteilt war. Einige Häftlingsfrauen sprechen daher von mehreren Baracken. Es sind diese Unterteilungen gemeint.
[28] Barch, B 162 / 3849, S. 132 - VP Ester B.
[29] Barch, B 162 / 3851, S. 397 - VP Bella W.

ersten Arbeitseinsatz in die Werkshalle der umfunktionierten ehemaligen Mafrasa Textilfabrik direkt neben dem Lager. Ester B. sagt aus:

> „Nach zwei Tagen wurden wir in eine Fabrik unweit[30] des Lagers zur Arbeit geführt. Wir erzeugten dort verschiedenes leichtes Gewehr für die deutsche Wehrmacht."[31]

Fani K. bestätigt den genannten Zeitpunkt *nach zwei Tagen.* [32] Laut Sylvia H. [33], Sara F.[34] und Herta B.[35] geschieht dies gleich am nächsten Tag.

Bei dem Weg von und zur Arbeitstelle und bei Sondereinsätzen außerhalb des Lagers hatten die Frauen Gelegenheit ihre Umgebung und die Lage des Lagers zu studieren. In der Regel wurde den Frauen nicht gesagt, wohin sie gebracht wurden, oder wo sie sich befanden. Um ihre und die gegenwärtige Kriegssituation besser einschätzen zu können, versuchten sie jede Information aufzuschnappen, die sie ergattern konnten. Dabei halfen ihnen „illegal" geknüpfte Kontakte zu Fremdarbeitern und Zivilangestellten. Bella S., gebürtige Tschechin, die sich seit 1942 in Ungarn aufhielt, will folgendes beobachtet haben.

> „Wie ich mich erinnere, befand sich über dem Eingang zur Fabrik in Wilischthal eine Aufschrift ‚Spielsachenfabrik' aber das war keine Fabrik für Spielsachen; die Deutschen hatten offenbar Angst vor Spionen."[36]

Ihre vermeintliche Beobachtung und Deutung konnte durch keine weitere Aussage erhärtet werden. Ob die Wilischthaler DKK-Verlagerung tatsächlich als Spielsachenfabrik getarnt wurde, oder ob die Zeugin, was insgesamt wahrscheinlicher erscheint, einen Firmenschriftzug der ehemaligen Textilfabrik erinnert, muss offen bleiben. Klärende Hinweise sind sehr willkommen.

---

[30] Direkt neben dem umzäunten Lagerbereich
[31] Barch, B 162 / 3849, S. 132 - VP Ester B
[32] Barch, B 162 / 3849, S. 134 - VP Fani K.
[33] Barch, B 162 / 3850, S. 258 – VP Sylvia H.
[34] Barch, B 162 / 3850, S. 255 – VP Sara F.
[35] Hessisches Staatsarchiv Bestand 274 Staatsanwaltschaft Marburg Acc. 2003/24 5 Js 1202/79 S. 449 VP Herta B.
[36] Barch, B 162 / 3850, S. 295 – VP Bella S.

c) Lage und Beschaffenheit des Lagers

Das Lager Wilischthal lag etwa 4km südlich von der Stadt Zschopau entfernt. Dort gab es eine kleine Siedlung, die im wesentlichen aus der Zweigniederlassung der DKK Scharfenstein und der Wilischthaler Fabrik der Mafrasa Textilwerke AG bestand. Beide Firmengelände waren verkehrstechnisch gut erschlossen, und bezogen ihre Energie vornehmlich durch den Fluss Zschopau. Wilischthal war ein regionaler Verkehrsknotenpunkt. Hier konnte auf das Thumer Kleinbahnnetz umgeladen bzw. umgestiegen werden. (Vgl. Satellitenbild F4 und F2). Beide Fabriken waren in ihrer Gebäudesubstanz kaum verändert und präsentierten sich bis 2005 nahezu in ihrer ursprünglichen Form. Lediglich die eigentlichen Gebäude des KZ-Lagers sind fotografisch nicht eindeutig dokumentiert, und ihre Lage muss rekonstruiert werden. Dazu sollen diverse Fotos und der Bebauungsplan vom 20. Mai 1944 dienen (P1). Der Plan ist einem Gutachten entnommen, das im Rahmen des Verlagerungsprozesses den Wert des Objektes schätzen sollte, sodass ein entsprechender Mietzins festgelegt, und ein Mietvertrag geschlossen werden konnte. Die KZ-Lagerbauten sind zu diesem Zeitpunkt noch nicht errichtet. Gemeint sind die Häftlingsbaracke mit Waschraum und Krankenrevier und das Küchengebäude, in dessen oberen Stockwerk sich die Unterkunft und/oder ein Aufenthaltsraum für die SS-Aufseherinnen befunden haben soll(en). Die Lage und Beschaffenheit dieser beiden Gebäude soll im folgenden Abschnitt anhand der Häftlingsberichte rekonstruiert werden.

I. Geographisch-Morphologische Erinnerungsqualität der Ludwigsburger Häftlingsberichte

In den Ludwigsburger Vorermittlungen werden die ehemaligen Wilischthaler Häftlinge systematisch nach der Lage und Beschaffenheit des KZ-Lagers befragt. Dabei kommt es zu weitestgehend kongruenten Aussagen, aber auch zu vielen, sich gegenseitig widersprechenden Details, die im Laufe dieses Abschnittes noch zu erörtern sind. Den Vergleichstext für dieses Kapitel soll die Aussage von Odette H. bilden, in der alle wichtigen

Details zur Lage und Beschaffenheit des Lagers zur Sprache kommen, wenngleich dies nicht automatisch ihre Richtigkeit bedeuten muss. Sie gibt zu Protokoll:

> „In unserem Lager gab es, soweit ich mich noch erinnern kann, eine große Baracke, in der wir alle untergebracht waren. Es gab dort eine Küche. Man mußte das Lager nicht verlassen, um in die Fabrik zu gelangen. Es gab dort auch ein Krankenrevier.“[37]

Auf Nachfrage präzisiert Odette H. während der Vernehmung ihre Angaben:

> „Ich glaube, dass wir in einer einzelnen Baracke untergebracht waren, die mehrfach unterteilt war. Gegenüber unserer Baracke und noch im Lager befand sich ein ziemlich großes Haus – mehrere Stockwerke – das leer stand. Dann gab es noch die Küche, auch unserer Baracke gegenüber und ganz dicht bei dem großen Haus. Ich weiß nicht wo die Bewacher und die Aufseherinnen wohnten. Die ganze Einrichtung machte nicht den Eindruck eines Konzentrationslagers, besonders, wenn man mit Birkenau[38] verglich, wo wir herkamen. Das Lager war mit Draht umzäunt; der Draht stand aber nicht unter Strom. Ich erinnere mich nicht, dass es Wachtürme gab. [...] Um zu der Fabrik zu gelangen, mussten wir lediglich den Hof des Lagers überqueren. In der Fabrik wurde an Fließbändern gearbeitet, und wir arbeiteten zusammen mit Zivilisten und russischen Kriegsgefangenen.“[39]

Ergänzend soll die Aussage von Mazoltev H., der Schwester Odettes, zum Aussagenvergleich hinzugenommen werden. Wegen weitgehender Bestätigung der vorgenannten Bestandteile des Lagers, kann dabei auf den ersten Teil ihrer Aussage verzichtet werden. Mazoltev H. gibt folgende zusätzliche Hinweise:

> „Das Lager Wilischthal war in einer Art Bodensenke gelegen. Ich erinnere mich nicht mehr, ob es mit Stacheldraht und Wachtürmen umgeben war. Ich erinnere mich aber, dass es

---

[37] Barch, B 162 / 3850, S. 160 - VP Odette H.

[38] Auschwitz Birkenau bzw. Auschwitz II ; polnisch Brezinska

[39] Barch, B 162 / 3850, S. 161f - VP Odette H.

> eine natürliche Barriere gab, und zwar auf der einen Seite einen Fluß und auf der anderen Seite eine Eisenbahnlinie mit einem Bahnhof. Die Fenster waren mit Gittern versehen und die Türen immer geschlossen. Wir schliefen in Holzbetten, die übereinander gestellt waren. Wir besaßen jede einen Strohsack und eine Wolldecke, was nicht ausreichte, obwohl sich ein Herd in der Baracke befand."[40]

Während viele Aussagen dies nicht erwähnen, weist Mazoltev H. übereinstimmend mit den tatsächlichen Gegebenheiten, auf ganz augenscheinliche, aber für die Verortung des Lagers wichtige Dinge hin. Zum einen die Bahnlinie Zschopau – Scharfenstein, sowie den Bahnhof Wilischthal, und zum anderen die natürliche Begrenzung durch den Fluss Zschopau. Die Überblicksfotos der Folgeseite sowie das Satellitenbild auf Seite 38 bestätigen eindrucksvoll die genannten Barrieren, die das Firmengelände der Mafrasa förmlich einschnüren. Das Titelbild dieses Buches wurde aus nahezu identischer Perspektive wie F2 fotografiert. Der Bahnhof Wilischthal befindet sich im Vordergrund. Wie unschwer zu erkennen ist, handelt es sich bei dem linksseitigen Streckenzweig mit Zschopaubrücke und Schmalspurzug, um den Kleinbahnarm Wilischthal – Thum. Auf der anderen Seite des Bahnhofs verläuft das reguläre Streckennetz der Reichs- bzw. Bundesbahn Chemnitz - Weipert.
Die für damalige Verhältnisse nahezu optimale Verkehrsanbindung, sowie die Lage in den schmalen Tälern der Ausläufer des als *bombensicher* geltenden Erzgebirges, hatten das Objekt zu einem relativ sicheren und wichtigen Standort für die Rüstungsindustrie gemacht. Die isolierte Lage prädestinierte zudem, für den Einsatz von KZ-Häftlingen. Während vielerorts Barackenlager in einiger Entfernung von bestehenden Fabriken errichtet wurden, quartierte man in Wilischthal die Häftlinge direkt auf dem Firmengelände ein. Damit ersparte man sich auch den vielerorts in Kauf genommenen, zu beaufsichtigenden Fußmarsch zum Schichtwechsel.

---

[40] Barch, B 162 / 3850, S. 212 - VP Mazoltev H.

F1: Mafrasa Textilwerke AG Wilischthal ~ 1908

F2: Blick auf den Kleinbahnhof Wilischthal > 1908

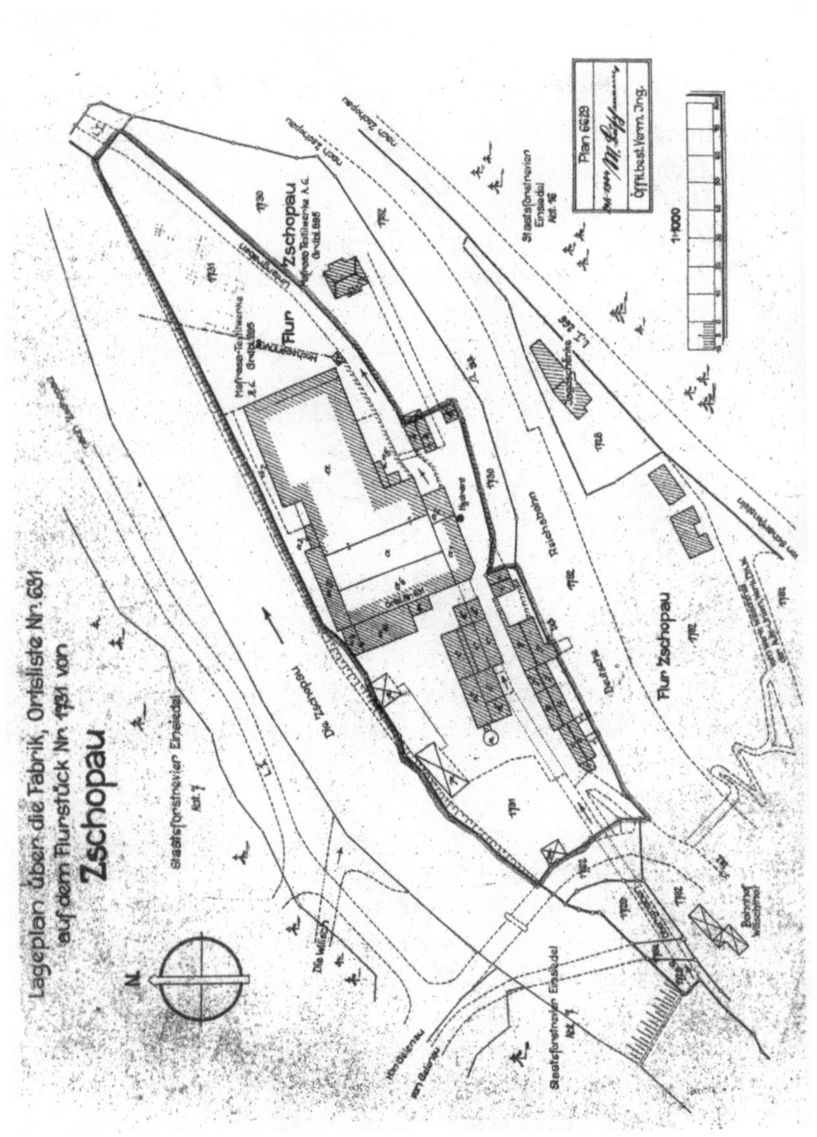

P1: Firmengelände Mafrasa Textilwerke Wilischthal Grundriss und Bebauung am 20.05.1944

Zum eigentlichen Lager gehörten, wie oben bereits erwähnt, im wesentlichen zwei Gebäude. Sara B., die als Schreiberin für die Oberaufseherin arbeitete, gibt zu Protokoll:

> „An das Lager Wilischthal erinnere ich mich noch genau. Es war ein eingezäuntes Lager, soweit ich weiß, ein Drahtzaun, der aber nicht elektrisch geladen war. Wir lebten in einer großen doppelteiligen Baracke. Das Revier und die Toiletten bildeten einen Teil der Baracke. Die Küche war ein Extra-Gebäude im Hof. Von der Baracke aus konnte man auf einen kleinen Fluß blicken. Außerhalb des umzäunten Raumes befand sich neben dem Lagerkomplex die Munitionsfabrik, in der wir arbeiteten.“[41]

Aufgrund der Lektüre aller Ortsbeschreibungen und Aussagen, ist davon auszugehen, dass die vorliegende Äußerung in allen Punkten der Wahrheit entspricht. Demnach gab es als Häftlingsunterkunft eine doppelteilige Baracke, die vermutlich in der Mitte einen Waschraum mit Toilette und das Krankenrevier beheimatete. Susi S. bestätigt:

> „Wir waren in einer großen hölzernen Baracke untergebracht, die, soweit ich mich erinnern kann, in zwei Abteilungen aufgeteilt war. In jeder dieser Abteilungen waren etwa 150 Häftlinge untergebracht. Es war der einen Gruppe nicht erlaubt, in der Woche mit der anderen Gruppe Kontakt aufzunehmen.“[42]

Lediglich die hölzerne Beschaffenheit kann nicht ohne weiteres bestätigt werden. So gibt Sophie S. zu Protokoll:

> „Das Lager bestand im wesentlichen aus einem großen Steinhaus. In diesem Haus waren die Frauen in zwei großen Räumen untergebracht. In diesen Räumen gab es dreistöckige Betten. Zwischen den Räumen lag ein Waschraum. In diesem Haus war auch ein Revier mit ein paar Krankenbetten. Nach meiner Erinnerung kümmerte sich eine Häftlingsfrau aus der

[41] Hessisches Staatsarchiv Bestand 274 Staatsanwaltschaft Marburg Acc. 2003/24 5 Js 1202/79 S. 427 VP Sara B.

[42] Barch, B 162 / 3849, S. 95 – VP Susi S.

Tschechoslowakei um dieses Revier. Ich bin selbst niemals in diesem Revier gewesen. [...] Die SS-Aufseherinnen, die uns bewachten, wohnten nicht mit in diesem Haus. Sie schlossen uns mit Eisengittern ab und gingen weg. Gegenüber von diesem Haus lag eine Küche. An weitere Lagereinrichtungen kann ich mich nicht erinnern. Es muss aber einen Zaun gegeben haben; denn wir wurden auf dem Weg zur Arbeit durch ein großes Tor geführt, das immer geöffnet werden musste. Ich glaube, Zählappell wurde draußen vor dem Steinhaus gehalten, ich erinnere mich aber nicht mehr deutlich."[43]

Wie die drei eben zitierten Aussagen bereits andeuten, bestätigt die Mehrheit der vernommenen ehemaligen Häftlinge die Dreiteilung der Häftlingsbaracke in zwei Unterkünfte und einen Sanitärbereich.(vgl. Fani K.[44], Allegra S.[45], Katalin G.[46], Edith H.[47]) Diesem Gebäude gegenüber soll die Küche gelegen haben. Dies bestätigt neben den bereits angeführten auch Marie B.. Nach ihren Angaben bestand das Lager aus einer großen Baracke, *"in der alle Häftlinge untergebracht waren und deren Fenster mit Gitter versehen war.":*

> „In derselben Baracke befand sich ein Revier und ein Waschraum. In der Baracke gegenüber dieser Baracke, in der wir uns befanden, war die Küche untergebracht. Im oberen Stockwerk dieses Gebäudes wohnten – glaube ich – etwa 20 Aufseherinnen. Es gab ein weiteres großes Gebäude, in dem sich eine Fabrik befand, in der Teile für Maschinengewehre gebaut wurden. Ich erinnere mich nicht an Stacheldraht oder Wachtürme um das Lager Wilischthal. Ich weiß nur noch, dass auf der einen Seite eine natürliche Barriere bestand, ein Fluß, auf der anderen Seite eine Eisenbahnlinie auf einem Bahndamm und ein Bahnhof. Dieses Lager befand sich insgesamt in einer Bodensenke."[48]

Neben Marie B. sind es noch Allegra S., Dora B. und Edith H., die die Unterbringung der Aufseherinnen im zweiten Stock des Gebäudes bestätigen können.

---

[43] Barch, B 162 / 3849, S. 88 – VP Sophie S.
[44] Barch, B 162 / 3849, S. 134 - VP Fani K.
[45] Barch, B 162 / 3850, S. 206 – VP Allegra S.
[46] Barch, B 162 / 3851, S. 474 – VP Katalin G
[47] Barch, B 162 / 3851, S. 480f – VP Edith H.
[48] Barch, B 162 / 3850, S.218 – VP Marie B.

III. Sicherung des Lagers

Über die Sicherung des Lagers existieren widersprüchliche Aussagen. Da keine Dokumente oder gar Fotos vorliegen, können die Behauptungen und Erinnerungen nur gegeneinander abgewogen werden. Zu klären sind Art und Umfang der Einzäunung oder anderer baulicher Barrieren, sowie die mögliche Existenz von Wachtürmen und zusätzlicher fluchthindernder Maßnahmen.
Einstimmigkeit der vernommenen ehemaligen Häftlingen liegt nur darüber vor, dass das Lager durch einen Drahtzaun, bzw. Stacheldraht(zaun) gesichert, Fenster der Baracke vergittert und deren Türen nachts verschlossen gewesen sind. Bereits über den Umfang der Umzäunung, bzw. der Größe des eingefassten Geländes gehen die Meinungen auseinander. Während Dora B. davon ausgeht, dass der ganze Firmenkomplex eingefasst war und Lager und Fabrik eine Einheit mit Stacheldrahtumzäunung ganz herum bildeten, erinnern sich andere vernommene Frauen mehrheitlich an einen kleineren Lagerbereich, der nur die Häftlingsunterkunft und das Küchengebäude umfasste. Dieser Lagerbereich soll mit einer Art „Raubtierzaun", einem sogenannten „Löwengang" mit der Montagehalle verbunden gewesen sein. So erinnert Edith H.

> „Wir waren in einer langen Baracke untergebracht. In den Holzbaracken waren mehrere Zimmer. Zu dieser Baracke gehörte auch ein Krankenzimmer, das wir Revier nannten. In diesem Zimmer waren auch einige Betten. Innerhalb des Lagers war in einem anderen Gebäude die Küche und die Wohnung der Aufsichtsfrauen untergebracht. Gleich neben unserem Lager stand ein Steingebäude, das zugleich unsre Arbeitsstelle war. Aus dem Lager kamen wir auf einem umzäunten Wege in die Montagehalle dieses Gebäudes."[49]

[49] Barch, B 162 / 3851, S. 480f – VP Edith H.

Anna Z. bestätigt:

> „Wir waren alle in einer großen hölzernen Baracke untergebracht, die sich etwa 300 Meter von der Fabrik entfernt befand. Von der Baracke führte ein Weg zur Fabrik. Dieser Weg wie auch die Baracke waren von der Außenwelt durch eine, wie ich zu erinnern glaube, hölzerne und drahtliche Umzäunung abgesperrt.“[50]

Während ihre Aussage sonst sehr plausibel erscheint, ist die Distanzangabe von 300 Metern deutlich zu hoch. Die Entfernung der Baracke zur Fabrik wird von drei Frauen konkret auf 30, bzw. 30-40 Meter geschätzt[51]. Etliche weitere Vernommene bestätigen die Lage der Fabrik als „innerhalb“ des Lagers oder die Lage der Unterkunft der Häftlinge je nach Perspektive direkt *neben* oder *vor* oder *hinter* der Fabrik. Susi S. beziffert die Entfernung auf 100[52] Meter. Lediglich Sophie S. gibt noch eine größere Distanz in Form eines 5-minütigen Fußwegs an[53]. Berücksichtigt man die tatsächlichen örtlichen Gegebenheiten, dürften die Schätzungen von 30-40 Metern, der Wahrheit am nahesten kommen.
Einige ehemalige Häftlinge äußern sich auch dazu, ob der Zaun, der den Lagerbereich einfasste, elektrisch geladen war, oder nicht. So gibt Allegra S. zu Protokoll:

> „Das Lager war mit Stacheldraht umgeben, der nicht unter Strom stand.“[54]

Odette H. und Sara B. bestätigen dies ausdrücklich und auch Dora B. glaubt, dass die Umzäunung nicht unter Strom stand. Nur Ella G. spricht dagegen. Sie äußert:

> “Um das Lager war ein Zaun, der elektrisch geladen war.”[55]

---

[50] Barch, B 162 / 3849, S. 63 – VP Anna Z.
[51] Barch, B 162 / 3850 VP Bella S. S. 294, VP Sarolta S. S. 297, VP Sylvia H. S.258
[52] Barch, B 162 / 3849, S. 95 – VP Susi S.
[53] Barch, B 162 / 3849, S. 88 - VP Sophie S.
[54] Barch, B 162 / 3850, S. 206 – VP Allegra S.
[55] Barch, B 162 / 3851, S. 459 – VP Ella G.

Auch auf Nachfrage bleibt sie dabei. Die Erinnerungsqualität ihrer Aussage ist aber aufgrund anderer nachweislich falscher Äußerungen, im besonderen bezüglich der späteren Evakuierung, im Vergleich mit den zuvor genannten Zeuginnen, als deutlich niedriger einzuschätzen. Demnach ist davon auszugehen, dass der Drahtzaun in Wilischthal nicht unter Strom stand. Auch bezüglich der Existenz von Wachtürmen gibt es konkurrierende Aussagen. So berichtet Eugenia S.:

> „Das Lager bestand aus einer großen hölzernen Halle und war mit Stacheldraht umzäunt. Rings um das Lager herum standen Türmchen.“[56]

Dora B. jedoch verneint deren Existenz explizit und erinnert sich an patrouillierende Soldaten, mit denen wahrscheinlich die SS-Wachmannschaften gemeint sind. Auch Anna Z. erinnert sich an keine Wachtürme. Sie gibt zu Protokoll:

> „Ich erinnere mich nicht an Wachtürme. Ich weiß jedoch, daß vier männliche Posten als Bewachung aufgestellt waren.“[57]

Eine endgültige Beantwortung der Frage nach der Existenz von Wachtürmen im Lager Wilischthal, kann aufgrund dieser schmalen Datenbasis nicht erfolgen. In anderen Außenlagern Flossenbürgs hat es jedenfalls hölzerne Wachtürme, etwa in der Art eines Jägerstandes gegeben. Ob allerdings für ein solch kleines Lager mit lediglich vier Mann Bewachung gleich mehrere „*Türmchen*“ errichtet worden sind – und das zu einem Zeitpunkt wo Baumaterialien streng rationiert und längst Mangelware sind - bleibt tendenziell doch eher fraglich. Auszuschließen ist ihre „vermeintliche“ Existenz derzeit aber noch nicht.

---

[56] Barch, B 162 / 3851, S. 434 – VP Eugenia S.
[57] Barch, B 162 / 3849, S. 63 – VP Anna Z.

IV. Exkurs: Die Marschel Frank Sachs AG

Einzigartig in den Ludwigsburger Akten ist die Aussage der Odette H. bezüglich des mehrere Stockwerke hohen, leerstehenden Hauses, das sich noch auf dem Gelände des Lagers befand. Es handelt sich aller Wahrscheinlichkeit nach, um die Direktorenvilla des Mafrasa Zweigwerks Wilischthals, deren Grundriss auf dem Flurstück 1730 im Plan 6629 (P1, Seite 25) zu erkennen ist. Auf dem deutlich früher zu datierenden Foto F1 ist das Haus ebenfalls zu sehen. Was die jüdischen Häftlinge nicht wissen, ist, dass in dieser Villa bis 1938 in ländlichem Charme eine jüdische Familie namens Schlesinger wohnte. Im Buch von Jürgen Nitsche und Ruth Röcher *Juden in Chemnitz*, finden sich Kurzportraits über eine Reihe jüdischer Unternehmen. Dort heißt es:

> „Die Trikotagenfabrik und Spinnereien Marschel Frank Sachs AG, die am 2. Mai 1921 aus einer Vereinigung dreier bis dahin selbständiger Firmen entstanden waren, gehörten zu den bedeutendsten jüdischen Unternehmen in der sächsischen Wirtschaftsregion und weit darüber hinaus. [....] Gerade in der Geschichte der Marschel Frank Sachs AG spiegelte sich aber auch die ganze Tragik jüdischer Unternehmen in der NS-Zeit wider. Die neuen Machthaber versuchten bereits in den Jahren 1933/34 mit allen Mitteln, das erfolgreiche und über die Landesgrenzen hinaus bekannte Unternehmen zu schwächen. Sie schreckten auch nicht vor Mord, Verhaftung oder Entführung zurück, um dieses Ziel zu erreichen. Am 11. Februar 1938 schieden die letzten Mitglieder der Gründerfamilien – Kurt Bernstein, Erich Sachs und Otto Schlesinger – ‚freiwillig' aus dem Vorstand aus. Ab 20. Juli 1938 führte das Unternehmen, in dessen Vorstand es keine Juden mehr gab, den Namen Mafrasa Textilwerke AG."[58]

Was Nitsche nur andeutet kann zumindest was die Familie Schlesinger betrifft bei Kenneth Sheridan, vormals Kurt Schlesinger in *Entführung 1934* nachgelesen werden. Sein Vater Otto Schlesinger, dessen Schwiegervater Felix Frank einer der Mitbegründer der Marschel Frank Sachs AG war, hatte auf dessen

[58] Jürgen Nitsche S. 79

Wunsch seine Apotheke in Breslau veräußert und war einer der Direktoren des Familienunternehmens geworden. Da der Familie Schlesinger die industriell geprägte Stadt Chemnitz zum Wohnen weniger zusagte, zogen sie nach Wilischthal in die Direktorenvilla des Zweigwerkes. Dort kommt es auf der Straße zwischen Zschopau und Wilischthal bereits 1934 zu einem antisemitisch motivierten Übergriff. Direktor Otto Schlesinger wird von einem SA-Trupp entführt und nach Berlin verschleppt, wo man ihn tagelang in einen Keller sperrt und quält. Durch glückliche Umstände gelingt es schließlich, die Täter zu einer Lösegeldübergabe zu bewegen und Otto Schlesinger zu befreien. Zwar gibt es einen regulären Prozess, bei dem drei der Angeklagten zu Zuchthausstrafen zwischen sechseinhalb und fünf Jahren, die übrigen vier Mittäter zu drei Jahren Gefängnis verurteilt werden, drei Monate später sind die Täter jedoch schon wieder auf freiem Fuß. Die Schlesingers sind gewarnt. Nachdem 1938 die Firma Mafrasa Textilwerke *arisiert* und die jüdischen Direktoren aus ihrer Funktion gedrängt worden waren, wandert das Ehepaar Schlesinger 1939 zu ihrer Tochter Hilde aus, die bereits 1933 nach Brasilien emigriert war. Der Sohn Kurt Schlesinger hatte durch sein Auslandsstudium eine neue Heimat in Groß Brittannien gefunden. Otto Schlesinger gelingt es nie ganz die Entführung zu verkraften. 1940 stirbt er im Alter von 56 Jahren in einer Heilanstalt in Rio de Janeiro. Trotz all dieser herben Erfahrungen und Verluste kommt Familie Schlesinger vergleichsweise „glimpflich“ davon. Den späteren Wilischthaler Häftlingen, war eine rettende Emigration nicht (mehr) möglich gewesen.

Eine anschauliche Ortsbeschreibung liefert auch Kenneth Sheridan, in dessen Buch Wilischthal aus Perspektive der Entführer als idealer Tatort beschrieben wird. Seine treffenden Formulierungen lauten:

> „Man fuhr also nach Wilischthal, und es dauerte nicht lang, bis man übereinstimmend zu der Ansicht gelangte, dass hier die Vorraussetzungen für das geplante Unternehmen geradezu ideal wären. Eine ruhige Landstraße; das bewaldete Tal, welches sich an der Einmündung eines Nebenflusses in die Zschopau öffnete. Eine kleine Fabrik am Fluss, die man über eine Nebenstraße erreichte. Das Wohnhaus des Direktors, eine stattliche Villa der

> Jahrhundertwende in einem an die Fabrik angrenzenden weitläufigen Garten, erreichte man nur über das Fabrikgelände. Da gab es drei Häuser und einen kleinen Gasthof an der Hauptstraße: von hier konnte man die Fabrikanlage am Fluss, der ihr die Energie lieferte, überschauen. Eine Eisenbahnlinie führte am Villengarten und der Fabrik entlang; ein kleiner Bahnhof lag direkt hinter dem Fabrikgelände. Das war auch schon alles, was man von dem Dorf sah.“ [59]

Mit dem Hinweis der Odette H. ließe sich der eingezäunte Lagerbereich also hinter der Fabrik im Bereich der Direktorenvilla verorten. Mindestens die Häftlingsbaracke wurde aber im Südwestteil des Fabrikgeländes errichtet.

V. Resümee

Das KZ-Lager befand sich direkt auf dem Fabrikgelände mit hoher Wahrscheinlichkeit komplett auf dem Flurstück 1731 wie auf einer Insel gelegen, und war durch die Zschopau und den zur Energieversorgung künstlich angelegten Untergraben eingegrenzt. Ein zweistöckiges Küchengebäude war in Steinbauweise geplant, und sollte vermutlich in der Nordostspitze des Flurstücks 1731 an das vierte Segment der Sheddachwerkshalle angebaut werden. Foto F10 zeigt mögliche Überreste dieses Anbaus, sowie die Fundamente einer Halle, die später an dieser Stelle errichtet wurde (vgl. auch F4, F6). Für das ursprüngliche Küchengebäude existiert eine Entwurfszeichnung (Bauplan) im Privatarchiv von Dr. Hans Brenner, deren archivale Herkunft unbekannt ist.
Ob aufgrund der Kontingentierung und Rationierung der Baumittel im letzten Kriegsjahr alles nach Plan verwirklicht werden konnte, ist nicht abschließend zu beantworten. Hinsichtlich des Schreibens der Luftwaffe vom 31. Mai 1944 und der mindestens genüber dem Reichsluftfahrtministerium vorgegebenen Finanzierungsschwierigkeiten könnte auf diesen Bau, möglicherweise wegen Einsparungszielen verzichtet worden, und eine Einrichtung in vorhandenen Gebäuden gegenüber der Häftlingsbaracke

[59] Kenneth Sheridan S.82

vorgezogen worden sein. Laut Gesprächsprotokoll vom 3. Mai 1944 genoss die Einrichtung der Küche auch die geringste Priorität bei den Baumaßnahmen, da Häftlinge übergangsweise auch provisorisch aus einer Feldküche verpflegt hätten werden können.

In einem Besprechungsprotokoll der Deutschen Kühl- und Kraftmaschinen GmbH mit Mafrasa vom 3. August 1944 „über Bauarbeiten, die DKK z.Zt. ausführen läßt" heißt es:

„Mafrasa nimmt zu den einzelnen Bauarbeiten dahingehend Stellung, inwieweit diese baulichen Veränderungen später bei der Wiederübernahme in diesem Zustand verbleiben dürfen bzw. inwieweit der alte Bauzustand wieder hergestellt werden soll. Es werden die einzelnen Baumaßnahmen durchgesprochen.

1. <u>Küche und Gefolgschaftsraum</u>, die von DKK eingebaut werden, können an der von DKK vorgesehenen Stelle für Mafrasa nicht zur Verwendung kommen, da diese Räume für betriebliche Zwecke der Mafrasa benötigt werden. Wiederausbau der Küche und des Gefolgschaftsraumes durch DKK wird erforderlich, Herstellung des alten Zustandes.

2. <u>Garderobe und Waschraum</u> werden von Mafrasa in der von DKK vorgesehenen Ausführung übernommen, und zwar zu den von der DKK angegebenen Baukosten abzüglich des normalen Abschreibungssatzes.

3. <u>Abortanlage</u>
   Für die erweiterte Abortanlage hat Mafrasa kein Interesse; sie kann bestehen bleiben. Ein Abreißen wird durch DKK nicht erforderlich.

4. Die Barackenunterkünfte, also Ausbau der jetzigen Holzschuppen, können bestehen bleiben. Mafrasa wird diese Gebäude übernehmen zu den Baukosten abzüglich der Abschreibung. Die Bausumme, die von der Brandkasse noch zu zahlen ist, steht DKK zur Verwendung zur Verfügung. H. Neubert wird mit der Mafrasa hierüber alles Weitere klären.

[...]"[60]

---

[60] StAC 31050 AU 4261 Bl. 30f.

Mit diesem Schriftstück - über die Besprechung von Direktor Kratsch von der DKK und Architekt Kornfeld seitens der Auto Union mit Direktor Lindgens, Prokurist Bahlke und Betriebsleiter Hofmann der Mafrasa am 2. August 1944 in Wilischthal - ist die Lage der Häftlingsunterkunft, hier als „Barackenunterkünfte" bezeichnet, klar festzustellen. Ursprünglich war laut Besprechung vom 27.04.1944 als Fertigstellungstermin der 1. Juli 1944 angesetzt worden. Der Fortschritt der Arbeiten und der Ausbaustand der ehemaligen Baumwollschuppen mit zwei Anbauten Anfang August geht aus zitiertem Protokoll nicht hervor. Das ursprünglich übernommene Gebäude ist unter dem Kürzel p im Bebauungsplan vom 20.05.1944 eingezeichnet und wird in den Mietvereinbarung zwischen Mafrasa und der DKK mit einer Nutzfläche von 253 m² angegeben.[61]

Es heißt in einem Gutachten vom 8. Juni 1944 zur Schätzung der Grundstücke und Gebäude der Mafrasa Textilwerke AG zur Verpachtung für die Kriegsfertigung der Deutschen Kühl- und Kraftmaschinen GmbH auf Seite 11 unter dem Buchstaben p):

> „Vorhanden sind nur noch die beiden Anbauten, der Mittelteil ist vor 2 Jahren durch Brand zerstört, Rundholz Binder und Dachkonstruktion, außen Brettverschlag ohne Fußboden."[62]

Der Wert der beiden Anbauten als „Schuppenteile p" beläuft sich auf 4231,20 RM. Dieser brandgeschädigte Schuppen wird also im Sommer 1944 zur Häftlingsunterkunft ausgebaut. Ob sich Küche und Gefolgschaftsraum tatsächlich in den Gebäudekomplexen gegenüber befanden, wie von ehemaligen Häftlingen berichtet (vgl. Odette H., Marie B., Sophie S.), ließ sich bislang nicht klären. Als zweistöckige Gebäude werden in erwähntem Gutachten die Nebengebäude k, q und f, als dreistöckige Bauten b, c, g und i genannt. Die Unterkunft lag aber definitiv parallel zur Zschopau wie dies Sara B[63] und Sara W.[64] andeuten.

---

[61] StAC 31050 AU 4261 Bl. 40

[62] StAC 31050 AU 4261 Bl. 53

[63] Hessisches Staatsarchiv Bestand 274 Staatsanwaltschaft Marburg Acc. 2003/24 5 Js 1202/79 S. 427 VP Sara B.

[64] Vgl. Kapitel e)

F3: Ehemalige Häftlingsbaracke

Selbst wenn man davon ausgeht, dass sich immer nur eine Schicht, also ca.150 Personen, zugleich in der Baracke befand, kann man ahnen, wie eng es in einer solchen Häftlingsunterkunft gewesen sein muss.

Dass die Häftlingsbaracke sowohl der Direktorenvilla als auch dem Küchengebäude gegenüber lag, wie Odette H. beschreibt, und beide Häuser innerhalb des eingezäunten Lagerbereichs lagen, scheint weniger plausibel. Möglicherweise hatte sie mit dem mehrere Stockwerke hohen leerstehenden Gebäude doch nicht die Villa im Sinn.

Die Häftlingsbaracke war augenscheinlich in Holzbauweise errichtet worden. So gibt Katalin G. über die Ankunft in Wilischthal zu Protokoll:

> "Hier wurden wir direkt neben dem Bahnhof in einem Lager untergebracht. Nach meiner Erinnerung standen im Lager zwei Gebäude. In einer aus mehreren Räumlichkeiten bestehenden Holzbaracke waren die Gefangenen untergebracht, in einem Steingebäude war der Aufenthaltsraum des Wachpersonals und die Küche. In der Holzbaracke befand sich auch ein Krankenzimmer, das wir Revier nannten."[65]

Die Holzbauweise der Häftlingsbaracke bestätigen auch Eugenia S., Susi S., Edith H., Anna Z. und Bella Berta W.. Für eine Steinbauweise sprechen sich hingegen, die bereits zitierte Sophie S. und Dora B. aus. Letztere gibt zu Protokoll:

> „Die Baracken waren – ziemlich neu – aus Ziegeln gebaut."[66]

Da sie sich aber an drei bis vier ziemlich niedrig gebaute Backsteinbaracken erinnern will, ist es durchaus möglich, dass sie die Giebelansicht der Sheddachwerkshalle erinnert und mit den Häftlingsunterkünften verwechselt. Die durchwachsene geographisch-morphologische Erinnerungsqualität der Häftlingsberichte zeigt deutlich zu beachtende Varianzen und daraus resultierende Schwierigkeiten im Umgang mit derartigen Zeugnissen auf. Häftlingserinnerungen sind daher in Bezug zu anderen erhellenden Dokumenten und Fakten zu setzen, oder aber auf mögliche Unstimmigkeiten hinweisend zu kommentieren. Dies ist hier hoffentlich im rechten Maße geschehen.
Dennoch machen die zitierten Aussagen deutlich, dass ein Großteil der ehemaligen Häftlinge den Lagerstandort noch deutlich in Erinnerung hat und abgesehen von einer Varianz im Detail recht präzise verorten kann.

---

[65] Barch, B 162 / 3851, S. 474 – VP Katalin G

[66] Barch, B 162 / 3850, S. 153 – VP Dora B.

F4: Satellitenfoto ~ 2004

F5: Blick vom Affenstein am 06.06.2010
© Hans J. Garvens

F6: Blick von der Zschopau-Brücke ~ 2003

F7: Bahnhof Wilischthal ~ 2003

F8: Abriss der ehemaligen Mafrasa Fabrikgebäude - Mai 2005 -

F9: Innenansicht des ehemaligen Spinnereisaales März 2005
[Ehemalige Vigognespinnerei]

F10: Außenansicht der Nordost-Fassade Mai 2005

F11: Querhalle des Hauptgebäudes März 2005
v.l.: Kontor/Schreibstube/Garderobe(a1) v.r.: Turbinenhaus(a2)

F12: Innenansicht der ehemaligen Krempelei März 2005
[von der DKK 1944/45 als Stanzerei genutzt]

F13: März 2005

F14: Werksstraße mit Blick auf den Kontor März 2005

d) Ankunft des 2. Transportes

Gut drei Wochen nach dem ersten Transport trafen weitere jüdische Frauen im KZ Wilischthal ein. Diesmal waren es 201 Frauen, die am 22. November wiederum aus Auschwitz überstellt wurden. Es handelt sich um 115 polnische, 40 ungarische, 11 französische, 11 tschechische, 7 holländische, 7 italienische, 6 reichsdeutsche, 3 belgische und eine slowakische Jüdin[67]. Damit wurden die *polnischen Jüdinnen* stärkste Fraktion der Wilischthaler Häftlingszwangsgemeinschaft und machten fast 45% der Häftlinge aus. Die *Ungarinnen* waren zweitstärkste Kraft mit knapp 25%. Mit Abstand älteste Frau des Transportes und auch im gesamten Lager, war die gebürtige Wienerin Emma Strauss(ová), die über Prag und Theresienstadt nach Auschwitz deportiert worden war. Sie ist Jahrgang 1886 und 1944 bereits 58 Jahre alt. Frauen der 1880er Jahrgänge hatten rein aus Altersgründen in der späten Phase des Krieges schlechte Karten eine Selektion in Auschwitz zu überstehen. Nur eine Hand voll Flossenbürger Häftlingsfrauen ist noch ein oder zwei Jahre älter als Straussová. Möglicherweise ist ihr Alter ein Indiz auf eine besondere Fähigkeit oder Funktion, die sie innehatte. Dies muss aber reine Vermutung bleiben. Hinweise, die diesen Fall erhellen könnten, sind willkommen. Emma Strauss ist als *reichsdeutsche Jüdin* und mit „ungeschöntem“ Jahrgang 1886 im Flossenbürger Nummernbuch[68] eingetragen. Sie hatte es demnach wohl nicht nötig, sich als jünger und *arbeitstauglich* auszugeben. Sie ist die erste dieses Transportes, die in Flossenbürg die Nummer 58853 zugewiesen bekommt. An die weiteren 199 Frauen wurden Häftlingsnummern bis zur 59052 vergeben. Der Häftling Margit Friedmann erhielt die Nummer 55740, die im Flossenbürger Nummernbuch zunächst nicht vergeben worden war. Jüngster in den Flossenbürger Nummernbüchern registrierter Jahrgang dieses Transportes ist 1931, der sich bei der Recherche aber als Zahlendreher herausstellte. In Vergleichsquellen wird die Frau mit Jahrgang 1913 geführt. Im Theresienstädter Datenbankprojekt ist sie mit dem Jahrgang 1911 erfasst. Der nächst

---

[67] Diese Angaben beziehen sich auf die registrierte Nationalität und Häftlingskategorie, nähere Informationen in Teil 3

[68] in Übereinstimmung mit den Daten im Theresienstädter Gedenkbuch

jüngere Jahrgang der in Flossenbürg zu Buche steht, ist für diesen Transport ebenso wie beim ersten 1928. Tatsächlich gibt es hier aber einige Mädchen, die deutlich jünger sind. Die zwei jüngsten Mädchen sind zwei polnische Jüdinnen Jahrgang 1931. Sie waren noch 12 Jahre alt, als sie in Wilischthal ankamen. Beide wurden als 16jährige ausgegeben und arbeiten mit in der Fabrik. Nur so gelang es den Müttern sie in Auschwitz vor der Vergasung zu retten.

e) Zschopauer KZ-Häftlinge in Wilischthal

Nicht geklärt ist, ob mit dem zweiten Transport oder kurz danach im Lager Wilischthal einige weitere jüdische Frauen eintrafen, die für das Werk DKW der Auto Union in Zschopau bestimmt waren. Da die dortigen Unterkünfte noch nicht bezugsfertig sind, wird ein noch nicht näher bestimmbarer Teil der 500 Häftlinge provisorisch in Wilischthal untergebracht. Diese Frauen arbeiteten von Beginn an in Zschopau und mussten in den ersten Wochen zweimal am Tag zum Schichtwechsel die 4km zwischen Wilischthal und Zschopau zurücklegen. Keine der vernommenen Wilischthaler Häftlingsfrauen erwähnt diese Gruppe, obwohl die einzige konkrete Beschreibung der provisorischen Unterbringung, neben den zahlreichen namentlichen Nennungen, stark auf das Lager Wilischthal verweist. So berichtet die für Zschopau registrierte Sara W. über ihre zweite, bzw. erste Unterkunft: *„Die Fabrik stand auf einer Insel. Es war Wasser ganz darum herum."* [69] Wenngleich dies so weder auf das Lager Zschopau noch auf das Lager Wilischthal zutrifft, kann in ihrer Erinnerung für Wilischthal nachträglich dieser Eindruck entstanden sein. Hier schloss der Fluss Zschopau tatsächlich die gesamte Nordseite des Lagergeländes ein, das wegen der Eisenbahntrasse an der Südseite in erster Linie über Brücken zugänglich war.[70] Der Mühlgraben, der zur Stromerzeugung angelegt war, und das Firmengelände durchschnitt, mag diesen Eindruck zusätzlich verstärkt haben. Lediglich auf das Wilischthaler Zweig-

[69] Barch, B 162 / 3854, S. 171 – VP Sara W.

[70] Etwa auf Höhe des Bahnhofs Wilischthals existiert(e) noch eine enge Unterführung, die die Häftlinge aber nicht kannten. Wenn sie nach Zschopau geführt wurden, benutzten sie die Brücken.

werk der DKK treffen noch Inselattribute in geringerem Maße zu. Da die dortigen Produktionskapazitäten jedoch ausgeschöpft waren und man ins Mafrasa Werk verlagern musste, ist davon auszugehen, dass dort keine Möglichkeit bestand, Häftlinge provisorisch unterzubringen. Demnach ist anzunehmen, dass ein Teil der Zschopauer Häftlinge für etwa 2 bis 4 Wochen tatsächlich mit im Lager Wilischthal untergebracht war, auch wenn dies seitens der Wilischthaler Häftlinge in den Ludwigsburger Akten nicht ausdrücklich erinnert wird. Eine Erklärung hierfür scheint das gleichzeitige oder kurz aufeinanderfolgende Eintreffen weiterer Häftlinge zu sein, so dass sich den Frauen, die sich zu diesem Zeitpunkt bereits im Wilischthaler Lager befanden, die Ausweitung der Häftlingsbelegschaft als *ein* Ereignis einprägte. Verwunderlich ist dennoch, dass niemand das tägliche Auftreten dieser augenscheinlich größeren Marschkolonne erwähnt und auf das Verschwinden dieser Frauen nach einigen Wochen hinweist.

f) Allgemeine Lagerbedingungen in Wilischthal

I. Kleidung

Spätestens in Auschwitz hatten die Wilischthaler Häftlinge ihre letzte Habe verloren. Nach dem „Baden“ zu dem die eigene Kleidung selbstverständlich abgelegt werden musste, wurden sie wahllos neu eingekleidet. Möglicherweise bekamen einige von ihnen zunächst grob gestreifte Häftlingskleider. Nachdem jedoch feststand, dass es auf Arbeitstransport gehen sollte, wurden ihnen nach entsprechender Selektion Zivilkleider zugewiesen. Diese stammten meist aus dem Gepäck der Neuankömmlinge, das von einem Häftlingskommando sortiert wurde. Nur Kleidung schlechterer Qualität wurde wieder an Häftlinge verteilt. Auf die Ausgabe von Unterwäsche wurde in der Regel ganz verzichtet. Um die Häftlinge zu kennzeichnen wurde die Zivilkleidung auf dem Rücken mit flureszierenden Buchstaben versehen, die KL oder FKL lauteten. FKL stand für Frauen-Konzentrationslager. Nur wer Glück hatte ergatterte in Auschwitz ein Paar intakte Lederschuhe. An die Mehrheit wurden Holzschuhe ausgeteilt. Diese waren nicht nur ziemlich schwer und erforderten

Konzentration beim Gehen, sondern führten auch zu Verletzungen, da die Füße ohne den Schutz von Socken ständig am Holz scheuerten. Eiterblasen waren keine Seltenheit. Zudem boten die Holzpantinen - wie der Rest der Kleidung - kaum Witterungsschutz. In dieser armseligen Montur erreichten die Häftlinge aus Auschwitz ihren Arbeitsort Wilischthal. Ester B. bestätigt:

> „Wir trugen Zivilkleidung mit Phosphorstreifen und mit aufgenähter Häftlingsnummer.“ [71]

Die Häftlingsnummern zum Aufnähen wurden wie bereits erwähnt aber erst am 24.01.1945 in Flossenbürg zum Versand gebracht. Ein Befreiungsfoto der Frida Misul zeigt hingegen noch ihre Auschwitzer Häftlingsnummer und ein weißes Kopftuch. Die Kleidung, die in Auschwitz ausgegeben wurde, musste in der Regel für die restliche Dauer des Häftlingsdaseins genügen. Umtausch oder Ersatz war nahezu ausgeschlossen. Monatelang trugen die Frauen dieselben Lumpen auf dem Leib, und hatten unter dem Wintereinbruch im Erzgebirge stark zu leiden. So berichtet Sylvia H.:

> „Die Bedingungen im Lager waren sehr schlecht; wir bekamen keine Kleidung. Ich war förmlich barfuss, hatte keine Schuhe und es war doch schon Winter.“[72]

II. Verpflegung

Da die Versorgungslage 1944 auch für die deutsche Bevölkerung im allgemeinen sehr schlecht war, ist es nicht sehr verwunderlich, dass die Häftlinge, als unterstes Glied in der Versorgungshierarchie, in besonderem Maße darbten. Margit L., die in der Wilischthaler Häftlingsküche arbeitete, berichtet:

> „Es gab sehr wenig zu Essen, wir bekamen nicht genügend Brot. Morgens bekamen wir Tee ohne Zucker, mittags etwas Suppe ohne Salz und abends Brot mit Marmelade.“[73]

---

[71] Barch, B 162 / 3849, S. 47 Wiedergutmachungsakten/Auszüge

[72] Barch, B 162 / 3850, S. 258f – VP Sylvia H

Fani K. bestätigt:

> „Das Essen war sehr schlecht, wir bekamen etwas Brot und eine Suppe ohne Salz.“[74]

Auch Sylvia H. schlägt ähnliche Töne an. Sie gibt zu Protokoll:

> „Das Essen war unzureichend. Wir bekamen täglich zwei Schnitten Brot und ein bisschen Suppe.“[75]

Nur Sara F. relativiert das Urteil ihrer Kameradinnen ein wenig. Bei ihr heißt es:

> „Das Essen im Lager war mittelmäßig; wir bekamen Brot, Suppe und Käse.“[76]

Der Begriff *mittelmäßig* ist sehr wahrscheinlich als Vergleich mit der Ernährungslage in Auschwitz, und der Sättigung eines normalen Kalorienbedarfs anzusehen. Mazoltev H. setzt die Verpflegung in Bezug zu den Arbeitsanforderungen:

> „Die Nahrung war völlig unzureichend für die Arbeit, die wir machen mussten. Die Nahrung bestand größtenteils aus Brot und Suppe, manchmal auch aus Fleischkugeln und Pellkartoffeln.“[77]

Eine Fleischbeilage dürfte für die Mehrheit der Häftlinge aber die große Ausnahme gewesen sein. Das, was die Häftlinge für ihre körperlich anstrengende Arbeit bekamen, war zum raschen Sterben zu viel und zum Hunger freien Leben viel zu wenig.[78] Damit die Vernichtungspläne der SS in den Nebenlagern nicht unterlaufen werden sollten, hatte das Wachpersonal darauf zu achten, dass den Häftlingen von Seiten der Zwangsarbeiter und der Belegschaft kein zusätzliches Essen zugesteckt würde. Um

---

[73] Barch, B 162 / 3849, S. 126 – VP Margalit L.
[74] Barch, B 162 / 3849, S. 134 – VP Fani K.
[75] Barch, B 162 / 3850, S. 259 – VP Sylvia H.
[76] Barch, B 162 / 3850, S. 255 – VP Sara F.
[77] Barch, B 162 / 3850, S. 213 – VP Mazoltev H.
[78] Mehr zur Ernährungslage und Beispiele zur Unterernährung mit Gewichtsangaben nach der Befreiung, finden Sie auf Seite 88.

die Wirkung des Druckmittels *Essensentzug* zu erhalten, sollten sich die Häftlinge selbst keine Möglichkeiten zur Aufbesserung ihrer Ernährungslage organisieren können. Zuwiderhandlungen jeglicher Art wurden strengstens bestraft. So berichtet Bella W. :

> „Einmal hat die Ober-SS die Häftlinge aus der Küche geschlagen und uns die Haare abgeschnitten, weil wir Essensreste in die Baracke schmuggeln wollten für Mädchen, die sehr schwach waren. Lotti wusste das, sagte aber nichts.“[79]

Herta B. gibt zu Protokoll:

> „Das Essen war unzureichend. Viele Mädchen setzten ihr Leben in Gefahr und stahlen einige Kartoffeln. Wer von der Oberaufseherin dabei ertappt wurde, bekam schreckliche Schläge.“[80]

Schläge, Demütigungen und Essensentzug waren bei der SS beliebte Strafen. Strafaktionen folgender Art waren alles in einem:

> „Wenn die Ober-SS das Essen am Abend ausgab, dann kam es vor, dass sie die Suppe nicht in den Teller füllte, sondern an einer Häftlingsfrau die volle Suppenkelle über den Kopf schlug, so dass die Suppe verschüttet wurde. Dieser Häftling bekam an dem Abend nichts zu essen. Nur zur Begrüßung in dem Lager bekamen wir eine anständige Mahlzeit. Die Ober-SS sorgte dafür, dass die anderen SS-Frauen die Brotrationen verkleinerten. Am Anfang wurden aus einem Pfundbrot 10 Rationen gemacht, später 20. Es war genug Essen da, sie wollte aber nicht, dass wir es bekämen. In dem Lager sind einige Mädchen an Hunger gestorben.“[81]

Bis auf den letzten Satz, der nicht belegbar ist, passt der Bericht ins Bild, das in den Aussagen der ehemaligen Häftlinge von Helene Klofik gezeichnet wird. Der Person der Erstaufseherin wird an späterer Stelle ein eigenes Kapitel gewidmet.

---

[79] Barch, B 162 / 3851, S. 397 – VP Bella W.

[80] Hessisches Staatsarchiv Bestand 274 Staatsanwaltschaft Marburg Acc. 2003/24 5 Js 1202/79 S. 449 VP Herta B.

[81] Barch, B 162 / 3851, S. 397 – VP Bella W.

III. Einbindung in den Arbeitsprozess

Der Arbeitseinsatz in Wilischthal erfolgte in wochenweise wechselndem Schichtdienst. Die Tagschicht war für die Zeit von 6 bis 18 Uhr und die Nachtschicht von 18 Uhr bis 6 Uhr angesetzt.[82] Nur Fani K. berichtet von einer Schichtdauer *„von 5 Uhr früh bis 5 Uhr abends“* [83]. Möglicherweise wurde um 5 Uhr morgens für die Tagschicht geweckt. Gearbeitet wurde in der Regel an sechs Tagen in der Woche. Nur sonntags war frei. In der Woche war den Häftlingsfrauen beider Schichten der Kontakt untereinander untersagt. An ihrem „freien“ Tag durften sie sich einander besuchen. (Vgl. Susi S. Seite 26)[84]
Für den Dezember 1944 ist der Forderungsnachweis Nr. Flo. 809 überliefert. Er beinhaltet eine Einzelaufstellung der von der SS berechneten Hilfsarbeiter-Tagessätze[85]. Aus der Forderung geht hervor, dass zumindest laut Abrechnung an beiden Weihnachtsfeiertagen nicht gearbeitet werden musste. Heilig Abend und Sylvester fielen 1944 ohnehin auf einen Sonntag. Anfang Dezember werden 292 Häftlinge zum Hilfsarbeitertagessatz von 4 Reichsmark, abzüglich des Häftlingsverpflegungssatzes von 65 Pfennigen, eingesetzt. Als niedrigster Wert stehen für den 21. und 27. Dezember 279 Häftlinge zu Buche. Eine eindeutige Tendenz, die allgemeine Aussagen über die Entwicklung des Gesundheitszustandes innerhalb des Lagers zulässt, ist nicht festzustellen, da die Forderungsnachweise früherer und späterer Monate nicht überliefert sind. Auch ist nicht ganz klar, ob die im Stubendienst und in der Küche beschäftigten Häftlinge mit abgerechnet wurden, oder ob die Differenz zur Häftlingsgesamtbelegschaft allein von den Krankmeldungen und dem Revieraufenthalt herrührt.
Eine detaillierte Schilderung über die verschiedenen Tätigkeitsbereiche, zu denen die Häftlinge in Wilischthal herangezogen wurden, gibt Anna Z.:

[82] Barch, B 162 / 3850, S. 206 – VP Allegra S. ; S.213 VP Mazoltev H.
[83] Barch, B 162 / 3849, S. 134 – VP Fanu K.
[84] Barch, B 162 / 3849, S. 95 – VP Susi S.
[85] Barch, NS4 FL 393 Bd. 2

> „Von den etwa dreihundert weiblichen Häftlingen arbeiteten etwa zwanzig in der Küche, unter ihnen eine ungarische Doktorin. Der Rest der Belegschaft arbeitete in zwei Schichten zu je 12 Stunden in der Fabrik. Der größere Teil der Häftlinge musste an einem Schmelzofen arbeiten, der kleinere Teil – etwa 20 Frauen – darunter auch ich, arbeiteten an einer Werkbank, wo wir die Einzelteile für Maschinenpistolen zusammensetzen mussten. Mit uns arbeiteten italienische, französische Fremdarbeiter und auch deutsche Arbeitskräfte, denen aber ein Kontakt mit uns verboten war.“[86]

Die Richtigkeit ihrer Äußerung kann weitestgehend mit Dokumenten belegt werden, oder deckt sich mit weiteren Häftlingsaussagen. Lediglich das Zahlenverhältnis zwischen der Gruppe am Schmelzofen und den Frauen an den Werkbänken kann nicht verifiziert werden. Von einem genau gegenläufigen Zahlenverhältnis berichtet Susi S.:

> „Die Häftlinge arbeiteten in zwei Schichten zu je 12 Stunden. Ich selbst war anfangs an einem Glühofen eingesetzt. Später wurde mir aufgetragen, die Arbeiterinnen an den verschiedenen Maschinen zur Bearbeitung der Eisenteile anzulernen und die für die Arbeit unerlässlichen Kontakte zu den deutschen Meistern herzustellen. Neben uns arbeiteten zwangsverpflichtete ausländische Arbeiter aus Frankreich, Italien, Russland, mit denen wir auch nicht sprechen durften. Am Glühofen waren wir zu 25 weiblichen Häftlingen, der Rest der Schicht arbeitete in einer sich hinter dem Glühofen befindlichen Werkhalle.“[87]

In dieser Werkhalle, der ehemaligen Vigognespinnerei der Mafrasa Textilwerke, sowie der Stanzerei, dem ehemaligen Krempelsaal arbeiteten zudem folgende Häftlinge. Die Art und Anzahl der Statements spricht ebenfalls eher für das von Susi S. genannte Zahlenverhältnis:

[86] Barch, B 162 / 3849, S. 63 – VP Anna Z.
[87] Barch, B 162 / 3849, S. 95 – VP Susi S.

Katalin G.:

> „In der unmittelbaren Nähe des Lagers war ein Betrieb, versehen mit Maschinen zur Bearbeitung von Metallen. Wir gingen in die Montagehalle dieses Betriebes arbeiten. Mit den Maschinen fertigten wir Waffenbestandteile. Ich habe zum Beispiel Schachtel-ähnliche Einrichtungen[88] zur Lagerungen der Munition von der Waffe gefertigt“[89]

Sophie S.:

> „Das Lager lag gleich hinter oder vor der Fabrik. Ich hab dort Oberteile auf Pistolen aufgeschweißt.“[90]

Miriam M.:

> „In dem Lager befand sich eine Fabrik und wir arbeiteten dort bei der Reinigung von verschiedenen Gewehrteilen und ähnlichen Sachen.“[91]

Edith H.:

> „In diesem Kriegsbetrieb arbeiteten wir an Pressmaschinen und wir fertigten für Maschinenpistolen die Bestandteile.“[92]

Helena M.:

> „Obwohl ich damals noch ein Kind war, arbeitete ich bereits mit in der Fabrik beim Sortieren verschiedener Munitionsteile.“[93]

---

[88] hier sind wohl Magazine gemeint
[89] Barch, B 162 / 3851, S. 474 – VP Katalin G.
[90] Barch, B 162 / 3849, S. 88 – VP Sophie S.
[91] Barch, B 162 / 3851, S. 526 – VP Miriam M.
[92] Barch, B 162 / 3851, S. 481 – VP Edith H.
[93] Barch, B 162 / 3851, S. 440 – VP Helena M.

Ester B.:

> „Ich arbeitete bei der Erzeugung von Karabinerteilen. Meine Arbeit war sehr schwer. Meine Adern an den Händen sind davon hervorgetreten und so blieben sie bis heutzutage.“[94]

Sara F.:

> „Wir arbeiteten bei der Erzeugung von Karabinerteilen und anderem leichten Gewehr. Wir arbeiteten in Schichten, einmal nachts, einmal am Tage.“[95]

Chawa M.:

> „Die Arbeit war sehr schwer, wir arbeiteten eine Woche lang Nachtschicht und eine Woche am Tage, 12-13 Stunden lang. Unsere Arbeit diente zur Ausarbeitung von Maschinengewehrteilen. Ich habe bei einer Stanzmaschine gearbeitet.“[96]

Zu den hier aufgeführten, ungewohnten Tätigkeiten wurden die Frauen von deutschen Meistern oder anderen Belegschaftsmitgliedern angelernt. Die industrielle Produktion an den schweren Maschinen, und die handwerkliche Metallverarbeitung mit diversem Gerät war für die meisten Häftlinge völlig fremd. Verständigungsschwierigkeiten, sowie die physische Schwäche der Frauen, die teilweise Mühe hatten sich auf den Beinen zu halten oder während der Arbeit wegen Kreislaufproblemen ohnmächtig wurden, erhöhte das Risiko von Arbeitsunfällen drastisch. So berichtet Sara F.:

> „Es kam vor, dass Mädchen bei der Arbeit wegen Erschöpfung zusammenbrachen, solche wurden ins Revier gebracht und dann kehrten sie zur Arbeit zurück.“ [97]

---

[94] Barch, B 162 / 3849, S. 131 – VP Ester B.
[95] Barch, B 162 / 3850, S. 255 – VP Sara F.
[96] Barch, B 162 / 3849, S. 138 – VP Chawa M.
[97] Barch, B 162 / 3850, S. 255 – VP Sara F.

Bei der Nachtschicht führt zusätzlich der Sekundenschlaf zu kritischen Situationen. Bereits in der ersten Woche wird der 24-jährigen Polin Bella W. ein Finger verstümmelt. Sie selbst zu diesem Vorfall:

> „Wir haben in einer Munitionsfabrik gearbeitet. Ich habe irgendwelche Metallteile bearbeitet. Ich habe allerdings nur ganz kurz in der Fabrik gearbeitet, nur eine oder zwei Nächte. Dann hatte ich einen Arbeitsunfall. Mein rechter kleiner Finger geriet in die Maschine und wurde verkrüppelt. Ich kam deswegen für wenige Tage in das Revier. Danach hat mich die Ober-SS[98] in der Küche zum Kartoffelschälen eingesetzt, obwohl meine Hand und der Unterarm von der Verwundung infiziert waren. Ich hatte eine Blutvergiftung. Ich habe dann nur noch im Lager gearbeitet in der Küche und bei Putzarbeiten. Die Ober-SS wollte mich oft aus der Küche herausnehmen, weil sie dachte, die Arbeit wär zu gut für mich. Aber die SS-Frau Lotti[99], die die Küche leitete, hat mich immer zurückbehalten und gesagt, dass ich eine gute Arbeiterin sei. In der Küche arbeitete auch noch eine andere SS-Frau an ihren Namen erinnere ich mich nicht.“[100]

IV. Medizinische Versorgung

In den KZ-Außenlagern gab es in der Regel eine primitive Krankenstation, die *Revier* genannt wurde. Hier konnten akute Verletzungen und auf Minimalbasis schwerwiegendere Krankheiten behandelt werden. Die zur Ausheilung benötigten ärztlichen Utensilien und Medikamente waren jedoch keineswegs vorhanden. Die gesundheitliche Schonung für die Häftlinge bestand in Wilischthal im wesentlichen darin, nicht arbeiten zu müssen und von der ungarischen Ärztin Gabriele Heller und der Revierschwester Elisabeth Ungar, z.B. fieberhemmend, gepflegt zu werden. Anna Z.:

---

[98] Oberaufseherin Helene Klofik

[99] Vermutlich Lotte Sahm; in Frage kämen aber auch Charlotte Altmann und später eventuell auch Charlotte(Lotte) Weber

[100] Barch, B 162 / 3851, S. 396 – VP Bella W.

> „Die schon erwähnte ungarische Ärztin war für die ambulante Behandlung der Häftlinge zuständig. Die Behandlung erfolgte in einem dafür hergerichteten Raum der Baracke.“ [101]

Wegen leichterer Erkrankungen ließen sich die Häftlinge gezwungenermaßen gar nicht erst *krank* melden, da mit persönlichen Nachteilen zu rechnen war. So Katalin G.:

> „In diesem Krankenzimmer waren auch einige Betten, die Gefangenen nahmen jedoch die Krankenversorgung, besonders das Liegen in den Betten, nicht gern in Anspruch, weil es die sowieso schweren Umstände noch mehr untragbar gemacht hätte.“[102]

Auch für die Zahnbehandlung sind die Wilischthaler Ärztinnen zuständig. Sogar aus dem Lager des Mutterkonzerns bei der Auto Union in Zschopau wurden weibliche Häftlinge eigens zum Zähneziehen nach Wilischthal gebracht. Laut einiger Aussagen wurden hier aber auch absichtlich gesunde Zähne gezogen. Ob dies möglicherweise eine Strafe darstellte oder als Abschreckung vor „unnötigen Krankmeldungen“ gedacht war, konnte noch nicht vollständig geklärt werden. Auch ist unsicher auf wessen Verantwortung hin dies geschah.
Sicher ist jedoch, dass in Wilischthal seitens der Oberaufseherin mindestens in zwei Fällen die notwendige Überweisung schwer erkrankter Häftlinge in ein Krankenhaus abgelehnt wurde. Nicht nur im Fall Kamenney wie noch zu zeigen ist, hat das schwerwiegende Folgen. So berichtet Sylvia H.:

> „Ich bin auch einmal während der Arbeit in der Fabrik ohnmächtig geworden infolge starker Schmerzen. Ich wurde ins Revier eingeliefert und die Ärztin sagte, dass ich ins Krankenhaus kommen müsste aber die Oberaufseherin wollte nichts davon hören und schickte mich zur Arbeit. Seit dieser Zeit bin ich schwer krank gewesen, ich hatte Tuberkulose und deswegen lag ich nach dem Krieg 3 ½ Jahre im Sanatorium in Rom und Merano.“[103]

---

[101] Barch, B 162 / 3849, S. 64 – VP Anna Z.
[102] Barch, B 162 / 3851, S. 474 – VP Katalin G vgl. auch Anna Z. in 2.1.1.3
[103] Barch, B 162 / 3850, S. 260 – VP Sylvia H.

g) Der Fall Kamenney[104]

In den Ludwigsburger Vorermittlungen bezüglich nationalsozialistischer Verbrechen wird gezielt nach Tötungsdelikten gefragt, da außer Mord zum Zeitpunkt der Ermittlungen alle anderen möglichen Straftatbestände bereits verjährt sind. Dabei kristallisieren sich für Wilischthal im wesentlichen zwei Vorfälle heraus, zu denen es reichlich Zeugenaussagen gibt. Die folgenden Schilderungen beziehen sich auf ein Ereignis im Dezember 1944, den Tod der französischen Jüdin Renée Kamenney. Die Vielzahl der Erinnerungen zeugen von der Wichtigkeit dieses Ereignisses innerhalb der Lagergeschichte, wenngleich viele der Erinnerungen Unstimmigkeiten aufweisen, und sich gegenseitig widersprechen. Es handelt sich um den ersten Todesfall unter den KZ-Häftlingen im Wilischthaler Lager. [105]
Während Allegra S. die Frage, ob sie Tötungsdelikte während ihres Aufenthaltes in Wilischthal wahrgenommen habe, verneint, kann sie sich aber an folgendes erinnern:

> „Ich weiß allerdings, daß es einen Todesfall gegeben hat. Es handelte sich um ein junges Mädchen von französischer Nationalität, die an Blinddarmentzündung litt und wahrscheinlich im Revier gestorben ist, und zwar infolge Fehlens einer Behandlung. Es gab keinen offiziellen Arzt im Lager Wilischthal. Allerdings gab es unter den Häftlingen eine Ärztin ungarischer Nationalität, die von Zeit zu Zeit Häftlinge behandelte, die aber keine medizinischen Hilfsmittel besaß. Ich weiß, dass sie unternommen hat, die junge Französin zu behandeln, allerdings ohne Erfolg, da keine Medikamente und sonstige medizinische Hilfsmittel zur Verfügung standen."[106]

Diese Aussage ist eine der wenigen die bezüglich dieses Falles vollständig richtig ist, wenngleich sie nicht alle Details nennt,

---

[104] Die Namensschreibweise ist unklar und könnte auch Kammeney lauten. Beide Nachnamen sind geläufig. In französischen Deportationsdokumenten taucht die Doppel-N-Schreibung auf, in den Flossenbürger Nummernbüchern ist die aus Paris stammende Jüdin mit der Doppel-M-Variante verzeichnet. Dieser Name wurde auch für den Zschopauer Gedenkstein gewählt. Hier soll aber die bislang unbestätigte Doppel-N-Version verwendet werden.
[105] außerdem ist es der einzige Todesfall der sich belegen lässt
[106] Barch, B 162 / 3850, S. 207 – VP Allegra S.

die in manchen anderen Schilderungen genannt werden, und insbesondere keine direkte Schuldzuweisung bezüglich der Oberaufseherin enthält. Im folgenden soll diese Aussage als Vergleichsaussage fungieren.

Zunächst muss festgehalten werden, dass keine der vernommenen Zeuginnen in der Lage war, die verstorbene Person namentlich zu benennen, obwohl sich nahezu alle an dieses Ereignis erinnern. Es muss aber gleichzeitig erwähnt werden, dass nicht eine einzige Französin des Lagers während der Ermittlungen befragt wurde. Als Konstante in den Schilderungen tritt fast immer die *Blinddarmentzündung* auf. Besonders variabel und fehleranfällig in den Aussagen ist jedoch die Nationalität und das Alter des gestorbenen Mädchens. In den Nummernbüchern des KZ-Flossenbürg ist der Todesfall Renée Kamenneys eingetragen. Sie wurde am 15.12.1944 abgemeldet. Wie ein provisorisches Kreuz [107] auf dem Zschopauer Friedhof zeigt, ist sie aber wohl bereits am 6. Dezember 1944 verstorben. Aufgrund der Zustellung per Post scheinen Veränderungsmeldungen bei den Häftlingen im Flossenbürger Nummernbuch in der Regel mit zeitlicher Verzögerung auf. Eine Faustregel für die Verschiebung gibt es nicht. Die Verzögerungen sind von Fall zu Fall unterschiedlich.

F15: Friedhof in Zschopau ~ 1949

[107] Über die christliche Symbolik auf einem jüdischen Grab machte man sich zu diesem Zeitpunkt vielerorts noch keine Gedanken.

Auch der Bericht der Marie B. gehört zu den zuverlässigeren. Lediglich das Alter Renée Kamenneys kann so nicht bestätigt werden:

> „Ich erinnere mich allerdings, dass eine Gefangene, ein ganz junges Mädchen, das vielleicht 16 Jahre alt und französischer Nationalität war, an Blinddarmentzündung litt. Sie starb mangels einer Behandlung. Im Lager Wilischthal gab es keinen offiziellen Arzt. Diese Tätigkeit wurde teilweise von einer Häftlingsfrau ausgeübt, von der man sagte, dass sie Ärztin sei. Es war eine Ungarin. Sie befand sich praktisch nicht im Besitz von Medikamenten oder medizinischem Gerät. Ich weiß, daß sie versucht hat, die junge Französin zu behandeln, allerdings ohne Erfolg. Von meiner Baracke konnte ich sie vor Schmerzen schreien hören; ich glaube deswegen, daß sie eine lange Agonie hatte. Ich weiß, daß die Häftlinge, ich glaube Französinnen, von der Oberaufseherin bestimmt wurden, die Tote zu beerdigen. Ich kann über weitere Todesfälle in Wilischthal nichts sagen."[108]

Mit den geschätzten 16 Jahren des Opfers, legt Marie B. die Untergrenze der Altersschätzungen, bzw. Behauptungen fest. Chawa M. sagt aus, dass sie 17 war[109]. Dora B. schätzt sie auf 18 bis 19 Jahre[110], und Sarolta R. lässt etwas größeren Spielraum zu und tippt auf 18 bis 20 Jahre[111]. Alle anderen äußern sich nicht zum Alter und sprechen allgemein vom *Häftling* oder von einem *jungen Mädchen*. Nach Übereinstimmenden Geburtsdaten im Flossenbürger Nummernbuch und den Transportlisten des französischen Lagers Drancy in Serge Klarsfeld Publikation von 1978, ist Renée Kamenney aber 1921 geboren. Demnach starb sie mit 23 Jahren. Da die Geburtsdaten der französischen Deportierten relativ verlässlich sind, wird sie in der Erinnerung ihrer Mithäftlinge deutlich zu jung eingeschätzt. Auch bezüglich ihrer Nationalität gehen die Meinungen auseinander. Vier Frauen liegen mit der genannten französischen Nationalität richtig. Neben den bereits zitierten Allegra S. und Marie B., sind es

---

[108] Barch, B 162 / 3850, S. 219 – VP Marie B.
[109] Barch, B 162 / 3849, S. 138 – VP Chawa M.
[110] Barch, B 162 / 3850, S. 155 – VP Dora B.
[111] Barch, B 162 / 3850, S. 298 – VP Sarolta R.

noch Chawa M.[112] und Mazoltev H.[113]. Bei Dora B. geht einiges durcheinander. Ihre Kernaussage deckt sich jedoch frappant mit den Schilderungen der Vorgenannten:

> „Ich erinnere mich an eine griechische Gefangene, die von der Insel Rhodos stammte. Sie litt an Blinddarmentzündung, und sie starb, ohne ärztliche Hilfe erhalten zu haben. Es gab eine Ärztin (sie war tatsächlich Ärztin) eine ungarische Gefangene, die noch tat, was sie konnte, aber sie hatte weder Instrumente noch Medikamente, sonst hätte sie eine Operation gewagt. Diese Gefangene war etwa 18-19 Jahre alt, und sie starb etwa April 1945. Sie wurde in Wilischthal beerdigt. [...] Nur der vorerwähnte Fall ist mir gut im Gedächtnis geblieben, da das junge Mädchen derart gelitten hatte, bevor es starb. Sein Todeskampf hat Tage gedauert. Sie war im Revier, und dort starb sie schließlich auch.“[114]

Neben der Nationalität und dem bereits erwähnten Alter, ist auch der Zeitpunkt des Todes um einige Monate vom Dezember in den April verschoben. Einen ähnlich gelagerten anderen Fall kann sie nicht meinen, da das Überleben aller Wilischthaler *Griechinnen* dokumentiert ist. Der lange Todeskampf steht in Übereinstimmung mit der Aussage der Marie B.
Auch im Beerdigungsort ist Dora B. ungenau. Renée Kamenney wurde auf dem Zschopauer Friedhof beerdigt, der sich in etwa 4 km Entfernung vom Lager befand. Wilischthal selbst hatte keinen eigenen Friedhof.
Neben der abweichenden Nationalität als vermeintliche Griechin schildert Stella V. den Tod einer vermeintlichen Ungarin[115]:

> „Aber ich erinnere mich, daß ein Mädchen – ich glaube sie stammte aus Ungarn – im Lager gestorben ist, sie ist wahnsinnig geworden. Sie wurde ins Revier im Lager eingeliefert und dann wurde uns gesagt, daß sie gestorben sei ; ihren Namen kenne ich nicht.“[116]

---

[112] Barch, B 162 / 3849, S. 138 – VP Chawa M.
[113] Barch, B 162 / 3850, S. 213 – VP Mazoltev H.
[114] Barch, B 162 / 3850, S. 155 – VP Dora B.
[115] könnte aber im Sinne einer ungarischen Abstammung aufgrund des Namens Kamenney eventuell Recht haben
[116] Barch, B 162 / 3849, S. 130 – VP Stella V.

Auch bei dieser Schilderung ist anzunehmen, dass es sich um Renée Kamenney handelt. Ein anderer Todesfall im Lager ist nicht dokumentiert. Die Umschreibung des *Wahnsinnigwerdens* kann wohl auf die Agonie der Sterbenden bezogen werden, deren Schreie bis in die benachbarten Unterkünfte zu hören waren. Dies bestätigt des weiteren die Aussage der Sarolta R.. Sehr deutlich wird hierin die Anschuldigung gegenüber der Oberaufseherin Helene Klofik:

> „Ich erinnere mich an einen Fall als eine junge Frau oder Mädchen an Blinddarmentzündung erkrankte. Man hätte sie nach Zschopau, unweit von Wilischthal ins Krankenhaus zur Operation bringen müssen, aber die Oberaufseherin war nicht einverstanden, deshalb starb das Mädchen in schrecklichen Schmerzen; das habe ich und die anderen Mädchen vom Lager selbst gesehen. Sie wurde in der Nähe des Lagers beerdigt, die genaue Ortsbezeichnung kenne ich jedoch nicht. “[117]

Beschuldigende Äußerungen wegen unterlassener Hilfe und nicht veranlasster Einlieferung in ein Krankenhaus machen auch die vernommenen ehemaligen Häftlinge Chawa M.[118], Olga K., Bella S. und Eugenia S.. In einem Zwischenbericht heißt es über Olga K:

> „Die Zeugin erklärt, daß sie seinerzeit von der jüdischen Krankenschwester des Krankenreviers in Wilischthal – Elisabeth Ungar – erfuhr, daß eine Häftlingsfrau an Blindarmentzündung erkrankte. Die Oberaufseherin erlaubte es nicht sie ins Krankenhaus einzuliefern, damit sie operiert werden kann. Demzufolge starb diese Häftlingsfrau in Anwesenheit der Zeugin im Revier.“[119]

Auch Bella S. hat Renée Kamenney noch vor deren Tod im Revier gesehen:

> „Ich erinnere mich, daß einmal ein junges Mädchen im Lager an Blinddarmentzündung erkrankte. Man brachte sie ins Revier aber auf Befehl der Oberaufseherin wurde sie nicht ope-

[117] Barch, B 162 / 3850, S. 298 – VP Sarolta R.
[118] Barch, B 162 / 3849, S. 138 – VP Chawa M.
[119] Barch, B 162 / 3849, S. 125

riert und ist gestorben. Ich habe das Mädchen vor dem Tod gesehen, da ich mir zufällig einen Finger verletzte und ins Revier kam. Ich sah, wie die Leiche aus dem Lager herausgeführt und beerdigt wurde."[120]

Auch Ella G. kann den Tod Renée Kamenneys bezeugen:

> Ich kann mich auch noch entsinnen, daß einmal eine Häftlingsfrau im Revier verstorben ist. Es war eine dünne, lange Frau. Ob sie an einem vereiterten Blinddarm verstorben ist, weiß ich allerdings nicht. Ich mußte den Leichnam gemeinsam mit einer anderen Frau bis zur Barackentür bringen. Dort wurde die Leiche später abgeholt."[121]

Über die Beerdigung Renée Kamenneys haben wir ebenfalls bereits einige Aussagen gehört. Direkte Augenzeugen wurden im Rahmen der Ludwigsburger Ermittlungen wahrscheinlich nicht vernommen. Lediglich Miriam M. äußert:

> „Es ist mir aber erinnerlich, dass eine der weiblichen Häftlinge starb und wir nahmen an ihrem Begräbnis teil."[122]

Ob hiermit eine direkte Anwesenheit der polnischen Jüdin zu verstehen ist, oder ob das *„wir"* , allgemein Personen aus der Häftlingszwangsgemeinschaft beinhaltet, kann von dieser Stelle aus nicht beurteilt werden. Nähere Details über diesen Vorgang werden von ihr jedenfalls nicht geschildert. Darüber, dass Renée Kamenney auf einem Friedhof beerdigt wurde, herrscht weitestgehend Einigkeit. So berichtet auch Mazoltev H.:

> „Ich weiß auch nach Erzählungen der anderen Häftlinge, daß diese Französin begraben wurde, ich glaube auf einem Friedhof auf Veranlassung der Oberaufseherin."[123]

Nur laut Eugenia S. fand die Beerdigung hinter dem Lager statt. Vielleicht drückt sie sich aber auch einfach nur missverständlich

---

[120] Barch, B 162 / 3850, S. 296 – VP Bella S.
[121] Barch, B 162 / 3851, S. 461 – VP Ella G.
[122] Barch, B 162 / 3851, S. 527 – VP Miriam M.
[123] Barch, B 162 / 3850, S. 213 – VP Mazoltev H.

aus oder es liegt eine inhaltliche Verzerrung durch die Übersetzung vor. Im Protokoll heißt es:

> „Es war einmal ein Fall, wenn ich mich recht erinnere, daß ein Häftling an Blinddarmentzündung erkrankt war und operiert hätte werden müssen und daß die Oberaufseherin eine Verlegung in ein Krankenhaus außerhalb des Lagers nicht erlaubte, so daß der Häftling daran starb. Ich habe gesehen, wie man die Tote hinter dem Lager beerdigte.“[124]

Auch aus Sicht der Oberaufseherin ist der Fall Kammeney mit Aussagen belegbar. 1980 wurde die vielfach beschuldigte Helene Klofik wegen Verdacht des Mordes zur Vorsprache geladen[125]. Den seitens der ehemaligen Häftlinge geschilderten Vorkommnisse, die ihr durch die Staatsanwaltschaft vorgehalten werden, tritt sie wie folgt entgegen:

> „Die ärztliche Betreuung innerhalb des Lagers lag in den Händen von 2 inhaftierten Ärztinnen. Eine von beiden hieß Gabriele Heller. Sie war eine Ungarin. An den Namen der anderen Ärztin erinnere ich mich heute nicht mehr. Diese Häftlingsärztinnen durften Operationen nicht ausführen. Die erwähnte kranke Häftlingsfrau litt nach meiner Kenntnis an einer Unterleibsentzündung. Ich kann nicht bestätigen, daß es sich dabei um eine Blinddarmentzündung handelte. Ich erinnere mich zwar, daß mir eine Ärztin über diese Patientin gesagt hat, der ganze Unterleib sei vereitert, ich erinnere mich jedoch nicht, ob sie eine Operation für erforderlich gehalten hat. Die Ärztin selbst hatte zu einer solchen Operation keine Instrumente. Mir hat die Ärztin nicht gesagt, eine Operation sei unumgänglich, um das Leben der Häftlingsfrau zu retten. Nach meiner Überzeugung hätte mir auch kein Krankenhaus die Behandlung der Patientin abgenommen. Was zu geschehen hatte, wenn in dem Lager eine Häftlingsfrau plötzlich lebensgefährlich erkrankte und von den beiden Ärztinnen nicht behandelt werden konnte, war nicht geklärt. Ich habe mich auch nicht selbst um eine solche Regelung bemüht, zumal es sonst keine Fälle schwerer Krankheit gegeben hat. Ich hatte die strikte Weisung, keine Häftlinge aus dem Lager

---

[124] Barch, B 162 / 3851, S. 435 – VP Eugenia S.

[125] vgl. Kapitel 2.1.1.1/VII

zu lassen. In einem einzigen Fall war einmal ein deutscher Zivilarzt zugezogen worden, der die Behandlung der betreffenden Häftlingsfrau jedoch abgelehnt hat. Wegen dieses Vorfalles sind mir von meinen Vorgesetzten noch Vorhaltungen gemacht worden. Mein nächster Vorgesetzter war meiner Erinnerung nach ein SS-Führer namens Rink, der in Flossenbürg saß. Der Verkehr mit den vorgesetzten Dienststellen erfolgte überwiegend auf schriftlichem Wege. Es trifft zu, daß ein erkrankter Häftling praktisch dem Tode geweiht war, wenn die Hilfe der beiden Häftlingsärztinnen nicht ausreichte. Es trifft zu, daß mir die beiden Häftlingsärztinnen gesagt haben, die an der Unterleibsentzündung erkrankte Patientin werde sterben, weil sie keine ausreichende Hilfe leisten könnten. Ich habe erwidert: „Sie wissen doch, daß ich niemanden aus dem Lager lassen darf." Noch in derselben Nacht ist die betreffende Häftlingsfrau verstorben. Sie ist in Zschopau bei Chemnitz beerdigt worden. Häftlingsfrauen mussten das Grab ausheben und waren bei der Beerdigung zugegen."

Auffällig an der Aussage Helene Klofiks ist, dass sie zunächst bestreitet, dass sie von den Häftlingsärztinnen auf die unumgängliche Operation zur Erhaltung des Lebens der Patientin hingewiesen worden sei. Unter Druck der Befragung gibt sie später jedoch zu, dass sie darauf hingewiesen wurde. Die Französin sei jedoch noch in derselben Nacht gestorben. Da sich Helene Klofik nach wie vor in Verteidigungszwang befindet, ist auch der Wahrheitsgehalt dieser zweiten Version anzweifelbar. Vermutlich handelt es sich um eine strategische Ausflucht ihrerseits. Ihr Einlenken geht nur so weit, wie die Ermittler durch Zeugenaussagen *abgesichert* sind. Auch das Krankheitsbild der Blinddarmentzündung, das definitiv operativ behandelt werden muss, wird möglicherweise aus taktischen Überlegungen zu einer allgemeineren Unterleibsentzündung umgedeutet.

F16: Einweihung des Gedenksteins auf dem Zschopauer Friedhof am 08. Mai 2005

h) Luftangriffe und Bombardierungen

Insbesondere die Industriestandorte im nördlichen Erzgebirge wurden im Februar und März 1945 Ziel strategischer Luftangriffe. Die Fabriken in Zschopau und Wilischthal wurden aber größtenteils verfehlt und es kam eher zu zivilen Menschenverlusten und Gebäudeschäden. Trotz Fehlschlagens der Angriffe musste die Rüstungsproduktion durch Fliegeralarme stundenweise unterbrochen werden. Bei Alarm wurden die KZ-Häftlinge in der Regel in ihren Unterkünften eingesperrt und ihrem Schicksal überlassen. Da die Häftlinge oftmals in den Fabriken selbst oder in unmittelbarer Nähe in Lagern untergebracht waren, ging man wohl davon aus, dass bei Zerstörung der Produktionsanlagen auch die Häftlinge nicht mehr benötigt würden, und nahm vor diesem Hintergrund ihren möglichen Tod in Kauf. Zudem war den Wachmannschaften daran gelegen, sich selbst in Luftschutzkellern oder Bunkern in Sicherheit zu bringen, sodass eine Bewachung während dieser Zeit nicht möglich gewesen wäre. Aus diesen Gründen schloss man die Häftlinge einfach ein. In Ausnahmefällen, wie das Beispiel des Zschopauer Lagers der Auto Union zeigt, ließ man die Häftlinge während Bombenangriffen auf Vertrauensbasis in den nahegelegenen Wald gelangen. In Wilischthal scheint ein solcher ziviler Umgang mit den Häftlingen nicht in Betracht gezogen worden zu sein. So berichtet Bella W.:

> „Ich erinnere mich, dass wir eines Nachts bombardiert wurden. Überall war Feuer. Wir waren aber in der Baracke eingesperrt. Die Ober-SS hatte uns gesagt, wir sollten uns in die Betten legen und ruhig sein. Ich sah, dass in einem Nachbarlager eine Baracke brannte. Ich fing an zu schreien und mit den Füssen zu trampeln. Die anderen Mädchen taten es mir nach. Die Ober-SS kam herein. Sie wollte mir eine Pille geben, um mich zu beruhigen. Ich habe die Pille aber nicht genommen. Sie fragte mich, was ich denn wollte. Ich habe gesagt, sie sollte die Tür auflassen, damit wir herauskönnten, wenn die Baracke getroffen würde. Sie hat gesagt, wenn die Baracke brennt, sollten wir uns auf den Fußboden legen. Dann ist sie gegangen und hat die Tür wieder abgeschlossen.“[126]

[126] Barch, B 162 / 3851, S. 398 – VP Bella W.

Ob sich das reale Ereignis, tatsächlich so - wie in der Erinnerung geschildert - abgespielt hat, ist schwer zu beurteilen. Mindestens die Äußerungen bezüglich der *Pille* erscheinen dem Verfasser etwas fragwürdig. Welcher Brand gemeint ist und was die Zeugin unter dem Begriff *Nachbarlager* versteht, konnte nicht geklärt werden. Unbestritten bleiben aber die Ängste, die die eingesperrten Frauen auszustehen hatten und das an Zynismus grenzende Verhalten der Oberaufseherin. Leider äußert sich kein weiterer ehemaliger Wilischthaler Häftling zu diesem konkreten Fall, lediglich Sarolta R. erinnert sich an verstärkte Luftangriffe vor der Evakuierung. Ihre komprimierte Schilderung:

> „In letzter Zeit haben die Alliierten die Umgebung der Fabrik sehr bombardiert und wir mussten weggehen."[127]

i) Der Fall Boas

Der zweite Fall, der in den Ludwigsburger Ermittlungen von den vernommenen, ehemaligen Häftlingen mehrheitlich erinnert wird, ist die Strafaktion gegenüber Henni Boas, der es im April, kurz vor der Evakuierung, gelungen war zu flüchten. Die gebürtige Berlinerin war aus Belgien deportiert worden und wurde kurz nach ihrer Flucht in Wilischthal wieder aufgegriffen. Viele Erinnerungen der Mithäftlinge trügen jedoch und enden mit der Behauptung, dass Frau Boas infolge der Misshandlungen gestorben sei. So berichtet Edith W. bei ihrer Vernehmung:

> „Im Lager erfuhr ich es nachträglich, daß im Winter 1944-1945 ein beladener LKW beim Steingebäude ankam und zu dessen Entladung einige gefangene Frauen dorthin disponiert wurden. Unter ihnen befand sich eine etwa 40 Jahre alte deutsche Frau aus dem Nachbarzimmer, die bei dieser Gelegenheit davonlaufen wollte, sie wurde jedoch am Bahnhof noch erwischt. Diese Frau hat man dann angeblich sehr mißhandelt. Ich sah nur, daß man sie in halb tot geschlagenem Zustand in ihr Zimmer zurückbrachte, woher sie nach kurzer Zeit ins Krankenzimmer verbracht wurde, wo sie starb. Leider kann ich nicht sagen, wer an der Mißhandlung teilnahm. Es ist

[127] Barch, B 162 / 3850, S. 299 – VP Sarolta R.

> sicher, daß diese Frau infolge der Mißhandlung gestorben ist.“[128]

Direkter Augenzeuge der Misshandlungen ist Edith W. nicht. Eugenia S., die alles mit ansehen musste, berichtet:

> „Eines Tages, an das genaue Datum erinnere ich mich nicht, ich weiß nur noch soviel, daß es im Winter[129] war, als ein älterer Häftling aus Deutschland aus dem Lager flüchtete. Man griff die Frau jedoch nach einigen Stunden unweit des Lagers auf und führte sie wieder zu. Sie wurde daraufhin von der Oberaufseherin unmenschlich und auf grausame Weise zusammengeschlagen. Ich habe dann gesehen, wie sie zwei Wannen vorbereitete, eine mit kalten, die andere mit heißem Wasser gefüllt. Die Frau schrie fürchterlich. Als sie ohnmächtig geworden war, wurde sie auf Befehl der Oberaufseherin fortgebracht. Ich habe sie nach diesem Vorfall nie wieder gesehen oder jemals von ihr gehört. Im Lager war die Rede davon, daß sie nicht mehr am Leben sei.“[130]

Was bei Edith W. noch eine sichere Wahrheit ist, formuliert Eugenia S. deutlich vorsichtiger. Vom Tod der Misshandelten ist „lediglich“ die Rede. Andere Frauen wollen die Leiche der Geflüchteten gesehen haben. Auch hier werden reale Beobachtungen falsch gedeutet. So berichtet Sara F.:

> „Ich kann mich an einen Vorfall erinnern. Wir waren damals schon einige Monate im Lager. Es flüchtete eine Jüdin, die aus Polen stammte, sie war damals etwa 50 Jahre alt und trug Brille. Diese Frau wurde von 2 SS-Leuten wieder eingefangen und ins Lager gebracht. An diesem Tag habe ich nicht gearbeitet und befand mich in meiner Baracke. Die SS-Aufseherinnen holten aus meiner Baracke die dort befindlichen 60 Mädchen heraus und konzentrierten sie im Waschraum. Dann brachten sie die Frau, die geflüchtet war. Die blonde Oberaufseherin erteilte einer anderen Aufseherin den Befehl den Kopf der Geflüchteten unter den Wasserhahn zu stellen und das Wasser so lange laufen zu lassen bis das Opfer tot sein wird.

[128] Barch, B 162 / 3851, S. 482 – VP Edith W.
[129] Vermutlich lag noch Schnee. Das Ereignis war jedoch bereits im April.
[130] Barch, B 162 / 3851, S. 435 – VP Eugenia S.

Ich habe mit eigenen Augen gesehen wie der Frau einige Stunden lang Wasser auf den Kopf gegossen wurde. Sie fiel schließlich bewußtlos hin. Dann wurde uns befohlen den Waschraum zu verlassen. Am Abend erfuhr ich, daß die Frau infolge des Geschehenen gestorben ist. Ich habe die Leiche nicht gesehen, es wurde mir von Kameradinnen erzählt, die die Leiche neben dem Waschraum sahen."[131]

Neben der falsch erinnerten vermeintlichen polnischen Nationalität und zu hoch angesetztem Alter des Opfers, erfährt auch Sara F. nur durch Mithäftlinge über den vermeintlichen Tod der Misshandelten. Vermutlich sahen diese, die blutunterlaufene und bewusstlos geschlagene Henni Boas neben dem Waschraum liegen. Da sie kein Lebenszeichen wahrnahmen, deuteten sie ihre Beobachtung als die Leiche eines Mithäftlings. Aller Wahrscheinlichkeit nach, geriet auf diesem Weg das Gerücht über den Tod der Geflohenen in Umlauf. Das Kursieren dieses Gerüchtes belegen diverse Häftlingsaussagen. So berichtet die polnische Jüdin Helena M.:

> „Ich erinnere mich aber, daß eines Tages zwei Frauen aus dem Lager geflüchtet waren. Eine hatte man wieder gefaßt und dem Lager erneut zugeführt. Sie wurde von der Oberaufseherin auf schreckliche Weise zusammengeschlagen und dann in eine Wanne mit kaltem Wasser gelegt. Ich habe gesehen, wie die Oberaufseherin das Opfer mißhandelte. Ich habe diese Frau danach nie mehr gesehen. Unter den Häftlingen sprach man davon, daß sie an den Folgen der durch die Oberaufseherin erlittenen Schläge gestorben ist."[132]

Interessant an dieser Aussage ist zudem, dass die Zeugin von zwei geflohenen Häftlingen spricht. Laut Flossenbürger Häftlingsregister ist aber nur die Flucht der Henni Boas belegbar. Sie wird im Nummernbuch am 13.04.1945 als *geflüchtet* vermerkt. Das reale Ereignis ist aber auf einige Tage zuvor zu datieren. Eine Verzögerung durch den Meldeweg muss vorliegen, da sie sonst vor der Evakuierung nicht mehr ergriffen worden sein könnte. Aufgrund des Evakuierungsbefehls des bereits in Auflö-

---

[131] Barch, B 162 / 3850, S. 256 – VP Sara F.

[132] Barch, B 162 / 3851, S. 441 – VP Helena M.

sung befindlichen Stammlagers Flossenbürg, und der damit verbundenen Niederlegung der Verwaltungstätigkeit und Bearbeitung des Schriftverkehrs, wird das Wiederaufgreifen der Geflohenen nicht mehr registriert. Flossenbürg wurde am 23. April von amerikanischen Truppen befreit. Die letzte Evakuierungskolonne verließ am 20. April das Lager.[133]

Vom „13.4." dem Registrierungsdatum der Flucht, datiert außerdem die letzte Stärkemeldung des KZ-Flossenbürg. Veränderungsmeldungen wurden ab diesem Tag nicht mehr aufgenommen.

Neben den bereits genannten Zeuginnen, schenkt auch Sylvia H. dem kursierenden Gerücht Glauben. Sie erinnert:

> „Ich habe einmal gesehen, wie die Oberaufseherin eine Frau gepackt hat und dann befahl sie unter den Wasserhahn zu stellen und kaltes Wasser auf sie zu gießen. Infolge der Schläge und des Wassers, das ihr auf den Kopf gegossen wurde ist sie gestorben. Ich habe ihre Leiche nicht gesehen aber die Frauen haben mir darüber erzählt. Den Namen der Frau kenne ich nicht."[134]

Auch sie erinnert sich zudem an den Vorfall der Flucht zweier Frauen. Sie schildert aber obige Misshandlung und folgende Prügelstrafe als zwei unabhängige Vorfälle:

> „Einmal sind zwei Frauen aus dem Lager geflüchtet. Eine stammte aus Österreich, die andere aus Deutschland. Sie wurden wieder eingefangen und ins Lager gebracht. Die Oberaufseherin und die anderen SS-Aufseherinnen, insbesondere Susi, schlugen sie mörderlich. Die Frauen waren ganz blau von der Schläge. Sie wurden mit Peitschen bis (aufs[135]) Blut geprügelt. Ich habe diese Frauen später nicht mehr gesehen. Ich weiß nicht was mit ihnen passiert ist."[136]

Ob es zu einen Fluchtversuch zweier Frauen und später zu einem weiteren Versuch der Henni Boas kam, oder ob mit ihr eine zweite Frau flüchtete, kann nach Lage der Dinge nicht klärend

---

[133] Vgl. Peter Heigl S.37 & 57ff

[134] Barch, B 162 / 3850, S. 260 – VP Sylvia H.

[135] Ergänzung des Verfassers

[136] Barch, B 162 / 3850, S. 260 – VP Sylvia H.

beantwortet werden, da die Erinnerungen der ehemaligen Häftlinge sich als sehr fehleranfällig erweisen. Dennoch ist ohne diese Aussagen keine Aufarbeitungsarbeit zu leisten. Aus diesem Grund ist es ratsam, verschiedene mögliche Varianten gegeneinander abzuwägen, oder als gleichwertig nebeneinander zu stellen, um so eventuell weitere Hinweise zu erhalten. Zudem ermöglicht dieses Verfahren der Leserschaft, sich ein eigenes Urteil zu bilden und die Problematik bei der Feststellung des Wahrheitsgehaltes von Aussagen zu erkennen. Die *eine objektive Wahrheit* zu finden ist der Geschichtsschreibung wohl ohnehin noch nie gelungen. Es wird auch in der wissenschaftlichen Aufarbeitung des Holocaust immer eine Koexistenz subjektiver Wahrheiten geben. Umso wichtiger ist es, dass sich dessen jeder bewusst wird. Darum soll trotz einiger Redundanzen fortgefahren werden, weitere Häftlingsschilderungen bezüglich des Falls Boas anzuführen. Miriam M. schildert:

> „Eines Tages flüchtete ein weiblicher Häftling. Nach einigen Tagen wurde sie wiederergriffen und in das Lager gebracht, wo sie die Oberaufseherin so schrecklich schlug, daß sie ohnmächtig wurde. Danach begoß sie ihren Kopf mit kaltem Wasser aus einem Wasserhahn, um sie weiter zu verprügeln. Das tat sie mehrere Male. Dieses Bild steht mir noch heute vor meinen Augen. Man sprach zwischen uns, daß der weibliche Häftling infolge des Schlagens verstarb.“[137]

Auch durch diese Aussage wird deutlich, dass das Gerücht vom vermeintlichen Tod der Henni Boas große Kreise zieht, und die Gespräche zwischen den Häftlingen zu einer allgemeinen Meinungsbildung führen, die im Fall Boas nicht der Wahrheit entspricht. Auch auf die zeitliche Dimension der zitierten Aussage muss hingewiesen werden. Während Eugenia S. angibt, dass es sich bei dem Zeitraum zwischen Flucht und Ergreifung um einige Stunden handelt, sind es hier laut Miriam M. einige Tage. Festzustellen ist, dass zwischen Flucht und Ergreifung jedoch soviel Zeit gelegen haben muss, dass es zu einer Meldung ans Stammlager kommt, die später nicht mehr berichtigt werden kann, bzw. wird. Es ist davon auszugehen, dass es sich um eine

---

[137] Barch, B 162 / 3851, S. 528 – VP Miriam M.

schriftliche Meldung handelte, die zum Zeitpunkt der Ergreifung bereits abgesandt war. Ferner ist anzunehmen, dass nach der Feststellung des Fehlens der Henni Boas zunächst eine erfolglose Suche eingeleitet wurde, bevor solch eine schriftliche Meldung aufgesetzt worden ist. Demnach erscheint der Zeitraum von einigen Stunden als ein anzusetzendes Minimum. Die Wiederergreifung nach einem oder zwei Tagen ist aber wahrscheinlicher, da sich auch Ester B. und die Oberaufseherin bei ihrer Vernehmung 1980 diesbezüglich so äußern. Wo sich die Geflohene während dieser Zeit versteckt und aufgehalten hat, ist nicht überliefert.
Neben den Gerüchten, die im Lager über dieses Ereignis kursieren, könnte es eine zweite Erklärung dafür geben, warum so viele Frauen meinen, die Geflohene wäre infolge der Misshandlungen gestorben. Laut Katalin W. wurde der Vorfall zur Abschreckung öffentlich bekannt gemacht. Sie erinnert:

> „Ich weiß von einem Falle, als eine Gefangene infolge der Mißhandlungen gestorben ist. Diese Frau ist angeblich aus dem Lager geflohen und wurde in einem nahen Orte eingefangen. Sie wurde ins Lager zurückgebracht und so schwer mißhandelt, daß sie an demzufolge erlittenen Verletzungen gestorben ist. Dies weiß ich daher, daß dieser Fall den Gefangenen öffentlich bekannt gemacht wurde, damit es jedermann weiß, was ihr zustehen würde, falls sie zu entfliehen versuchte."[138]

Ob den Häftlingen die vermeintliche Todesfolge der körperlichen Züchtigung tatsächlich glaubhaft gemacht werden sollte, oder seitens der Zeugin der vermeintliche Tod in die Bekanntgabe der Aufseherin hinein interpretiert wird, kann, wie so vieles andere an diesem Fall, ebenfalls nicht abschließend geklärt werden. Es steht jedoch fest, dass im Fall Boas bewusst ein Exempel zur Abschreckung von Nachahmern statuiert wurde und eine mögliche Bekanntgabe falscher Tatsachen oder eine Äußerung ähnlich mehrdeutiger Drohungen, keinesfalls abwegig erscheinen.

[138] Barch, B 162 / 3851, S. 475f – VP Katalin W.

Auch Sarolta R. wird bezüglich des vermeintlichen Todes der Henni Boas und der Brutalität der Oberaufseherin sehr explizit:

> „Aber grausam war die Oberaufseherin, sie pflegte uns mörderlich zu schlagen, mit einem Stock, Eisenstangen, Peitsche – was ihr gerade in die Hand fiel. Auf diese Weise hat sie eine Frau im Lager zu Tode geprügelt. [...] Sie hat die Frau so lange geschlagen, bis sie bewusstlos war, dann warf sie sie in eine Wanne kaltes Wasser und goss noch Wasser auf sie. Wir hörten die Schreie der unglücklichen Frau und haben sie später nicht mehr gesehen, sie ist verschwunden.“[139]

In den Tenor der bisher angeführten Aussagen stimmen auch Elisabeth L. und Stefa W. mit ein. Ihre Aussagen liegen jedoch nur in Polnisch vor und werden in den Ludwigsburger Akten inhaltlich in einem Zwischenbericht zusammengefasst. Darin lautet es:

> „Eine der Häftlinge – der Name konnte nicht festgestellt werden – wurde bei einem Fluchtversuch ergriffen. Die Oberaufseherin schlug sie schrecklich und steckte dann ihren Kopf unter einen Wasserhahn. Die Zeuginnen konnten die Quälerei nicht mit ansehen und versteckten sich im Block. Sie haben die Bestrafte nie mehr gesehen und nehmen an, daß die Oberaufseherin sie getötet hat.[140]

Damit suggerieren zehn der vernommenen Frauen auf unterschiedlicher Art und Weise, dass Henni Boas in Folge der Misshandlungen verstarb. Die meisten berufen sich dabei auf Beobachtungen und Berichte von Mithäftlingen. Selbst Frauen aus dem näheren Lagerumfeld der Betroffenen werden durch die Gerüchte, die aller Wahrscheinlichkeit nach auf Fehldeutungen konkreter Beobachtungen basieren, oder aber bewusst durch eine offizielle Bekanntgabe, getäuscht. Zu einer Richtigstellung innerhalb der Lagergemeinschaft kommt es nicht mehr, da sich die ehemaligen Häftlinge nach der Befreiung aus den Augen verlieren. Vier Frauen räumen bei ihrer Vernehmung ein, dass

[139] Barch, B 162 / 3850, S. 297f – VP Sarolta R.
[140] Barch, B 162 / 3850, S. 269

sie nicht wissen, was aus der Misshandelten wurde. Bella W. berichtet:

> „Einmal ist ein Mädchen weggelaufen. Sie stammte aus Deutschland. Nach einiger Zeit wurde sie wieder zurück ins Lager gebracht. Die Ober-SS hatte sie so geschlagen, daß wir sie kaum noch wiedererkannten, sie war ganz schwarz. Ihren Namen weiß ich nicht. Sie schlief in der Baracke in meiner Nähe. Ich weiß nicht, ob sie den Krieg überlebt hat."[141]

Auch Ella G. lässt den Ausgang des Vorfalls offen:

> „Ich kann mich entsinnen, daß diese oberste SS-Frau einmal eine Häftlingsfrau, die nach einem Fluchtversuch zurückgebracht worden war, unter einen kalten Wasserstrahl stellte. Was mit dieser Häftlingsfrau später geschah, ob sie verstorben ist, weiß ich nicht."[142]

Susi S. berichtet:

> „Tötungsverbrechen im Lager Wilischthal sind meines Wissens nicht vorgekommen. Ich erinnere mich nur an den Fall eines deutschstämmigen weiblichen Häftlings, der nach einem Ausbruchsversuch von der Oberaufseherin mit einem dicken Knüppel halbtot geschlagen wurde. Ich weiß nicht, ob dieser Häftling am Leben geblieben ist. Ich habe sie nicht wieder gesehen. Wir wurden kurz nach diesem Ereignis evakuiert."[143]

Ganz ähnlich schildert Bella S., die als Tschechin über Ungarn deportiert wurde, den Fall:

> „Eine Frau war von unserem Lager geflüchtet. Es war im Winter – ich kann keine genaue Zeit angeben, jedenfalls lag damals Schnee. Die Frau wurde aufgegriffen und ins Lager zurückgebracht. Zuerst wurde sie von der Oberaufseherin schrecklich geschlagen, dann mußte sich die Frau splitternackt ausziehen und wurde in den Waschraum geführt. Die Oberaufseherin stieß sie mit Wucht an eine Schüssel mit Wasser, öffnete den Wasserhahn und goß das laufende Wasser auf sie.

---

141 Barch, B 162 / 3851, S. 397 – VP Bella W.

142 Barch, B 162 / 3851, S. 461 – VP Ella G.

143 Barch, B 162 / 3849, S. 96 – VP Susi S.

> Ich konnte es nicht mit ansehen, wie die Frau litt und wie die Oberaufseherin sie quälte, deshalb verließ ich den Waschraum. Später musste ich aber wieder hereingehen. Die Oberaufseherin hat sie noch immer gequält und mit Wasser begossen. Was später mit der Frau geschah, weiß ich nicht, ich habe sie jedenfalls nie mehr gesehen."[144]

Lediglich drei Zeuginnen waren zu finden, die zurecht vom Überleben der Henni Boas berichten. So Anna Z.:

> „Tötungsverbrechen im Lager Wilischthal sind mir nicht bekannt. Ich erinnere nur den Fall des österreichischen oder deutschen Häftlings, die von der Oberaufseherin nach einem mißlungenen Fluchtversuch schwer mißhandelt wurde. Die Oberaufseherin nahm ein Stuhlbein und schlug diese wahrscheinlich über vierzig Jahre alte Frau vor den Augen aller Häftlinge in der Baracke so zusammen, daß dieser Häftling sich nicht mehr bewegen konnte und bis zur Abfahrt nach Theresienstadt im Krankenzimmer der Baracke verbleiben musste."[145]

Sehr konkret bezüglich des Überlebens wird Sophie S.:

> „Einmal ist ein Mädchen weggelaufen. Sie wurde wieder gefangen und von den Aufseherinnen fürchterlich geschlagen Sie hat, wie ich den Krieg überlebt. Ich glaube sie lebt in New York. Ich denke, sie war nicht von Polen, sondern von Deutschland oder zumindest in Deutschland geboren."[146]

Sara B. fördert mit ihrer Aussage sogar einen ganz neuen Aspekt im Fall Boas zu Tage:

> „Die Aufseherin Kloffek (sic!) hat eine Häftlingsfrau – sie war Deutsche und glaubte daher, die Flucht aus Wilischthal riskieren zu können – nach ihrer Wiederergreifung in den Waschraum gebracht und sie dort in das lange Becken unter den Waschhähnen gepackt. Sie hat dann von uns verlangt, dass wir die dort liegende Frau schlagen sollten. Als sich jedoch nicht die nötige Beteiligung hierfür ergab, hat sie selbst auf die Frau

---

[144] Barch, B 162 / 3850, S. 295 – VP Bella S.
[145] Barch, B 162 / 3849, S. 64 – VP Anna Z.
[146] Barch, B 162 / 3849, S. 89 – VP Sophie S.

> eingeschlagen. Die Frau ist jedoch an diesen Misshandlungen nicht gestorben.“[147]

Dass die anderen Häftlingsfrauen aufgefordert wurden, die Geflüchtete zu schlagen, räumt sonst lediglich Ester B. ein:

> „Ich erinnere mich, dass einmal ein Mädchen vom Lager geflüchtet war nach ein oder zwei Tagen wurde sie wieder eingefangen und ins Lager zurückgebracht. Alle Häftlinge haben sie auf Befehl der Oberaufseherin schlagen müssen. Letztere drohte auch, dass wenn wieder jemand aus dem Lager flüchten werde, 10 Frauen getötet werden.“[148]

Ihre Aussage verschweigt, wie sich die Häftlinge auf diese Aufforderung verhalten haben. Auch die Formulierung der Sara B. schließt eine Beteiligung von Häftlingen an der Misshandlung nicht völlig aus. Besonders interessant daran ist, dass Helene Klofik 1980 auch zu diesem Fall verhört, sich wie folgt äußert:

> „In einem einzigen Fall ist es vorgekommen, dass eine ältere Häftlingsfrau aus dem Lager entflohen ist. Sie wurde nach wenigen Tagen ergriffen und in das Lager zurückgebracht. Entsprechend einer mir erteilten Weisung habe ich angeordnet, dass dieser Frau die Haare abgeschnitten wurden. Eine weitere Bestrafung für den Fluchtversuch ist von mir aus nicht angeordnet worden. Es trifft jedoch zu, dass diese Frau von den anderen Häftlingen verprügelt worden ist, jedoch nicht so schwer, dass sie in das Krankenrevier hätte eingeliefert werden müssen. Noch am selben Tage ist die Frau wieder zur Arbeit gegangen. Es trifft nicht zu, dass die Häftlingsfrau nach der Flucht unter kaltes Wasser gestellt oder in eine Wanne mit kaltem Wasser gesteckt worden wäre. Eine solche Wanne gab es überhaupt nicht. Es kam lediglich vor, dass Häftlingsfrauen mit Wasser abgespritzt wurden, wenn sie sich nicht waschen wollten. Es war keine Rede davon, dass die entflohene und wiederergriffene Häftlingsfrau zur Bestrafung oder zur Abschreckung anderer getötet werden sollte. Andere Häftlinge haben die Frau nach der Wiederergreifung nach meiner Auffassung deshalb geschlagen, weil sie befürchteten, dass sie

[147] Hessisches Staatsarchiv Bestand 274 Staatsanwaltschaft Marburg Acc. 2003/24 5 Js 1202/79 S. 427f VP Sara B.

[148] Barch, B 162 / 3849, S. 132 – VP Ester B.

selbst wegen der Flucht Nachteile, z.B. Essensentzug zu erwarten hätten. Tatsächlich hat es solche Nachteile für die anderen Häftlinge nicht gegeben. Wenn mir vorgehalten wird, dass ich nach Aussagen von Zeugen die wiederergriffene Frau in Tötungsabsicht misshandelt habe, so streite ich dies ab. Ich musste mir selbst den Rücken freihalten. Wir durften die Häftlinge noch nicht einmal duzen. Viel weniger durften wir sie misshandeln. Die SS Aufseherinnen und auch ich selbst verfügten über keine Waffen, auch nicht über Stöcke. Widersetzlichkeiten von Häftlingen wurden mit Ohrfeigen geahndet.“[149]

Der genaue Tathergang und die weiteren Beteiligten können aus heutiger Sicht, aufgrund der Varianz und den nachweislichen Fehlern in den Aussagen, nicht mehr genau bestimmt werden. Nur der Ausgang der Strafaktion ist sicher. Henni Boas wird gemeinsam mit den anderen Häftlingen evakuiert und überlebt den Krieg. In ihrer Entschädigungsakte gibt sie an, sie sei nach der Wiederergreifung im Anschluss an ihre Flucht „zu 99% totgeschlagen“ worden. Eine hinzugefügte Erklärung zweier Mithäftlinge bestätigt ihre leidvolle Erfahrung. Henni Jolinger, vormals Boas ist am 31.07.1968 in Neptune New Jersey (USA) verstorben.[150]
Ihre Misshandlung wird auch in der Autobiografie Yaja Borens dargestellt und literarisiert:

„Sonntags morgens[151], während des schlimmsten Sturms des Jahres, standen wir auf dem Appellplatz und wurden wieder und wieder gezählt. Unsere Nummern wurden ausgerufen, und wir alle antworteten darauf, bis auf eine Frau, die sich nicht auf ihre Nummer hin meldete. *Totenkopf*[152] wiederholte die Nummer wieder und wieder, aber die fehlende Frau hob nicht ihre Hand. Wir schauten uns alle um, um zu sehen wer fehlte, da wir jeden in unserer Baracke kannten. Plötzlich begannen die Mädchen zu

[149] Barch, B 162 / 3851, S. 627f
[150] nach Barch, B 162 / 3851, S. 620
[151] Sollte hier der Wochentag richtig erinnert werden, dürfte es sich um den 8. April 1945 handeln. Die geschilderte Bestrafung bezieht sich auf den gescheiterten Fluchtversuch der Henni Boas, der im Nummernbuch am 13. April (Rückdatierung nicht üblich) registriert wurde.
[152] Einer der Spitznamen der Oberaufseherin Helene Klofik. Vgl. Yaja Boren. We only have each other. S.238
Klofik hatte unter anderem auch den Spitznamen *Hitlerauge.*

flüstern, dass Großmutter fehlte. Großmutter konnte nicht älter als 40 Jahre alt gewesen sein, als sie zur Arbeit in das AFL [Arbeitsfrauenlager] kam. Sie war alt genug eine Großmutter zu sein und sicherlich alt genug gewesen, um die Mutter der meisten Mädchen im AFL zu sein, mit Ausnahme von Frau Rojal [FloNo.: 58964 Balbina Rojal *05.05.1908] und Frau Luksenburg [FloNo.: 58942 Frymena Luxembourg *15.03.1915]. Der Name Großmutter war also gebührend für sie. Niemand kannte sie unter einem anderen Namen, und die Frauen, die älter aussahen als sie waren, mochten es *Großmutter* genannt zu werden. Wir waren überrascht, dass sie fliehen wollte. Selbst wenn wir einen Weg zur Flucht gefunden hätten, gab es keinen Platz wo wir uns mit unseren schäbigen Kleidern, Holzschuhen und tätowierten Nummern am Arm verstecken hätten können. Wir wären herausgestochen wie gebranntes Vieh. Den ganzen Tag standen wir stramm im Sturm ohne Essen. Ich vermisste besonders die Sonntags-Pellkartoffeln mit Quark.

In der Abenddämmerung stand Großmutter oben auf der Treppe zwischen zwei SS-Frauen. Die SS-Aufseherinnen ergriffen ihre dünnen Arme und zerrten sie die Treppe hinunter, als ob sie eine Stoffpuppe wäre, mit der ein Kind über den Boden fegt. Die SS-Frauen übergaben Großmutter *Totenkopf*, und der Appell wurde abgebrochen. Wir durften aus dem Regen, aber nicht in die Baracken. Wir marschierten in einen Schuppen[153] und wurden gezwungen dort zu bleiben und Großmutter zuzuschauen, wie ihr befohlen wurde ihre Kleider auszuziehen und in ein langes schmales Becken, das an der Wand befestigt war, zu steigen. *Totenkopf* knurrte Großmutters ausgemergelten Körper an. Das kalte Wasser führte zu einer grünen Blässe ihrer Haut und *Totenkopf* brüllte die zitternde Großmutter an: „Du bist dreckig!“ Als ich *Totenkopf* ins Gesicht sah, erblickte ich einen Dämon. Ihr Mund war weit geöffnet und ihre Lippen verzogen sich zu einer dünnen Linie.

Ihre großen Zähne und ihr Zahnfleisch sahen viel größer aus, als ich es je gesehen hatte. Ihr Lachen klang eher wie Wolfsgeheul. Sie zog mehrere größere Mädchen aus der Reihe und gab der ersten den Befehl einen Eimer mit eiskalten Wasser zu füllen und das Wasser auf Großmutter zu werfen. Dem nächsten Mädchen reichte sie einen Schrubber. Es war eine Art Schrubber wie man ihn zum Boden scheuern verwendete, oder für schwere Teppiche. "Nimm die Bürste und schrubb!", schrie

[153] Wahrscheinlich der Waschraum des Außenlagers Wilischthal.

sie. Als sie sah, dass das Mädchen nicht hart genug schrubbte, brüllte sie "Ich habe gesagt schrubb kräftig bis sie sauber ist!" Sie bellte, als sie dem Mädchen den Schrubber aus der Hand riss und zog ein anderes Mädchen aus der Reihe. Als sie den Schrubber dem zweiten Mädchen übergab schrie sie, "Schrubb fester!" Sie nahm mehr Mädchen aus der Reihe und befahl ihnen weitere Eimer eiskalten Wassers auf die zitternde Großmutter zu schütten und rief die Mädchen dazu auf, fester zu schrubben.

Als wir Großmutters Blut über ihren Rücken fließen sahen, waren Bela [FloNo.: 58969 Bajla Sztrajman] und ich nicht mehr in der Lage unsere Tränen zu kontrollieren. Ich war froh als die vertraute Sirene ertönte, der unmittelbar Explosionen folgten. *Totenkopf* befahl den Mädchen Großmutter aus der Wanne zu ziehen, und die SS-Frauen scheuchten uns in unsere Baracken und schlossen uns ein. Wir konnten rennende Stiefel hören, als würden sie gejagt.“[154]

Yaja Boren lässt den Ausgang der Misshandlung offen, indem sie durch einen Luftangriff bzw. Fliegeralarm abgebrochen wird. Sie beschreibt aber am deutlichsten, welchen Tatbeitrag andere jüdische Häftlinge geleistet haben sollen, indem sie durch die Aufseherin dazu gezwungen wurden. In den Vernehmungsprotokollen der Ludwigsburger Ermittlungen aus den Jahren 1966-1980 ist in zahlreichen Zeugenberichten die ausführende Täterin meist allein die Oberaufseherin Helene Klofik[155]

Das sonntägliche Appell-Setting, demnach vermutlich am 8. April 1945, ließ sich bislang nicht verifizieren.

Goti Bauer datiert in ihrem autobiografischen Bericht „Una Vita Segnata“ den Vorfall um Henni Boas gar in den Januar 1945:

„Eines Tages, wahrscheinlich traumatisiert von einem dieser Schrecken, fand eine arme ungarische Frau, ohne dass es jemand bemerkte, ein offenes Tor und floh eines morgens. Beim Appell kam 299 heraus und es gab einen Heidenlärm. Wir wurden alle für schuldig gehalten und deswegen verdienten und erhielten wir alle eine unvergessliche Strafe. Als dann die SS die deutschen Schäferhunde von der Leine ließ, wurde die Ärmste, benommen und zitternd, am Tag danach in den um-

---

[154] Yaja Boren. We only have each other. S.248f. Übersetzung Cziborra

[155] Vgl. Pascal Cziborra. KZ-Autobiografien S.119ff.

liegenden Wäldern gefunden. Sie wurde ausgepeitscht bis aufs Blut und im Freien, im Januar, in eine Wanne mit Eiswasser getaucht und wir mussten sie stundenlang umringen und sie mit Spucke und Beleidigungen bedecken."[156]

Die Varianz im Detail der einzelnen Zeugenaussagen wird auch hier ersichtlich. Aber auch Bauer spricht von einer (erzwungenen) Tatbeteiligung der Mithäftlinge. Der Episodenkern deckt sich aber mit den anderen Berichten. Auch die italienische Sopranistin Frida Misul schrieb bereits 1946 von der Misshandlung Boas', die sie in den Dezember 1944 datiert und nannte ihren autobiografischen Roman „In den Klauen des Nazi-Monsters".

j) Weitere außergewöhnliche Vorfälle im Lager

> „Ich erinnere mich, daß einmal ein SS-Mann von der Wache gesehen hat, wie ein Mädchen einige Kartoffeln unweit von der Küche zu sich nahm. Als er das sah, begann er auf das Mädchen zu schießen; ihr gelang es zu flüchten, sie versteckte sich unter den Betten in unserer Baracke. Der Wachmann lief ihr nach, suchte sie, hat sie aber nicht gefunden. Er war sehr zornig und schlug uns mit dem Gewehrkolben und fluchte mit ordinären Worten, wie verfluchte Juden, stinkige Juden – er war ein SS-Mann, seinen Namen kenne ich nicht. Er war dunkelhaarig, mittelgroß, damals ungefähr über 30 Jahre alt. Das Mädchen ist wegen der Angst und der Panik schwer an Epilepsie erkrankt und wurde oft ohnmächtig. Sie kam zwar zusammen mit uns nach Theresienstadt, aber seit dieser Zeit habe ich sie nie mehr gesehen, sie hieß Alisa F. aus Rhodos"[157]

Diese Aussage ist eine der wenigen Häftlingsaussagen, in der ein konkreter Name eines Gewaltopfers genannt wird. Der Name, sowie die Herkunft aus Rhodos, konnte mit Hilfe der Flossenbürger Register bestätigt werden. Es ist daher davon auszugehen, dass sich der geschilderte Vorfall tatsächlich in ähnlicher Weise abgespielt hat. Vermutlich wurde auch tatsächlich in Tötungsabsicht auf Alisa F. geschossen.

---

[156] Goti Bauer. Una Vita Segnata. S. 47
[157] Barch, B 162 / 3850, S. 259f – VP Sylvia H.

Einen wesentlich zweifelhafteren Vorfall erinnert Ella G.:

> „Ich weiß, dass einmal zwei Häftlingsfrauen erschossen wurden. Ich hörte die Schüsse, habe aber nicht direkt hingesehen. Ich bin also kein Augenzeuge im eigentlichen Sinne. Ich kann weder die Opfer noch die Täter beschreiben oder namhaft machen. Ich war damals sehr schockiert. Während der Erschießung befand ich mich in der Baracke. Wir durften nicht hinausgehen."[158]

Die Zeugin ist die einzige Dame, die auch noch nach konkreter Nachfrage behauptet, dass sie zu Fuß nach Theresienstadt evakuiert worden wären und ausdrücklich nicht mit der Bahn. Sie will sich auch an Schüsse am Ende der Marschkolonne erinnern. Demnach sind ihre Aussagen an sich, bereits als eher fragwürdig einzustufen. Unter Umständen, sind die Schüsse, die sie im Lager Wilischthal gehört haben will, auf den Vorfall mit Alisa F. zurückzuführen. Im Nachhinein wird der Vorfall eventuell als Erschießung umgedeutet. Hätte es tatsächlich eine Erschießung innerhalb des Lagers gegeben, hätten sich wesentlich mehr Frauen dessen erinnert. Bezüglich der Evakuierung fehlt Ella G. einfach die Erinnerung an die Zugfahrt. Ob dies auf Verdrängungsmechanismen zurückzuführen ist, oder ob sie die Zugfahrt aufgrund ihrer physischen Schwäche in einem Dämmerzustand verbrachte, und damit nie eine bewusste Erinnerung an sie hatte, kann im Rahmen dieser Forschungsarbeit nicht geklärt werden. Zu Beginn und am Ende der Evakuierung stand jedenfalls in der Tat jeweils ein kurzer Fußmarsch. Falls sich die Zeugin generell nur bruchstückhaft erinnert, könnte auch diese Tatsache schlicht und einfach die Ursache für eine falsche Gedächtnisrekonstruktion einer zusammenhängende Erinnerung sein. Ihre Erinnerung führt aber zu einer historisch falschen Überlebensgeschichte und beinhaltet eine Zuspitzung der Evakuierung zu einem gewaltigen Todesmarsch. Die Distanz der Fußmärsche Wilischthal – Zschopau, Zschopau - Wilischthal und Leitmeritz Theresienstadt ist bei weitem nicht einem Evakuierungsmarsch Wilischthal – Theresienstadt gleichzusetzen. Es ist daher immer wieder zur Vorsicht beim Umgang mit Selbstzeugnissen zu mahnen.

---

[158] Barch, B 162 / 3851, S. 459f – VP Ella G.

Auch Dora B. äußert sich zu fragwürdigen Erinnerungen. Ihre Worte:

> „Es gab Szenen mit entsetzlichen Schlägen und es gab auch 3 bis 4 Todesfälle, aber diese nur wegen mangelnder Versorgung. Die Toten wurden auf dem Friedhof in Wilischthal beigesetzt.“[159]

Hier ist der Zschopauer Friedhof gemeint, auf dem die Französin Renée Kamenney beigesetzt wurde. An die Französin erinnert sich Dora B. aber als Griechin und datiert den Vorfall auf den April 1945.[160] Die Todesfälle aufgrund *mangelnder Versorgung* können nicht belegt werden und sind für das Lager Wilischthal anzuzweifeln. Frühestens bei der Evakuierungsfahrt nach Theresienstadt könnte es zu Todesfällen dieser Art gekommen sein.

k) Evakuierung und Befreiung

Auf den 13. April 1945 datiert die letzte Flossenbürger Stärkemeldung. Für das Lager Wilischthal werden 299 Frauen gemeldet. Dies stimmt grob mit den Flossenbürger Nummernbüchern überein, in denen 302 Häftlinge registriert, Renée Kamenney als verstorben und Henni Boas als „*geflüchtet*“ eingetragen sind. Der Wilischthaler Häftling Margit Friedmann wird aufgrund seiner einzelnen Registrierung vermutlich übersehen und bei der Erhebung nicht mit berücksichtigt. In Wirklichkeit gingen demnach 301 Frauen auf Evakuierung, da auch die flüchtige Henni Boas wieder ergriffen und dem Evakuierungstransport angegliedert worden war.

Vom Lager Wilischthal wurden die Frauen am Abend des 13. Aprils zunächst zu Fuß in das 4 km entfernte KZ-Lager der Auto-Union, ins ehemalige DKW-Werk Zschopau geführt. Hier verbrachten sie mit knapp 500 Zschopauer Häftlingsfrauen eine Nacht auf beengtem Raum. Am Samstagmorgen, den 14. April 1945 wurden sie wieder zurück nach Wilischthal geführt, wohin

---

159 Barch, B 162 / 3850, S. 155 – VP Dora B.

160 Vgl. Seite 59

ihnen später auch die Gruppe der Zschopauer Häftlinge folgt. Dort werden trotz einiger Schwierigkeiten für die SS und ihre etwa 795 Häftlinge Transportmittel bereitgestellt. Eine grobe Schilderung des Evakuierungsablaufs lässt sich im Vernehmungsprotokoll des Wilischthaler Häftlings Katalin W. finden:

> „Von hier [Wilischthal] wurden wir zu Fuß in ein Lager neben einem anderen Betrieb begleitet, dort verbrachten wir nur eine Nacht, dann wurden wir nach Wilischthal zurückbegleitet. Hier warteten auf uns schon Waggons am Bahnhofe, in diesen wurden wir nach Theresienstadt transportiert."[161]

Laut Ester B. werden die Häftlinge nach der Rückkehr in Wilischthal erst nach zwei Stunden mit einem Güterzug *weggeholt* [162]. Demnach mussten sie wohl zunächst auf die Bereitstellung des Zuges warten. Welche Variante der Wahrheit entspricht, lässt sich nach mehr als 70 Jahren kaum noch klären. Zudem handelt es sich hierbei um ein weniger entscheidendes Detail. Die Aussage der Ester B. ist aber aufgrund anderer zeitlicher Angaben eher anfechtbar.

Der Zug bestand sowohl aus offenen Loren als auch aus geschlossenen Güterwaggons. Ob für die SS-Begleitung ein Personenwagen bereitgestellt wurde, oder ob diese auch mit einem Güterwaggon kriegsbedingt Vorlieb nehmen mussten, ist in den vorliegenden Akten nicht dokumentiert. Laut Gespräch mit einer ehemaligen Zschopauer Aufseherin, sollen einige Mitglieder des Aufsichtspersonals ihre Fahrräder mitgenommen haben. Als Reiseproviant wird zumindest den Wilischthaler Häftlingen Brot zugeschmissen. Die polnische Jüdin Eugenia S.:

> „Ich möchte noch hinzufügen, daß bei unserer Abfahrt ein riesiges Verpflegungslager zurückgeblieben ist. Die Oberaufseherin warf uns Brot zu wie Hunden. Die Häftlinge stürzten sich auf das Brot und viele erkrankten davon. Auf dem Wege nach Theresienstadt starben sogar einige durch den außergewöhnlichen Brotgenuß."[163]

---

[161] Barch, B 162 / 3851, S. 476 – VP Katalin W.
[162] Barch, B 162 / 3849, S. 131 – VP Ester B.
[163] Barch, B 162 / 3851, S. 437 – VP Eugenia S.

Es kann gut möglich sein, dass einige Frauen durch die ungewohnte Menge an Nahrung, schwere Magenprobleme, Krämpfe oder Durchfallerkrankungen erlitten. Ob in diesem konkreten Fall tatsächlich Frauen daran starben, bleibt eher fraglich. Wenn überhaupt, sind nur Einzelfälle möglich, da fast alle Wilischthaler Häftlinge Theresienstadt erreichten. Außerdem waren es nur wenige, die große Stücke Brot für sich allein ergatterten. So erzählt Miriam T.:

> „Ich hungerte durch die ganze Zeit der Reise, weil ich vor der Abfahrt keinen Laib Brot fangen konnte, die die Oberaufseherin den weiblichen Häftlingen durch Gitter wie den Hunden zuwarf. Nur einigen Frauen gelang es, das Brot zu fangen, der Rest blieb ohne Brot.“[164]

Auch über die Zahl der Häftlinge in den Waggons existieren unterschiedliche Aussagen, die unter Umständen durch unterschiedliche Längen der Wagen erklärt werden können. Aber selbst wenn man von Güterwagen kürzerer und längerer Bauweise ausgeht, tragen die Aussagen in einigen Fällen eine individuell verzerrte Handschrift der Wahrnehmung des Betroffenen. So gibt die Aufseherin Lina Naumann in ihrem Spruchkammerverfahren an:

> „In einem Waggon waren immer 50 Frauen“[165]

Ob hier die Erinnerung fehl-, oder Selbstschutzmechanismen anschlagen, kann von heutigem Standpunkt aus kaum geklärt werden. Es gilt aber als sicher, dass selbst in kleineren Waggons, größere Anzahlen von Frauen unterkommen mussten. Aus Evakuierungsberichten von Frauen anderer Lager liegen glaubwürdige Vergleichsaussagen vor. So sind für kleinere Waggons, je nach zur Verfügung stehenden Transportmittelkapazität, 60-100 Frauen zu veranschlagen für lange Waggons 100-130 Personen. Setzt man 50 Frauen pro Wagen an, hätte der Evakuierungszug allein für die Häftlinge 16 Waggons umfassen müssen. Dies ist eher unwahrscheinlich. Ebenso unwahrscheinlich

---

[164] Barch, B 162 / 3851, S. 528 – VP Miriam T.

[165] Barch, B 162 / 3849, S. 38

ist der Bericht der Marie B., laut dem, sofern kein Tippfehler vorliegt, 200 Frauen je Waggon Platz finden mussten:

> „Wir wurden zu etwa 200 Frauen in einen Waggon gepfercht, was zu einer langsamen Vergiftung wegen Luftmangels und wegen der Gerüche der Exkremente führte."[166]

In diesem Falle hätte der Zug vermutlich nur aus fünf Wagen bestanden. Vier für die Häftlinge einer für die SS; auch dies eher unwahrscheinlich. Tatsächlich dürfte der Evakuierungszug zwischen acht und zehn Wagen gezählt haben. Die Bedingungen in den geschlossenen Waggons, sind natürlich auch schon bei einer Belegung von etwa 100 Personen miserabel. Völlig ungenügende Verpflegung, Platz- und Sauerstoffmangel, sowie der Gestank der Exkremente machten die Fahrt zu einer Tortur auf Leben und Tod. In den offenen Waggons bekommen die Frauen zwar genügend Sauerstoff, sind aber den schlechten Witterungsbedingungen ungeschützt ausgeliefert. So liegt und fällt nach dem harten Kriegswinter 44/45 auch im April während der Evakuierung im Erzgebirge noch Schnee. Sylvia H. berichtet:

> „Viele sind unterwegs gestorben. [...] Ich war zufällig in einem geschlossenen Waggon aber viele Häftlinge waren in offenen Waggons, erfroren deshalb und starben wegen der schrecklichen Bedingungen."[167]

Auch diese pauschale Aussage kann zumindest im Bezug auf die Todesopfer nicht ohne weiteres bestätigt werden. Mit Sicherheit litten die Frauen neben Hunger und Krankheit auch verstärkt unter den Witterungsbedingungen. Aber auch hier müssen die Todesfälle, insbesondere *„viele"* nach heutigem Kenntnisstand für das Lager Wilischthal verneint werden. Möglicherweise hatte Sylvia H. bei ihrer Aussage Häftlinge anderer Lager im Sinn. Susi S. beschreibt den Ablauf des Evakuierungstransportes:

> „Wir wurden zu etwa 90 Personen in einen Güterwagen gepfercht und sind etwa eine Woche herumgefahren, ohne daß uns Essen verabreicht wurde und wir die Möglichkeit erhiel-

[166] Barch, B 162 / 3850, S. 219 – VP Marie B.
[167] Barch, B 162 / 3850, S. 260 – VP Sylvia H.

> ten auszutreten. Ich weiß nicht, ob alle Insassen jenes Güterwagens, in dem ich untergebracht war, die Reise lebend überstanden haben. Wir haben nur gehört daß unterwegs auf Häftlinge geschossen wurde, denen es gelang aus anderen offenen Güterwagen zu fliehen. In Theresienstadt übergab uns die Oberaufseherin an die dortige Lagerverwaltung."[168]

Im großen und ganzen ist diese Schilderung plausibel. Tatsächlich ist einigen Häftlingen die Flucht gelungen. Bekannt sind aber in erster Linie Frauen des Lagers Zschopau, die aus geschlossenen Waggons fliehen konnten und teilweise von mutigen Personen aus der Zivilbevölkerung in Zschopau versteckt wurden.[169] Die Flucht gelang Ihnen bereits zu Beginn der Evakuierungsfahrt. Möglicherweise konnten aber auch Wilischthaler Frauen mit Hilfe einer Aufseherin flüchten. So Bella W.:

> „Unterwegs ist eine SS-Frau namens Hilde mit ein paar jüdischen Frauen weggelaufen. Diese 5 oder 6 Frauen haben überlebt. Hilde soll heute in den USA leben. Ich weiß nicht, wo sie wohnt. Ich kenne auch ihren Nachnamen nicht. Ich weiß auch nicht, welche Mädchen mit ihr weggelaufen sind."[170]

Sollte sich diese Flucht kurz vor Theresienstadt ereignet haben, könnten die Geflohenen eventuell bereits im Theresienstädter Datenbank-Projekt erfasst worden sein. Wahrscheinlicher ist aber, dass zu den Geflüchteten, einige jener Frauen zählten, die in *Teil 4* mit ungeklärtem Schicksal aufgeführt werden. Zusätzlich vielleicht auch ein paar tschechische Jüdinnen, die im Theresienstädter Gedenkbuch mit dem Befreiungsort Wilischthal, bzw. Scharfenstein geführt werden. Dies kann, muss aber kein Indiz für eine Flucht sein. Glaubt man der Aussage der Bella W. sollen diese Frauen überlebt haben. Bei der genannten Aufseherin handelt es sich aller Wahrscheinlichkeit nach um Hilde Matthes. Bereits kurz nach ihrem Diensteintritt hatte sie ein Versetzungsgesuch nach Kopenhagen gestellt, das am 20. Februar 1945 aus dienstlichen Gründen abgelehnt wurde. Die Stel-

[168] Barch, B 162 / 3849, S. 97 – VP Susi S.
[169] Vgl. Pascal Cziborra. KZ Zschopau
[170] Barch, B 162 / 3851, S. 398 – VP Bella W.

lung des Gesuches ist aus Verfassersicht bereits Ausdruck der ablehnenden Haltung gegenüber der Nazi-Diktatur. Hinweise zur Flucht und den beteiligten Personen sind herzlich erwünscht. Der Wahrheitsgehalt bezüglich der Aussagen über die Flucht kann - wie dargestellt - noch nicht endgültig beurteilt werden. Unter Umständen könnten hier auch Ereignisse in der Erinnerung vermischt werden und die geflohenen Zschopauer Häftlinge gemeint sein.

Unbestritten sind aber die allgemein miserablen Bedingungen bei der Evakuierung. Dass es laut Susi S. während der Fahrt aber gar keine Verpflegung gegeben haben soll und auch keine Möglichkeit auszutreten, kann bereits widerlegt werden. Bella W. erinnert sich:

> „Bei der Evakuierung lagen wir sehr eng in den Waggons. Die Fahrt dauerte mehrere Tage. Wir bekamen unterwegs nichts zu essen und nichts zu trinken. Vielleicht einmal in zwei Tagen bekamen wir etwas Mehl in die Hand geschüttet. Einmal am Tag wurden wir aus dem Zug herausgelassen. Dazu wurde ein Brett an die hohe Türöffnung gelegt. Die Ober-SS stieß uns aber von oben herunter."[171]

Sophie S. eine Jüdin polnischer Herkunft bestätigt:

> „Die Fahrt von Wilischthal nach Theresienstadt war schrecklich. Wir waren die ganze Zeit in den geschlossenen Waggons. Einmal wurden wir an die frische Luft gebracht. Ich erinnere mich, wie die Oberaufseherin die Mädchen von dem Wagen hinunterstieß. Dann mussten wir wieder in den Wagon zurückklettern. Ich kann mich nicht erinnern, daß während dieser Fahrt jemand getötet worden wäre."[172]

Diese Aussagen bezeugen, dass den Frauen in begrenzten Rahmen die Möglichkeit zum Austreten gegeben wurde, wenngleich zu menschenunwürdigen Bedingungen. Auch bezüglich der Verpflegungslage räumt Bella W. - nachdem sie dies zunächst verneint - eine geringfügige Versorgung ein. Auch andere vernommene Frauen können konkrete Angaben zur Verpflegung ma-

[171] Barch, B 162 / 3851, S. 398 – VP Bella W.

[172] Barch, B 162 / 3849, S. 89 – VP Sophie S.

chen. Zwar tauchen in ihren Aussagen einige Abweichungen bezüglich der Dauer der Fahrt auf, doch ihre Kommentare zur Art der Verpflegung sind relativ konform. So erwähnt Allegra S.:

> „Wir haben die Reise in Viehwagen gemacht und diese Reise dauerte 9 Tage. Während dieser 9 Tage haben wir praktisch keinerlei Nahrung erhalten. Ich erinnere mich lediglich, eine Tasse Suppe und ein bisschen Zucker erhalten zu haben; das war wirklich alles.“[173]

Auch Marie B. erinnert sich nur an einen Schlag Steckrübensuppe und ein Stück Brot.[174] Außerdem berichtet Mazoltev H.:

> „Im Verlauf dieser 10 Tage haben wir insgesamt einen Schlag Suppe erhalten, ein bestrichenes Brot und eine Tasse gezuckertes Mehl.“[175]

Sara F. geht einen Schritt weiter und spricht von Todesopfern aufgrund der Unterernährung. Namentlich belegen ließen sich die vermeintlichen Opfer bisher aber nicht. Ihre Worte:

> „Ich will noch betonen, dass die SS-Leute unterwegs einige Frauen aus den Waggons geworfen haben, weil sie des Hungers gestorben sind.“[176]

Bei diesen Opfern muss es sich nicht zwangsläufig um Wilischthaler Häftlinge gehandelt haben. Es könnten auch Frauen aus dem Zschopauer Lager der Auto Union gewesen sein. Es liegen einzelne Beschreibungen von ehemaligen Zschopauer Häftlingen über Frauen vor, die unterwegs starben und während der Evakuierungsfahrt zurückgelassen oder beerdigt wurden.[177] Die Opfer werden aber in keinem Fall namentlich genannt, und konnten daher noch nicht identifiziert werden. Die Todesursache der Häftlinge bleibt aber in jedem Fall reine Interpretation der Vernommenen, erscheint aber durchaus plausibel.

---

[173] Barch, B 162 / 3850, S. 207f – VP Allegra S.
[174] Barch, B 162 / 3850, S. 219 – VP Marie B.
[175] Barch, B 162 / 3850, S. 213 – VP Mazoltev H.
[176] Barch, B 162 / 3850, S. 257 – VP Sara F.
[177] Vgl. Pascal Cziborra. KZ Zschopau

Wie bereits durch die Aussage der Bella W. und anderer deutlich wurde, begleitete die Oberaufseherin Helene Klofik den Transport bis zur Übergabe in Theresienstadt. Auch während der Fahrt übte sie Misshandlungen gegen die ihr anvertrauten Häftlinge aus. So Fani K.:

> „Ich erinnere mich, daß die Oberaufseherin während der Überführung vom Lager Wilischthal ins Lager Theresienstadt mit uns fuhr und uns grausam den ganzen Weg über schlug. Ich bekam von ihr mit einem Stock über den Kopf, wurde verletzt, so daß mein Kopf stark blutete. Sie hat auch einer Häftlingsfrau eine Hand gebrochen, das war noch vor dem sie mich schlug. Ich habe es mit eigenen Augen gesehen, wie sie dem Häftling im Waggon die Hand zerbrach.“[178]

Auch das falsche Benehmen bei Fliegeralarmen wird von Helene Klofik streng bestraft. So bezeugt Edith W.:

> „Unterwegs erlebten wir Fliegerangriffe, bei solchen Gelegenheiten hielt der Zug an. Die Aufsichtsoberin[179] beobachtete immer mit Aufmerksamkeit die Gefangenen und die sich bewegten, hat sie grob geschlagen.“[180]

Über die zurückgelegte Route und im besonderen die Dauer der Evakuierungsfahrt existieren widersprüchliche Aussagen und Dokumente. Nach übereinstimmenden Aussagen von ehemaligen Häftlingen und Aufseherinnen, wurden die Häftlinge beim ersten Versuch einer Einlieferung in Theresienstadt abgewiesen. In folgender Aussage sind zwar die zeitlichen Dimensionen der Evakuierungsfahrt deutlich verkürzt, der Gesamtablauf ist aber korrekt skizziert:

> „Was ich noch ergänzen kann ist, daß wir Wilischthal am 14. April 1945 verlassen haben. Wir wurden in einem Zug nach Theresienstadt gebracht, wo wir noch am selben Tag ankamen. Allerdings hat man uns dort nicht aufnehmen wollen, so daß wir im Zug bleiben mussten. Wir sind noch zwei Tage

---

[178] Barch, B 162 / 3849, S. 135 – VP Fani K.
[179] Oberaufseherin
[180] Barch, B 162 / 3851, S. 482 – VP Edith W.

> gerollt, um dann wieder nach Theresienstadt zurückzukommen, wo wir dann im Lager untergebracht wurden."[181]

Odette H. bestätigt damit die Evakuierungsbeschreibung der Aufseherin Lina Naumann. Laut Hauptverhandlungsprotokoll vom 6.11.1947 ihres Spruchkammerverfahrens, schildert diese die Ereignisse wie folgt:

> „Wir fuhren damals nach Krumthau[182] und wollten nach Theresienstadt. Als wir dort ankamen, standen wir auf dem Bahnhof und konnten in Theresienstadt nicht ankommen. Wir fuhren nun weiter nach Aussig. Dort standen wir wieder auf dem Bahnhof und wußten nicht wo wir hin sollten und ich ging dann mit zwei Kameradinnen weg und habe mich auf den Heimweg begeben. [...] In Aussig haben wir mit den Häftlingen noch zusammen Verpflegung bei der Bevölkerung geholt und dann gingen wir weg. Was mit den Häftlingen geschah, weiß ich nicht, denn die Transportführerin und die anderen Aufseherinnen waren noch da. Sie waren auf der Strecke von Aussig nach Bodenbach. Jedoch weiß ich nicht, wie sie ankamen, denn von Aussig bin ich schon weggegangen. [...] Es war ungefähr am 20.4.1945 als wir in Aussig den Transport verließen, die anderen fuhren auf der Strecke Bodenbach weiter."[183]

Durch Aussagen belegbar und als sicher anzunehmen ist die Evakuierungsroute Wilischthal – Scharfenstein – Wolkenstein – Annaberg-Buchholz – Bärenstein – Königswalde – Weipert (Vejprty) – Komotau (Chomutov) – Most (Brüx).

Dann folgt eine Dokumentationslücke. Es bleibt unklar auf welcher Strecke der Zug bis in die Nähe Theresienstadts vordringt. Unsicher ist auch warum die Häftlinge nicht in Theresienstadt aufgenommen werden. Verlässliche Informationen hierüber liegen nicht vor.

Einige Häftlingsaussagen suggerieren jedenfalls, dass der Zug tatsächlich schon einmal am Theresienstädter Bahnhof gestanden habe. Da die Wachmannschaften, die sich der Verantwortung über die Häftlinge entbinden wollten, hier die Häftlinge

---

[181] Barch, B 162 / 3850, S. 162 – VP Odette H.

[182] Komotau

[183] Barch, B 162 / 3849, S. 38

hätten nur noch ausladen und überführen müssen, und ihnen das vermutlich auch in irgendeiner Form gelungen wäre, erscheint eine (möglicherweise fernmündliche) Abweisung in Lovosice (Lobositz) etwa 10 km von Theresienstadt entfernt als wahrscheinlich. Dokumentarisch zu belegen war dies bislang nicht. Möglicherweise könnte auch die Unpassierbarkeit eines bestimmten Streckenabschnittes aufgrund von Bombenschäden einen ungewöhnlichen Umweg verursacht haben. Ein Beweis wäre eventuell mit archival überlieferter Meldungen verschiedener Bahnstationen zu führen. Aufgrund der mangelnden Sprachkompetenz und den damit verbundenen geringen Erfolgschancen, wurde im Rahmen dieser Arbeit davon abgesehen. Hinweise, die diesbezüglich zu neuen Erkenntnissen führen, leiten Sie bitte unbedingt an den Autor oder den Verlag weiter.

Nach der Abweisung wurde die Fahrt vermutlich westlich der Elbe nach Usti(Aussig) und Bodenbach fortgesetzt. Dann wird nach Decin (Tetschen) auf das östliche Elbufer übergesetzt und elbwärts wieder zurück Richtung Theresienstadt nach Leitmeritz gefahren. Von dort mussten die Häftlinge schließlich nach Theresienstadt marschieren und wurden nach entbehrungsreicher Irrfahrt doch noch aufgenommen. Sara B. erinnert sich:

> „Ich weiß noch, dass Soldaten von einem Wehrmachtskonvoi, der auf dem anderen Gleise stand, unsere Bewacher baten, uns wegen der ständigen schweren Luftangriffe doch aus dem Waggon zu lassen. Dies haben die Bewacher jedoch abgelehnt, ebenfalls durften die Soldaten uns kein Wasser bringen. In einer Entfernung von etwa 8 Fußmarschstunden von Theresienstadt entfernt, mussten wir den Zug verlassen und diese letzte Strecke zu Fuß zurücklegen. Begleitet wurden wir von der Kloffek (sic!) und den übrigen Wachmannschaften des Lagers."[184]

Die Strecke Leitmeritz – Theresienstadt sind etwa 2 km. Die geschätzten acht Stunden Fußmarsch lassen erahnen, was dieser eigentlich kurze Marsch den Frauen abverlangte und lassen auf die körperliche Konstitution der Häftlingsgruppe schließen. Das

---

[184] Hessisches Staatsarchiv Bestand 274 Staatsanwaltschaft Marburg Acc. 2003/24 5 Js 1202/79 S. 428 VP Sara B.

unversehrte Ankommen im Ghetto bezeichnet Helena M. als Wunder:

> „Während dieser Fahrt waren Fliegerangriffe. Unser Transport wurde bombardiert, doch wie durch ein Wunder gelangten wir nach Theresienstadt.“[185]

Die Stadt Aussig und viele ihrer Bewohner fielen am 17. und 19. April schweren Bombardierungen zum Opfer. In etwa diesem Zeitraum, muss sich auch der Evakuierungszug in dieser Region befunden haben.
Wann der Evakuierungstransport in Theresienstadt eintrifft, konnte bislang von niemandem genau bestimmt werden. Es muss aufgrund entsprechender Tagebuchaufzeichnungen von Bewohnern des Ghetto Theresienstadts aber nach dem 20. April 1945 gewesen sein. An diesem Tag erreichte der erste Evakuierungstransport das Ghetto. Alle ehemaligen Häftlinge, die die Dauer des Transportes auf zwei bis drei Tage beziffern, unterschätzen die Dauer der Fahrt deutlich. In den Ludwigsburger Akten lässt sich kaum eine der Betroffenen zu einem konkreten Ankunftsdatum hinreißen. Viele der ehemaligen Wilischthaler Häftlinge schätzen die Dauer auf 8, 9 oder 10 Tage ein. Der genannte Höchstwert sind 13 Tage. Bei den Zschopauer Häftlingen herrschen die Nennungen von 7 oder 8 Tagen vor. Aber auch hier geben einige Häftlinge nur drei oder gar *‚wenigstens 15 Tage'* an. Als sehr wahrscheinlich ist eine Dauer von 7 oder 8 Tagen anzusehen. Der Transport erreichte mit großer Wahrscheinlichkeit am 21. April 1945, spätestens aber am 22. April Theresienstadt. In einer Übersicht der Transporte nach Theresienstadt vom 20. April bis 11. Mai 1945 [186] wird der Transport aus Zschopau und Wilischthal nicht einzeln aufgeführt. Für den 21. April 1944 wird ein Frauentransport aus Hainichen mit 1279 Personen angegeben. Marek Poloncarz schreibt in einem Aufsatz über das Theresienstädter Datenbankprojekt:

> „Aus dem Außenlager in Hainichen haben wir 483 Frauen erfasst, woraus folgt, dass sich unter diesem Namen wiederum

[185] Barch, B 162 / 3851, S. 442 – VP Helena M.
[186] Yad Vashem Archiv –YVA-064/32 zitiert nach Marek Poloncarz

> ein Sammeltransport aus mehreren Lagern verbarg. In Frage kommen z.B. das Frauen-Außenlager von Flossenbürg in Zschopau (in der Datei 459 Frauen) und Wilischthal (290). Ihre Summe nähert sich jedoch nicht der in dem Verzeichnis angeführten Zahl 1279."[187]

Wie aber sowohl im Falle Wilischthal als auch im Fall Zschopau bereits recherchiert werden konnte, gibt es etliche Frauen, die in Theresienstadt ankamen, aber im Datenbankprojekt noch nicht erfasst worden sind. Sollte dies auch für Hainichen der Fall sein, ist die Gesamtzahl im Begriff sich doch noch der 1279 zu nähern. Insgesamt waren in diesen drei Lagern etwa 1306 Frauen inhaftiert. In Wilischthal gehen 301 Frauen, in Zschopau wahrscheinlich 494 und in Hainichen 500 Frauen auf Evakuierung. Dies sind in Summe 1295. Es ergibt sich eine Differenz von 16 Personen. Da vom Lager Zschopau nachweislich einigen Frauen eine Flucht gelang, sind diese definitiv von den 16 Personen abzuziehen. Im Fall Zschopau sind dies mindestens 8 Personen. Sollte die in Yad Vashem angegebene Zahl stimmen, und sich der Transport lediglich aus Frauen der drei genannten Lager zusammensetzen, gab es auf den Evakuierungstransporten dieser drei Lager weniger als 10 Tote. Dies scheint nach heutigem Kenntnisstand durchaus möglich und kann nicht ohne tiefergehende Recherche ausgeschlossen werden. Für eine abschließende Einschätzung der Daten ist in erster Linie ein Datenabgleich für das Lager Hainichen vorzunehmen.

Interessant wäre zudem wann und aufgrund welcher Datenbasis die Angaben im Archiv der Gedenkstätte Yad Vashem entstanden sind.

Aber nicht nur diese Zahlen sprechen derzeit für den 21. April 1945 als Ankunftsdatum, sondern auch einige konkrete Aussagen. So berichtet Sylvia H.:

> „Am 21. April kamen wir in Theresienstadt an und dort wurden wir am 9. Mai 1945 durch das russische Heer befreit."[188]

[187] Theresienstädter Studien und Dokumente 1999. Poloncarz S. 256f.

[188] Barch, B 162 / 3850, S. 260 – VP Sylvia H.

Natürlich kann diese Aussage nur als Indiz und nicht als Beweis herangezogen werden, denn es gibt auch andere konkrete, jedoch abweichende Angaben. So gibt Margalit L. in ihrer Entschädigungsakte für die Haftdauer in Theresienstadt den 27.4.1945 bis 8.5.1945 an.[189]
Gegen eine solch späte Ankunft spricht sowohl die Liste der Evakuierungstransporte von Yad Vashem, als auch die Aussage der Sophie S., die sich einer längeren Zeit in Theresienstadt erinnert:

> „Wir haben dann noch einige Wochen bis zur Befreiung in Theresienstadt gelebt. Ich glaube, wir sind am 9. Mai 1945 befreit worden."[190]

Bei einer Ankunft am 21. April wäre die Zeitspanne immerhin ca. 3 Wochen, was eine solche Aussage eher rechtfertigen würde, als der Zeitraum, den Margalit L. angibt. Auch in den Ludwigsburger Akten bezüglich Zschopau wird ein konkretes Ankunftsdatum genannt. So berichtet Pnina F.:

> „Wir wurden nach Theresienstadt eingeführt – am 22.4.1945."[191]

In Theresienstadt eingetroffen, wurden die Frauen größtenteils in einer der Kasernen untergebracht. Rebecca B. erinnert sich:

> „Nachdem wir in Theresienstadt angekommen waren, wurden wir alle in Quarantäne gehalten, da eine Typhusepidemie herrschte. Wir wurden in Gebäuden aus Backsteinen untergebracht. Ich glaube wir befanden uns in einer verlassenen Kaserne."[192]

Mazoltev H. bestätigt:

> „In Theresienstadt wurden wir in einer Kaserne interniert und unter die Aufsicht von Soldaten[193] gestellt."[194]

---

[189] Barch, B 162 / 3849, S. 46 Wiedergutmachungsakten/Auszüge
[190] Barch, B 162 / 3849, S. 88 - VP Sophie S.
[191] Barch, B 162 / 3854, S. 247 - VP Pnina F.
[192] Barch, B 162 / 3850, S. 226 – VP Rebecca "Rita" B.
[193] Hier sind vermutlich schon die russischen Befreier gemeint

Die Verfassung der Frauen nach den Strapazen der Evakuierung ist erbärmlich. Der Gesundheitszustand mehrheitlich kritisch. Erst hier in Theresienstadt endet der lange Überlebenskampf Jentuscha Rottenbergs, eines jungen polnischen Mädchens. Sie stirbt am 5. Mai. Die Befreiung Theresienstadts am 8., bzw. 9. Mai durch die Russen erlebt sie nicht mehr. Margalit L. erinnert sich ihrer:

> „Im Lager Theresienstadt starb eine Häftlingsfrau, die mit uns in Wilischthal war, sie hieß Tosia[195] und stammte aus Polen. Wir kamen alle sehr geschwächt in Theresienstadt an. Viele Mädchen wurden mit Tragbahren vom Bahnsteig ins Lager, direkt ins Krankenhaus gebracht."[196]

Auch Sylvia H. kann sich an die junge Polin erinnern. Bei ihr verschmelzen die Todesfälle Renée Kamenney und Jentuscha Rottenberg jedoch zu einem „Erinnerungsklumpen". Beide Ereignisse werden miteinander vermischt und in ihrer Aussage zu einem Todesfall. Die wirklichen Geschehnisse werden damit extrem entstellt. Die angedeuteten Todesfälle, die nicht näher geschildert werden, sind nach Dokumentenlage nicht zu verifizieren. Sylvia H.:

> „Der Grossteil der Häftlinge war an Dysentherie krank, auch ich. Infolge dieser Krankheit sind einige Frauen gestorben. Es gab auch einige Kranke, die TBC hatten – eine von Ihnen ist gestorben, sie war ein junges, wunderschönes Mädchen aus Polen. Ich erinnere mich, daß ein Mädchen erkrankt ist und im Revier eingeliefert wurde. Man konnte sie retten aber die Oberaufseherin ließ ihr keine Hilfe erteilen, infolgedessen ist die Kranke gestorben. Ich habe selbst dieses Mädchen im Revier liegen sehen. Ich kann mich nicht an ihren Namen erinnern – ich erinner mich nur, daß ihr Name mit der Silbe „Scha" endete, vielleicht „Lusia" oder Estusia. Sie stammte aus Polen."[197]

---

[194] Barch, B 162 / 3850, S. 213 – VP Mazoltev H.
[195] Jentuscha Rottenberg
[196] Barch, B 162 / 3849, S. 126 – VP Margalit L.
[197] Barch, B 162 / 3850, S. 259 – VP Sylvia H.

Dieser Aussage ist zu entnehmen, dass Jentuscha Rottenberg unter TBC litt und ihrem Tod in Theresienstadt bereits längere Revieraufenthalte in Wilischthal vorausgingen. (Vgl. hierzu Bella W.: S.130) Ihr Überlebenskampf dauerte demnach etliche Wochen. In der Autobiografie Yaja Borens wird Rottenbergs Schicksal in der Figur „Tusia Rosenbaum“ verarbeitet, die dort am 10. Mai in Theresienstadt an Tuberkulose verstirbt.[198] Das eigentlich Sterbedatum am 5. Mai wird wohl auf den 10. Mai verschoben, weil Tusia in etwa geäußert haben soll „Wenn ich nur die Befreiung erleben könnte, würde es mir nichts ausmachen zu sterben.“ In Wirklichkeit hat sie die Befreiung wohl nicht mehr erlebt. Sie war bereits tuberkulosekrank aus Auschwitz gekommen und wurde nachdem sie nicht mehr in der Lage war am Arbeitsplatz zu stehen in das Wilischthaler „Vier-Bett-Krankenrevier“ eingewiesen.[199]

Im Theresienstädter Ghetto wurden Todesfälle relativ gut dokumentiert. Auch nach der Befreiung wird dies fortgeführt. Über Monate hinweg sterben hier noch befreite Häftlinge an den Folgen der KZ-Haft. Wer gesund ist und sich kräftig genug fühlt, begibt sich auf die Suche nach Angehörigen oder verlässt Theresienstadt in Richtung Heimat.

Außer Jentuscha Rottenberg ist für die in Theresienstadt angekommenen Wilischthaler Häftlinge kein weiterer Todesfall dokumentiert. Das Rote Kreuz organisierte Transporte für die Rückkehrer. Mazoltev H. erinnert sich:

> „Am 11.6.1945 wurden wir durch das Rote Kreuz nach Belgien zurückgeführt.“[200]

Die Zeitpunkte anderer Repatriierungstransporte sind im Rahmen dieser Forschungsarbeit nicht bekannt geworden und in den Ludwigsburger Akten nicht dokumentiert.

Für die Befreiten kommt die Rettung gerade noch rechtzeitig. Hätte der Krieg ein paar Wochen länger gedauert, dürften mit großer Wahrscheinlichkeit wesentlich größere Opferzahlen unter den Wilischthaler Frauen zu beklagen sein. Beispiele für die Ab-

---

[198] Yaja Boren. We Only Have Each Other. S.256

[199] Ebd. S.244 vgl. S.220

[200] Barch, B 162 / 3850, S. 213 – VP Mazoltev H.

magerung während der Haftzeit sollen diese These unterstreichen. Als Allegra S. am 11. Juli 1944 in Brüssel von der Gestapo verhaftet wurde, wog sie nach eigener Aussage 80 kg, bei ihrer Rückkehr aus der Haftzeit nur noch 45 kg[201]. Damit verlor Sie in etwa 10 Monaten Haft mehr als 40 Prozent ihres Körpergewichtes. Marie B. stellt fest:

> „Vor meiner Festnahme wog ich 60 kg und nach meiner Rückkehr wog ich knapp 35 kg.“[202]

Auch für sie gilt eine Reduzierung des Körpergewichtes von mehr als 40% in etwa zehn Monaten. Beide verbrachten sechs Monate, also 60% dieser Zeit in Wilischthal, bzw. auf Evakuierung, „nur“ knapp drei Monate in Auschwitz und etwa einen Monat in belgischen Gefängnissen und Lagern. Zudem wurde die Talsohle ihres Gewichtes, die nach der Evakuierung in Theresienstadt erreicht war, nicht dokumentiert. Beide sprechen von dem Gewicht nach ihrer Rückkehr. Diesen Angaben liegt also bereits ein Monat Regeneration in Theresienstadt zugrunde. Wenngleich davon auszugehen ist, dass die Ernährungslage bei der Vielzahl der Evakuierten und Befreiten in Theresienstadt in dieser Zeit ebenfalls nicht sonderlich reichhaltig gewesen sein dürfte. Außerdem musste der Magen erst langsam wieder an größere Mengen Nahrung gewöhnt werden. Die hier vorgestellten Frauen, sind die beiden einzigen, über die solche Angaben in den herangezogenen Dokumenten vorlagen. Es ist davon auszugehen, dass ähnliche Gewichtsverluste, sich bei fast allen der Frauen einstellten. Insbesondere die polnischen Jüdinnen dürften bereits in einem etwas schlechteren Zustand in Wilischthal eingetroffen sein. Ihre Ausgangslage war wegen der meist längeren KZ-Haft von vornherein schlechter. Dennoch mussten auch sie, erst einmal die Selektion für einen Arbeitstransport in Auschwitz überstehen, das heißt es wurden ohnehin nur die stärkeren auf Transport geschickt. Da die Gewichtsdaten aber nicht unabhängig dokumentiert wurden und lediglich Zeitzeugenberichten entstammen, sind die Daten also auch nicht wissenschaftlich abgesichert und Übertreibungen prinzipiell möglich.

---

[201] Barch, B 162 / 3850, S. 207 – VP Allegra S.
[202] Barch, B 162 / 3850, S. 219 – VP Marie B.

Auch könnten besonders abgemagerte Frauen, die Nennung ihres Gewichtes als besonders wichtig erachtet haben. Vielen Überlebenden dürften dazu aber auch gar keine konkreten Daten vorgelegen haben.

Nach der Befreiung standen viele Frauen vor dem Nichts. Neben der Sorge um die Wiedererlangung einer stabilen körperlichen Physis und eines akzeptablen Gesundheitszustandes, dringt erst jetzt das volle Ausmaß des Völkermordes in das Bewusstsein der Überlebenden vor. Auch viele Wilischthaler Frauen müssen nach und nach erkennen, dass sie die einzigen oder eine der wenigen Überlebenden ihrer Familien sind. Vielen erscheint zudem eine Rückkehr in die Heimat unmöglich. Die leidvollen Erfahrungen und der Antisemitismus der eigenen Bevölkerung sitzt bei vielen zu tief, um einen Neubeginn zu wagen. Viele ziehen daher – meist nach Aufenthalt in einem sogenannten DP-Camp Displaced Persons Camp - die Emigration nach Palästina oder in die USA vor. Egal welchen Weg sie gehen, sie haben es schwer. Diejenigen, die in ihre Heimatländer zurückkehren, haben meist all ihre Habe verloren und werden meist in keiner Art und Weise dafür entschädigt. Sie müssen, nachdem nicht nur die Familienstrukturen, sondern auch vormalige Geschäftsverbindungen zerstört sind, nahezu bei Null beginnen. Ähnlich ergeht es den Auswanderern. Als Emigranten bringen sie kaum mehr, als ihr pures Leben mit in die Aufnahmestaaten. In der ersten Nachkriegsphase lässt die wirtschaftliche Not vieler Überlebenden kaum eine angemessene Aufarbeitung, der traumatisierenden Erlebnisse zu. Die entstandenen Traumata und Ängste brechen bei vielen Überlebenden erst Jahre später aus. Vielen gelingt – wenn überhaupt – erst im Alter über ihre leidvollen Erfahrungen zu sprechen. Selbst ihren nahesten Angehörigen verschweigen sie oftmals das Erlebte. Das Überleben an sich, darf daher nicht pauschal als *Happy End* interpretiert werden. Auch die Überlebenden sind in einem nicht unerheblichen Maße Opfer des nationalsozialistischen Regimes und Lagersystems geworden. All den ehemaligen Wilischthaler Häftlingen und ihren Familien sei daher dieses Buch gewidmet. Möge das erlittene Unrecht nie in Vergessenheit geraten.

l) Ablehnung der Zeugenschaft

Während in diesem Buch viele ehemalige Häftlinge auf indirektem Weg zu Wort kommen, soll nicht der falsche Eindruck entstehen, die Ludwigsburger Ermittler hätten es leicht gehabt, ehemalige Häftlinge als Zeugen zu finden. Von den Personen, zu denen über Rechtshilfeersuchen Kontakt aufgenommen werden konnte, war längst nicht jede bereit zur Sache auszusagen. Die Gründe dafür sind vielfältig. Viele haben die Ereignisse im Lager verdrängt, um ein halbwegs normales Leben führen zu können. Die Befürchtung, dass alte Wunden aufbrechen könnten, hält sie davon ab, als Zeugen aufzutreten. Verbunden mit diesen Verdrängungsmechanismen klagen einige Frauen bei der Aufforderung, sich zu ihren Erfahrungen im Lager Wilischthal zu äußern, über schwache Erinnerungen. Ob es sich um einen tatsächlichen Gedächtnisverlust aufgrund von Verdrängung oder um einen Vorwand wegen Angst vor intensiver Erinnerung handelt, kann letztlich nicht geklärt werden. Auch bürokratische Hindernisse spielen eine Rolle. So lautet es zum Beispiel in einem Antwortschreiben der deutschen Botschaft in Montevideo (Uruguay):

> „Die beiden Zeugen haben zwar die uruguayische Staatsbürgerschaft beantragt, aber noch nicht erhalten, so dass sie von der Botschaft vernommen werden könnten. Die Vorsprache bei der Botschaft zur Klärung der Staatsangehörigkeit ergab jedoch gleichzeitig, dass Frau X. blind ist und an Arteriosklerosis leidet, während ihre Schwester Frau Y. über ein schlechtes Gedächtnis klagt. Beide fühlen sich außer Stande, zum Gegenstand der Vernehmung präzise Angaben zu machen."[203]

Wie dieses und andere Schreiben zeigen, ist auch der Gesundheitszustand der ehemaligen Häftlinge und potentiellen Zeugen, von größerer Bedeutung. Viele haben Zeit ihres Lebens mit Folgeschäden und haftbedingten Erkrankungen physischer und psychischer Art zu kämpfen. Inwieweit auch hier Erkrankungen als Vorwand für die Ablehnung der Aussage herangezogen werden, kann von dieser Stelle aus nicht beurteilt werden. Letztlich ist

[203] Barch, B 162 / 3849, S. 78 Namenskürzel sind anonymisiert

aber die Zeugnisverweigerung zu ihrem persönlichen Wohl ihr gutes Recht. In einem Schreiben des Generalkonsulats der Bundesrepublik Deutschland in New York heißt es:

> „Die Zeugin Rose B. war auf den 11. Juni 1969 geladen. Sie hat mit dem Generalkonsulat telefonisch Kontakt aufgenommen und erklärt, sie sei krank und werde nicht zur Aussage erscheinen. Auch zu einem späteren Zeitpunkt wolle sie nicht kommen, weil sie sich immer schlecht fühle und die Erinnerung an diese Dinge sie krank mache. Die Zeugin erklärte, sie sei dort die ganze Zeit in einer Baracke eingesperrt gewesen und habe in einer Munitionsfabrik gearbeitet. An Einzelheiten könne sie sich nicht erinnern."[204]

Auch die potentielle Zeugin Jadzia G. lässt sich entschuldigen. In einem Schreiben des Generalkonsulats der Bundesrepublik Deutschland in Montreal erklärt man:

> „Die Zeugin, Frau Jadzia G., bat eine Mitarbeitern des Jewish Congress (U.R.O.), Montreal, dem Generalkonsulat mitzuteilen, dass sie der Vorladung zu einer Vernehmung im Generalkonsulat nicht Folge leisten könne, da sie schwer herzleidend sei."[205]

Auch die Schwierigkeiten bei der Durchsetzung von Wiedergutmachungsansprüchen, lassen in einigen Fällen potenzielle Zeugen von einer Aussage absehen. So heißt es im Schreiben eines Anwaltes einer Betroffenen an die Zentrale Stelle der Landesjustizverwaltungen in Ludwigsburg:

> „Leider habe ich bisher noch keinen Anspruch durchsetzen können, obwohl Frau M. einwandfrei lange Zeit im Konzentrationslager gewesen ist. Aus rein formellen Gründen hat man mir alle Anträge der sog. Dodekanes-Opfer bisher abgelehnt. Ich könnte mir vorstellen, dass Frau M. desto weniger erfreut sein wird, als Zeugin für Vorgänge in einem KZ gehört zu werden, während man ihr die Wiedergutmachung dafür bzw.

[204] Barch, B 162 / 3849, S. 86
[205] Barch, B 162 / 3851, S. 453

für ihr weggenommene Wertgegenstände aus ihr unverständlichen Formalien verweigert."[206]

All diese Beispiele zeigen, mit welchen Unwegbarkeiten es die Ludwigsburger Ermittler zu tun hatten. Trotzdem wurden letztlich mehr als 10% der ehemaligen Wilischthaler Häftlinge im Rahmen der Vorermittlungen vernommen. Hauptschwierigkeit war aber nicht die Zeugnisverweigerung oder die Vernehmungsbereitschaft der Betroffenen, sondern ihre Aufenthaltsbestimmung und die Ermittlung aktueller Adressen. Einige der ehemaligen Häftlinge waren zudem Ende der 60er Jahre bereits verstorben.

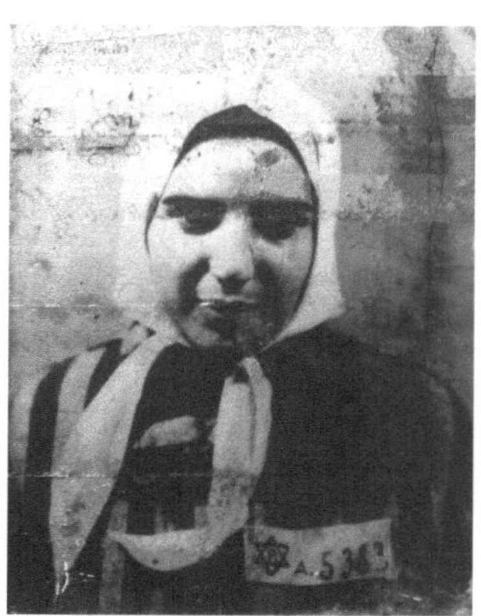

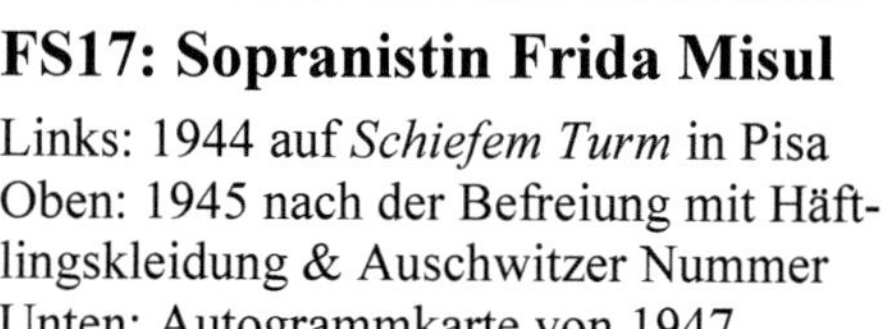

FS17: Sopranistin Frida Misul

Links: 1944 auf *Schiefem Turm* in Pisa
Oben: 1945 nach der Befreiung mit Häftlingskleidung & Auschwitzer Nummer
Unten: Autogrammkarte von 1947

[206] Barch, B 162 / 3850, S. 200 Schreiben Rechtsanwalt Gerhard L.

Teil 2: Personen im Lagerumfeld

Wachpersonal, Belegschaft und Bevölkerung

2.1 Das Wilischthaler Wachpersonal

Das Flossenbürger Nebenlager Wilischthal, stellt mit seinem weiblichen Kommandoführer - der Oberaufseherin Helene Klofik - eine Besonderheit im nationalsozialistischen Lagersystem dar. Während in den KZ-Außenlagern in der Regel das weibliche Wachpersonal einer Oberaufseherin, und diese einem männlichen Lagerkommandanten unterstand, ist im Fall Wilischthal Helene Klofik als Kommandoführerin anzusehen und für Lagerentscheidungen hauptverantwortlich. Während andernorts meist alle schriftliche Korrespondenz vom Stammlager Flossenbürg an den Lagerkommandanten adressiert ist, richten sich in Wilischthal alle schriftlichen Mitteilungen direkt an Ober- oder Erstaufseherin Helene Klofik. Sie unterstand nach eigener Aussage vor Ort keiner höheren Befehlsgewalt. Gelegentlich wurde das Außenlager aber von SS-Offizieren inspiziert. So berichtet Bella S.:

> „Wie ich mich erinnere kamen von Zeit zu Zeit SS-Führer ins Lager, um es zu kontrollieren; sie sind dann immer mit der Oberaufseherin herumgegangen.“[207]

Auch einige weitere ehemalige Häftlinge spielen darauf an. Sehr konkret wird Sylvia H. diesbezüglich. Sie gibt zu Protokoll:

> „Von Zeit zu Zeit kamen auch SS-Leute zur Kontrolle, sie waren Offiziere und die Oberaufseherin begleitete sie und berichtete ihnen auf Deutsch über die Bedingungen im Lager und bei der Arbeit.“[208]

Wer diese Inspektion konkret vornahm, ist bislang ungeklärt. Generell gab es eine zentrale SS-Verwaltungs und Führungsbehörde: „Die Inspektion der Konzentrationslager“ (IKL). Sie

[207] Barch, B 162 / 3850, S. 295 – VP Bella S.
[208] Barch, B 162 / 3850, S. 259 – VP Sylvia H.

könnte Kontrollbesuche vorgenommen haben, die auch für andere Außenlager des KZ Flossenbürg berichtet werden.[209] Möglicherweise waren es aber auch SS-Führer aus dem KZ-Flossenbürg, oder der Kommandoführer des Außenlagers der DKK in Oederan, oder der Lagergründungs-SS-Offizier Erich von Berg, die nach dem Rechten sahen. Helene Klofik selbst gibt 1980 in ihrer Vernehmung an:

> „Mein nächster Vorgesetzter war meiner Erinnerung nach ein SS-Führer namens Rink, der in Flossenbürg saß. Der Verkehr mit den vorgesetzten Dienststellen erfolgte überwiegend auf schriftlichem Wege."[210]

Dabei dürfte es sich um den Ausbildungsleiter SS-Untersturmführer Otto Rink handeln, der am 12.12.1947 im Dachauer Flossenbürg-Prozess zu drei Jahren Haft verurteilt wurde.
Zu Kontrollbesuchen äußert sie sich nicht. Möglicherweise hatte aber auch der Lagerführer des KZ Zschopau den Auftrag hin und wieder einen Blick ins Lager zu werfen, was dokumentarisch jedoch nicht zu belegen ist. Die räumliche Nähe beider Lager und die gemeinsame Evakuierung lassen dies jedoch durchaus plausibel erscheinen.
Wie bereits andernorts erwähnt, unterstand Helene Klofik eine Reihe von SS-Aufseherinnen, die nach etwa dreiwöchigem Lehrgang im Lager Holleischen, am 27. September 1944 von dort aus nach Wilischthal in Marsch gesetzt wurden. Diese 15 Frauen, einschließlich Klofik, bildeten bereits das Gros der späteren Wilischthaler Wachmannschaft. Die Flossenbürger Stärkemeldung vom 31. Januar 1945 erwähnt für das Außenlager immer noch 15 Aufseherinnen und 299[211] Häftlinge[212]. Sehr wahrscheinlich hat es bis zu diesem Zeitpunkt aber schon einige

---

[209] Vgl. Pascal Cziborra. KZ Gundelsdorf S.33ff.& Vgl.Dr. Heinrich Schmitz Vernehmungsprotokoll vom 06.02.1946 B 162/8260 S. 23ff.
[210] Barch, B 162 / 3851, S. 627
[211] Diese Zahl entspricht nicht dem Stand der Nummernbücher. Sehr wahrscheinlich wird eine Ausgangszahl von 300 Personen angesetzt und ein Todesfall abgezogen. Für das Lager Wilischthal sind aber 302 Einträge nachweisbar. Zu diesem Zeitpunkt hätte es also 301 statt 299 heißen müssen.
[212] ITS, Histor. Abtlg. Flossenbürg, Nr. 10, Bl. 86/87 Angabe laut Hans Brenner. Nachweis wahrscheinlich auch im Bundesarchiv und in der Gedenkstätte Flossenbürg möglich

Personalbewegungen gegeben. So wird mindestens Lotte Weber am 20.01.1945 erstmals dokumentarisch erwähnt. Demnach hat es, da keine Versetzungen dokumentiert sind, wohl bereits vor dem 31. Januar eine Personalverstärkung gegeben, die aber in der Stärkemeldung noch nicht aufscheint. Am 20. Februar wird ein Versetzungsgesuch der Aufseherin Hilde Matthes nach Kopenhagen aus dienstlichen Gründen abgelehnt. Wahrscheinlich verrichtete Hilde Matthes wie Lotte Weber bereits seit Herbst 1944 Dienst in Wilischthal. Am 27. Februar 1945 wurde ein Personaltransfer zwischen den beiden Flossenbürger Außenlagern Zschopau und Wilischthal vorgenommen. Die auf Wunsch der anderen Aufseherinnen in Zschopau abgesetzte Erstaufseherin Erika Sprungk, wird gegen die Aufseherin Erna Schuffenhauer ausgetauscht. Mit diesem Vorgang kommt die Lagerleitung einem Schreiben der Lagerkommandantur Flossenbürg vom 22. Februar 1945 nach. In Wilischthal versieht Erika Sprungk dann als einfache Aufseherin ihren Dienst. Kurze Zeit später wurden drei weitere Aufseherinnen von Flossenbürg nach Wilischthal versetzt. Dies geschah am 12. März 1945. Es handelt sich um die Aufseherinnen Klinka, Kuhl und Naumann. Damit müssten nach Dokumentenlage nun 20 Aufseherinnen in Wilischthal stationiert sein. Die Flossenbürger Stärkemeldung vom 3. April 1945 bestätigt diese Zahl. Für den Stichtag, den 31. März 1945, wird Wilischthal mit 299 Häftlingen, 20 Aufseherinnen und 4 Personen als Wachmannschaften geführt.

Auch die Auflösung der Wachmannschaften durch das eigenmächtige Absetzen des Wachpersonals ist für Wilischthal relativ gut dokumentiert. Die erste Aufseherin, die ihre Dienstpflicht unterlief ist nach heutigem Kenntnisstand, die SS-Aufseherin Sprungk. Gemeinsam mit zwei ehemaligen Kameradinnen aus dem Lager Zschopau, setzte sie sich bei Weipert ab und gelangt über Steinbach zurück in ihr Heimatdorf. Ob im weiteren Verlauf der Evakuierung zwischen dem 15. und 20. April weitere Wilischthaler Aufseherinnen ihrem Beispiel folgen, ist nicht bekannt. Nur die Gruppe der Aufseherinnen Kuhl, Klinka und Naumann verließ nach Aussage Letzterer bei Aussig etwa am 20. April den Transportzug. In jedem Falle hat sich damit die SS-Begleitung des Evakuierungszuges vorzeitig stark vermindert. In der Region um Aussig wird laut Aussagen einer weiteren ehemaligen Aufseherin dem weiblichen Wachpersonal generell der Antritt der Heimreise freigestellt und eine Entlassung aus dem Dienst wegen Frontnäherung ermöglicht. Zu diesem Zweck führten viele Mitglieder der Wachmannschaft bereits bei Abfahrt in Wilischthal Zivilkleidung mit sich. Oberaufseherin Klofik, aber auch einige andere Aufseherinnen bleiben jedoch bis zum Schluss bei dem Transport und „liefern die Häftlinge ab“. Helene Klofik will in Theresienstadt sogar eine Bescheinigung erhalten haben, dass sie 300 Häftlinge abgeliefert habe. Sollten keine Wilischthaler Häftlinge geflohen sein, und sich die vorliegenden Aussagen auf Zschopauer Häftlinge beziehen, liegt das sogar im Bereich des Möglichen. Ob für eine solche Bescheinigung jedoch ein Zählappell abgehalten wurde oder ob sie – wenn es sie überhaupt gegeben hat - pauschal ausgestellt wurde, kann nicht abschließend beantwortet werden.

In folgender Tabelle finden Sie alle SS-Aufseherinnen, deren Daten bislang dokumentarisch belegbar sind. In einigen Fällen gibt es widersprüchliche Dokumente. Die Tabelle kann zudem nicht den Anspruch auf Vollständigkeit erheben, wenngleich sich die Anzahl der bekannten Aufseherinnen quantitativ mit der höchsten Stärkemeldung deckt. Hinweise und Ergänzungen sind auch hier erwünscht. Die angegebenen vier männlichen SS-Posten sind namentlich noch nicht bekannt.

Aufseherin	**Geburt**	**Geburtsort**	**Lehrgang**	**Dienstzeit**
Klofik, Helene	25.04.04	Großammens-leben	Holleischen 08.09.44 bis 27.09.44	27.09.44
Schönfelder, Susanne	03.03.21	Schwarzenberg	Holleischen 08.09.44 bis 27.09.44	27.09.44
Altmann, Charlotte	22.04.22		Holleischen 08.09.44 bis 27.09.44	27.09.44
Haase, Gertrud	04.09.23		Holleischen 08.09.44 bis 27.09.44	27.09.44
Haase, Luise	13.02.15 18.02.15		Holleischen 08.09.44 bis 27.09.44	27.09.44

Möbius, Edith	17.02.23	Niederlichtenau	Holleischen 08.09.44 bis 27.09.44	27.09.44
Möbius, Gertraude >Petrick, Gertraud	17.02.23	Niederlichtenau	Holleischen 08.09.44 bis 27.09.44	27.09.44
Oehme, Ilse	11.06.23 01.06.23	Schlößchen	Holleischen 08.09.44 bis 27.09.44	27.09.44
Oertel, Martha	18.05.13	Erdmannsdorf	Holleischen 08.09.44 bis 27.09.44	27.09.44
Reuter, Ingeborg	14.03.22	Scharfenstein	Holleischen 08.09.44 bis 27.09.44	27.09.44
Rösch, Ingeborg	24.12.23	Großolbersdorf	Holleischen 08.09.44 bis 27.09.44	27.09.44
Rudolph, Elfriede	31.08.21	Frankenberg	Holleischen 08.09.44 bis 27.09.44	27.09.44
Sahm, Lotte	03.11.23	Zschopau	Holleischen 08.09.44 bis 27.09.44	27.09.44
Schuffenhauer Erna *Rothe	15.02.22	Zschopau	Holleischen 08.09.44 bis 27.09.44	27.09.44 bis 27.02.45
Uhlmann, Johanna	20.09.21		Holleischen 08.09.44 bis 27.09.44	27.09.44
Weber, Lotte (Charlotte)	14.05.23	Großolbersdorf	Holleischen? 01.10.44 bis	vor dem 20.01.45 bis
Matthes, Hilde	07.03.09	Erfenschlag	Holleischen? 01.10.44 bis	Vor dem 20.02.45 bis
Sprungk, Erika	13.03.20	Hohndorf	Holleischen	27.02.45 bis 15.04.44 /ca.
Naumann, Lina	13.11.21	Kilianstätten [Ausweis] S. Erpel S.22	Ravensbrück	12.03.45 bis 20.04.45 /ca.
Klinka, Käthe				12.03.45 bis 20.04.45 /ca.
Kahl (Kuhl), Luise				12.03.45 bis 20.04.45 /ca.

2.1.1 Anschuldigungs- und Entkräftungsaussagen in den Ludwigsburger Vorermittlungsakten:

In den Ludwigsburger Vorermittlungen wird konkret nach dem Verhalten des Wachpersonals und nach Personenbeschreibungen gefragt. Obwohl hier der Fokus auf Tötungshandlungen liegt, werden dennoch genügend andere Verhaltensweisen erwähnt, Taten, deren Straftatbestand zum Zeitpunkt der Zeugenvernehmung bereits verjährt ist. Dieses Kapitel soll einen Überblick über die Äußerungen der vernommenen ehemaligen Häftlinge geben. Vorab hinzuweisen ist auf die unterschiedliche Schärfe der Erinnerung. Viele Äußerungen und Anschuldigungen sind dennoch konkret personenbezogen, andere nur mit vagen Personenbeschreibungen verknüpft. Auch können unter Umständen Verwechslungen bei den genannten Vornamen vorliegen. Da ausgesprochen viele Aussagen zur Oberaufseherin Helene Klofik vorhanden sind, soll ihrer Person ein eigener Abschnitt dieses Kapitels gewidmet werden.

2.1.1.1 Oberaufseherin Helene Klofik

Helene Klofik wurde am 25.04.1904 in Großammensleben bei Magdeburg geboren. Ihr schulischer und beruflicher Werdegang, sowie Informationen zum familiären Hintergrund gehen aus den vorliegenden Dokumenten nicht hervor. Bis zum Herbst 1944 arbeitete sie bei der Firma Osram in Berlin. Wann sie dorthin verzog ist unbekannt. Es muss aber spätestens 1942 gewesen sein, da ihr Sohn in diesem Jahr in Berlin ums Leben gekommen ist. Vermutlich lebte sie aber schon seit längerem in Berlin. Von Osram aus wird sie nach eigenen Angaben als SS-Aufseherin dienstverpflichtet und nach 4-wöchiger Ausbildung in Weiden als Erstaufseherin nach Wilischthal versetzt. Bei der Nennung *Weidens* handelt es sich aller Wahrscheinlichkeit nach um einen Irrtum. Auch Klofik wird wohl in Holleischen ausgebildet worden sein. Von dort aus wird auch sie nach Wilischthal in Marsch gesetzt. Zudem gibt sie an, dass ihr Verlobter im Krieg gefallen sei.[213] Nach Kriegsende befand sich Helene Klo-

[213] Barch, B 162 / 3851, S. 625ff VP Helene Klofik

fik in tschechoslowakischer Haft.[214] Ein Spruchkammerverfahren hat gegen sie nicht stattgefunden. Erst 1980 wurde sie wegen Mordverdachtes vernommen, und das Verfahren nach ihrer Anhörung eingestellt. Dazu mehr unter 2.1.1.1/VII. Diese Informationen sollen als Hintergrundschablone für die Beurteilung der Erinnerungsqualität der ehemaligen Häftlinge dienen.
So erinert sich Susi S.:

> „Lagerführerin war eine Oberaufseherin von der weiblichen SS, von großer kräftiger Statur, „ein Riesenweib“, mit aschblondem Haar und sehr hellen blauen Augen. Sie arbeitete früher bei Osram in Berlin. An ihren Namen entsinne ich mich nicht.“[215]

Durchaus erstaunlich ist, dass selbst Details wie der vorhergehende Arbeitgeber zumindest einigen Häftlingen bekannt gewesen sein müssen und nach mehr als 20 Jahren noch richtig erinnert werden. Anna Z. gibt zu Protokoll:

> „Lagerführerin war eine große, blonde kräftig gebaute weibliche Person, die wir die „Berlinerin“ nannten, weil sie berlinerisch sprach. Ich entsinne ihren Namen nicht, erinnere mich aber an ihre besonders blauen Augen. Sie hatte eine fahle Hautfarbe ohne jedes Make-up. Ich habe damals gehört, daß sie einen etwa 6-7-jährigen Sohn hatte, der aber nicht bei ihr lebte. Sie war nicht verheiratet.“ [216]

Ähnlich lautet die Aussage von Mazoltev H.:

> „Wir wurden von etwa 20 Aufseherinnen bewacht, die unter dem Kommando einer Oberaufseherin standen, von der ich weder den Namen noch den Vornamen weiß. Wir nannten sie die Alte. Sie behauptete aus Berlin zu stammen und einen Sohn von 17 Jahren zu besitzen; sie sei 42 Jahre alt.“[217]

---

[214] Die Haftzeit konnte noch nicht festgestellt werden, da der Mikrofilm, der der Zentralen Stelle Ludwigsburg mit Schreiben vom 3. Juni 1969 (C. 420/69 – K) zur Verfügung gestellt wurde, noch nicht eingesehen werden konnte. Die Hinweise auf Mikrofilm und Haft finden sich in den Ludwigsburger Akten: Barch, B 162 / 3851, S. 391

[215] Barch, B 162 / 3849, S. 96 – VP Susi S.

[216] Barch, B 162 / 3849, S. 64 – VP Anna Z.

[217] Barch, B 162 / 3850, S. 212 – VP Mazoltev H.

Die Aussagen verdeutlichen, dass Helene Klofik möglicherweise von ihrem verstorbenen Sohn erzählte, dessen Altersangabe in den Häftlingsberichten stark variiert. Auch die konkrete Altersangabe bezüglich Klofik ist nicht ganz korrekt. Ihre Berliner Herkunft wird jedoch richtig erinnert. Auch weitere Details aus ihrem Privatleben sind den Häftlingen bekannt. So Dora B.:

> „Ich weiß lediglich noch, dass die SS-Oberaufseherin eine große Blonde war, die damals etwa 40 Jahre alt war. Es hieß, sie sei ein Fräulein, deren Verlobter an der Ostfront gefallen wäre."[218]

Auch dies deckt sich mit den eigenen Angaben Helene Klofiks. Die identifizierenden Äußerungen bezüglich der Oberaufseherin sind zahlreich. Miriam M., Sara (Lusia) B. und Elisabeth L. nennen sie sogar namentlich.[219] Etliche Häftlingsaussagen beinhalten zudem relativ konkrete und konforme Personenbeschreibungen. So Margalit L.:

> „Wir hatten eine Oberaufseherin - groß, blond, blaue Augen 40-45 Jahre alt. Sie benahm sich uns gegenüber grausam, sie schlug uns mit einer Peitsche. Sie pflegte in die Fabrik zu kommen und uns bei der Arbeit zu beobachten. Sie sagte: ‚Wenn ihr nicht arbeiten werdet, bekommt ihr kein Essen und werdet alle sterben.' "[220]

Mehr als ein halbes Jahr später wird eine andere in Israel lebende Jüdin ungarischer Herkunft vernommen. Sie wurde nicht von Margalit L. als weitere Zeugin empfohlen, sondern unabhängig von der Zentralen Stelle Ludwigsburg ermittelt. Beide Frauen lebten für israelische Verhältnisse relativ weit voneinander entfernt in Ramat Gan und Nahariya. Frappierend sind die Ähnlichkeiten der Beschreibungen. Insbesondere die Drohung Helene Klofiks stimmt fast wörtlich überein. Es ist daher davon auszu-

---

[218] Barch, B 162 / 3849, S. 154f – VP Dora B.

[219] Barch, B 162 / 3851, S. 526 – VP Miriam M.,
Hessisches Staatsarchiv Bestand 274 Staatsanwaltschaft Marburg Acc. 2003/24 5 Js 1202/79 S. 427 VP Sara B.
Barch, B 162 / 3850, S. 273 – VP Elisabeth L.

[220] Barch, B 162 / 3849, S. 126 – VP Margalit L.

gehen, dass sie genau diese Worte tatsächlich des öfteren benutzte. Auch grobe Beschimpfungen mussten die Frauen über sich ergehen lassen.

> „Ich erinnere mich, daß auf unseren Arbeitsplatz eine SS-Oberaufseherin in SS-Uniform zu kommen pflegte – sie war groß, blond, blaue Augen, etwa 40-45 Jahre alt. Sie war sehr brutal und pflegte die Mädchen bei der Arbeit mit einer Peitsche zu schlagen und sagte dabei: ‚Wenn ihr nicht gut arbeiten werdet, bekommt ihr kein Essen und werdet alle sterben.' Sie fluchte auch und sagte: ‚stinkige Jüdinnen', ‚Saujuden'. Täglich kam sie am Morgen und am Abend."[221]

Auch die Polinnen Elisabeth L. und Stefa W. bestätigen, dass sich Helene Klofik bei jeder Gelegenheit sehr schlecht gegenüber den Häftlingen benahm: schimpfte, fluchte und sich an die Häftlinge per *‚Saujude', ‚verfluchte Juden'* oder *‚Schweinehunde'* etc. wandte.[222] Eugenia S. nennt neben den genannten, die Ausdrücke *‚Halt die Schnauze'* und *‚Alte Hexe'*.[223] Neben diesen Beschimpfungen und Drohungen sind die Wilischthaler Häftlinge auch der Willkür und den keineswegs zimperlichen (Pseudo)-Strafaktionen der Oberaufseherin ausgesetzt. Die vier folgenden Aussagen bedürfen keines weiteren Kommentars.

I. Willkürliche Quälereien und Strafaktionen Klofiks

Helena M.:

> „Sie war Oberaufseherin des Lagers und eine Bestie in Menschengestalt. Sie mißhandelte die Häftlinge schrecklich, schlug sie für das kleinste Vergehen, schor den Mädchen die Haare und entzog ihnen die Brotrationen. Die Mädchen mußten ihretwegen hungern. Ich entsinne mich, daß sie uns während der Appelle schrecklich mißhandelte. So befahl sie uns erst, unsere Schuhe einzuschmieren und später, als wir in der Reihe aufgestellt waren, kontrollierte sie diese und wenn sie auch nur einen Fleck entdeckte, schlug sie die Häftlinge auf

[221] Barch, B 162 / 3850, S. 255 – VP Sara R.
[222] Barch, B 162 / 3850, S. 268
[223] Barch, B 162 / 3850, S. 289 – VP Eugenia S.

furchtbare Weise.[...] Wenn mein Gedächtnis mich nicht trügt, hieß sie Helena. An mich wandte sie sich stets mit den Worten: ‚Du ähnelst meiner Tochter, die ich bei einem Luftangriff auf mein Haus verloren habe.' Mir gegenüber benahm sie sich nicht schlecht, ich habe aber gesehen, wie sie Häftlinge auf sadistische Weise mißhandelte. Als ich einmal, es war im Winter, im Revier lag, kam die Oberaufseherin herein. Sie ging zu den Pritschen, auf denen einige kranke Frauen lagen und steckte ihnen Schnee ins Hemd. Die Frauen erkrankten daraufhin noch mehr, erlitten einen Schock und bekamen Fieber."[224]

Sarolta R.:

„Die Oberaufseherin pflegte uns mit Absicht kein Essen zu geben, wenn in den Vorratskammern viel Brot und andere Sachen vorhanden waren. Sie hatte die Gewohnheit zusammen mit den anderen SS-Aufseherinnen Appelle anzuordnen, wobei sie uns für die kleinste Kleinigkeit die Haare abschneiden pflegte." [225]

Miriam M.:

„Sie führte persönlich während der Appelle die Durchsuchungen der weiblichen Häftlinge durch. Wenn sie bei uns Brot, oder einige Kartoffeln fand, schlug sie uns brutal, trat mit den Schuhen, schlug uns mit einer Peitsche ins Gesicht und schrie dabei ‚Verfluchte Juden, Saujuden'. Zur Strafe befahl sie uns, die Haare abzuschneiden. Im Winter mußten wir auf Befehl der Oberaufseherin uns mit eiskaltem Wasser waschen."[226]

Rebecca B.:

„Da ich in der Küche arbeitete, wo ich als Verantwortliche bestimmt war und wo ich die Augen vor kleineren Lebensmitteldiebstählen verschloß, wurde ich von der Oberaufseherin gerufen. Als Zeichen der Strafe für meine Passivität rasierte sie mir die Haare in der Mitte des Kopfes. Sie hat mich auch heftig ins Gesicht geschlagen, weil ich ihr in einer be-

[224] Barch, B 162 / 3851, S. 441 – VP Helena M.
[225] Barch, B 162 / 3850, S. 298 – VP Sarolta R.
[226] Barch, B 162 / 3851, S. 527 – VP Miriam M.

> leidigenden Form geantwortet habe. Sie hat auch die Haare von etwa 10 weiteren Häftlingen rasiert, als Zeichen der Strafe für kleinere Diebstähle in der Küche durch diese Häftlinge, die Hunger hatten. Ich habe auch bemerkt, daß sie wiederholt andere Häftlinge schlug, und zwar mit dem Schlagstock. Ich für meinen Teil bezeichne sie als ‚Scheusal'"[227]

Auch die folgenden Aussagen sprechen für sich. Da fast jeder Bericht Schilderungen von Misshandlungen durch die Oberaufseherin beinhaltet, wurde versucht die Aussagen in eine gewisse Ordnung zu bringen und zu kategorisieren. Dabei wird in *explizite* und *implizite Opferschaft,* und *Zeugenschaft von Misshandlungen* unterschieden. Unter *expliziter Opferschaft* werden all diejenigen Aussagen aufgeführt, die von Personen zu Protokoll gegeben wurden, die selbst Opfer von Misshandlungen durch Helene Klofik wurden und dies auch konkret und direkt zum Ausdruck bringen. Unter *impliziter Opferschaft* werden die Aussagen geführt, die allgemein gehalten sind und deren Formulierung offen lässt, ob die Zeugin ebenfalls in der geschilderten Weise misshandelt wurde. Unter der Überschrift *Zeugenschaft von Misshandlungen* wurden all diejenigen Aussagen zusammengefasst, aus denen ersichtlich wird, dass es sich um Beobachtungen der Misshandlung von Mithäftlingen handelt, und keine eigene Opferschaft gemeint ist. Viele Vernehmungsprotokolle beinhalten Äußerungen die verschiedenen Kategorien zugeordnet werden können. Es werden keine Aussagen angeführt, die schon in anderen Kapiteln zitiert wurden.

II. Explizite Opferschaft der Misshandlungen

Miriam M.:

> „Später erfuhr ich von den weiblichen Mithäftlingen, daß sie Klofek (sic!) hieß. Sie war eine grausame Sadistin, sie schlug und mißhandelte uns schrecklich. Ich bekam auch von ihr Schläge."[228]

---

[227] Barch, B 162 / 3850, S. 224 – VP Rebecca "Rita" B.
[228] Barch, B 162 / 3851, S. 526 – VP Miriam M.

Sylvia H.:

> „Die Oberaufseherin war sehr grausam. Für jede Kleinigkeit, die ihr nicht gefiel gab sie uns Ohrfeigen – ich selbst bekam viel Prügel von ihr."[229]

Katalin G.:

> „Sie mißhandelte die Gefangenen regelmäßig, ohne Veranlassung mit Händen Stock oder Peitsche. Diese Maßregelungen hatten keinen Grund, hierzu war es ausreichend, daß eine Gefangene ihr im Lager begegnete. Sie hat in der erwähnten Weise auch mich sehr oft mißhandelt. Auch hat sie meine Schwester mißhandelt. Sie war nämlich auf uns sehr böse, weil sie wußte, daß wir Schwestern waren und einander glichen." [230]

Edith H.:

> „Sie hatte stechende Augen. Diese Oberste Aufsichtsperson hat sich uns gegenüber sehr grob verhalten, in sehr vielen Fällen hat sie uns geschlagen. Eigentlich habe ich ihr keine Ursache für die Maßregelung gegeben. Sie hatte es erfahren, daß wir zwei Schwestern sehr einander glichen, sie hat uns Zwillinge genannt und war auf uns böse."[231]

Marie B.:

> „Was die Oberaufseherin betraf, so kann ich Ihnen versichern, daß sie sehr streng mit den Häftlingen war. Ich habe festgestellt, daß sie wiederholt Häftlinge geschlagen hat. Ich selbst war Opfer von Mißhandlungen dieser Frau. Mehrmals habe ich Schläge mit dem Schlagstock auf alle möglichen Stellen des Körpers erhalten. Einmal hat sie mir die Haare ohne jeden Grund abgeschnitten. Ich glaube, daß sie so handelte, weil ich nicht ordentlich in Reih und Glied marschierte und mich nicht gerade hielt.[...]Ich erwähne noch, daß ich infolge der Schläge der Oberaufseherin einige Zähne verloren habe und daß meine Brillengläser gesprungen sind, die ich

---

[229] Barch, B 162 / 3850, S. 259 – VP Sylvia H.
[230] Barch, B 162 / 3851, S. 475 – VP Katalin W.
[231] Barch, B 162 / 3851, S. 481 – VP Edith H.

aber dennoch trug, indem ich sie mit Seil befestigte. Nachdem ich sehbehindert war, mußte ich meine Arbeit mit beschädigten Brillen fortsetzen.“[232]

Chawa M.:

„Auch die Oberaufseherin hat uns sehr geschlagen. Ich wurde von ihr im Revier sehr geschlagen, als mir ein Zahn gezogen wurde.“[233]

Sarolta R.:

„Ich selbst hatte Hungerödeme. Die Oberaufseherin schrie mich an: „Du Dreckschwein – hast Du Zahnschmerzen?“ und schlug mich sehr.“[234]

Bella S.:

„Die Beziehung der Oberaufseherin zu den Häftlingen war schrecklich. Sie pflegte uns sehr zu schlagen; ich selbst bekam von ihr einige Male Prügel.“[235]

Eugenia S.:

„Uns gegenüber führte sie sich schrecklich auf, schlug uns unmenschlich, fluchte auf uns mit den schlimmsten Schimpfworten wie ‚Halt die Schnauze‘, ‚Alte Hexe‘, ‚Verfluchte Juden‘ und ähnl. mehr. Ich selbst bekam ebenfalls Schläge von ihr.“ [236]

Stefa W.:

„Die Zeugin W. wurde ebenfalls von der Oberaufseherin schrecklich geschlagen und gequält; unter anderen brach sie

[232] Barch, B 162 / 3850, S. 218f – VP Marie B.
[233] Barch, B 162 / 3849, S. 138 – VP Chawa M.
[234] Barch, B 162 / 3850, S. 298 – VP Sarolta R.
[235] Barch, B 162 / 3850, S. 294 – VP Bella S.
[236] Barch, B 162 / 3851, S. 434 – VP Euginia S.

der Zeugin die Nase, die bis heutzutage krumm ist. Durch diese Qualen leidet die Zeugin an Verfolgungswahn.“[237]

Fani K.:

Siehe *Teil 1 k) Seite 79*

III. Implizite Opferschaft der Misshandlungen

Ita F.:

„Sie pflegte uns in der Nacht ohne jeglichen Grund zu wecken, nur damit wir nicht schlafen können. Sie kam auch in die Fabrik, wo wir beschäftigt waren, um zu sehen wie wir arbeiten. Wer ihr nicht gefiel, den schlug sie und drohte mit Entziehung der Verpflegung, wenn man nicht gut arbeitete.“[238]

Ester B.:

„Ich kann mich gut an die Oberaufseherin erinnern; sie war sehr groß, schlank, blond, trug SS-Uniform und Stiefel. An ihren Namen kann ich mich nicht erinnern. Sie schlug uns auf sadistische Art und Weise; sie fasste unseren Kopf und schlug ihn an die Wand, auch mit ihren Stiefeln trat sie uns. Ich weiß nicht, ob jemand von ihren Schlägen gestorben ist.“[239]

Herta B.:

„Sie schlug uns grausam, nicht nur mit ihren Händen, sondern mit einer Eisenstange ins Gesicht. Außerdem fluchte sie schrecklich. Sogar die SS-Aufseherinnen hatten Angst vor ihr.“[240]

---

237 Barch, B 162 / 3850, S. 269 Die Aussage der Betroffenen liegt nur in polnischer Sprache vor und wurde so in den Ludwigsburger Akten in einem Zwischenbericht zusammengefasst. Siehe auch Kapitel *Zeugenschaft der Misshandlungen* Eugenia S.

238 Barch, B 162 / 3850, S. 322 – VP Ita F.

239 Barch, B 162 / 3849, S. 132 – VP Ester B.

240 Hessisches Staatsarchiv Bestand 274 Staatsanwaltschaft Marburg Acc. 2003/24 5 Js 1202/79 S. 449 VP Herta B.

IV. Zeugenschaft der Misshandlungen

Fani K.:

> „Ich erinnere mich, daß sie einmal zwei junge Mädchen, die aus Polen stammten und deren Namen ich nicht mehr in Erinnerung habe, geschlagen hat. Eines der Mädchen erzählte mir, daß diese SS-Aufseherin sie mit einem Gürtel so lange über die Brust geschlagen habe, bis sie mit Blut spuckte. Dieses Mädchen war später die ganze Zeit krank, bis wir ins Lager Theresienstadt kamen. Was mit ihr später geschehen ist, weiß ich nicht, aber sie war sehr schwach, ganz entkräftet von diesen Schlägen. Diese Aufseherin schlug auch ein ungarisches Mädchen, bis sie zusammenbrach; ich habe selbst gesehen, wie sie ihr die Kleidung auszog und sie nackt schlug."[241]

Susi S.:

> „Die Häftlinge wurden vor allem von der Oberaufseherin wiederholt geschlagen. Die Oberaufseherin machte sich einen Spaß daraus, die Häftlinge zu quälen. Ich habe gesehen, daß sie ihre Wut besonders an der ungarischen Ärztin ausließ, die uns im Krankenrevier betreute."[242]

Allegra S.:

> „Hella war eine Frau, die sehr streng war. Ich selbst hatte von dieser Frau keine üble Behandlung zu erleiden. Allerdings habe ich eines Tages gesehen, daß Hella mittels eines Bürstenstieles einen Häftling schlug, an dessen Namen ich mich nicht erinnere. Sie hatte diesem Häftling vorgeworfen, sich nicht gewaschen zu haben." [243]

Eugenia S.:

> „Ich habe auch mehrmals gesehen, wie sie Häftlinge mit der Peitsche auf furchtbare Weise schlug.[...] Mal habe ich gesehn, wie sie meine bekannte Stefa W. grundlos zusammenschlug, daß ihr das Blut nur so herausspritzte; ihr war dabei

---

[241] Barch, B 162 / 3849, S. 135 – VP Fani K.
[242] Barch, B 162 / 3849, S. 96 – VP Susi S.
[243] Barch, B 162 / 3850, S. 206 – VP Allegra S.

die Nase eingeschlagen worden. Stefa W. wurde daraufhin ins Revier gebracht, wo die arme in diesem Zustand arbeiten mußte. Wir gaben der Oberaufseherin den Beinamen ‚Hitlerauge', weil sie uns überallhin verfolgte, auf Schritt und Tritt. Als sich einmal ein Häftling in der Baracke in der wir schliefen, waschen wollte, ging die Oberaufseherin auf die Frau zu, nahm einen Eimer heißen Wassers und überschüttet sie damit. Die Frau erlitt daraufhin einen Schock und wurde von den anderen SS-Aufseherinnen weggebracht. Ich habe sie im Lager nie wieder gesehen. An den Namen dieses Häftlings erinnere ich mich nicht. [...] Ich möchte in meiner Aussage noch hervorheben, daß sich die Oberaufseherin im Lager Wilischthal meiner Tochter gegenüber nicht schlecht benommen hat. Sie wandte sich oft an sie und sagte dabei stets, sie könnte ihre Tochter sein, denn sie selbst hätte ihre Tochter bei der Bombardierung ihres Hauses in Berlin verloren. Sie wollte sie aus diesem Grunde auch gern zu sich nehmen."[244]

V. Entlastungsaussagen

Die zwei einzigen entlastenden Aussagen bezüglich Helene Klofik kommen von Odette H. und ihrer Mutter.

> „Die SS-Oberaufseherin war etwa 40-45 Jahre alt. Ich kann nicht von ihr behaupten, dass sie sehr grausam (böse) war. Sie war sehr streng, aber nicht sadistisch. Was sie anbetrifft, so kann ich Ihnen sagen, daß ich, als ich dort ankam, an schwerem Kalkmangel der Knochen litt, und sie selbst es war, die in einer Nachbarstadt Kalziumspritzen holte."[245]

Odettes Mutter:

> „Ich möchte noch hinzufügen zu dem Fall der Oberaufseherin ‚Hella', daß sie zwar sehr streng war, aber ab und zu humanitäre Züge zeigte. Ich gebe Ihnen ein Beispiel: Ein Häftling war krank geworden und konnte sich deshalb pflegen, weil Hella sie mit Medikamenten versah."[246]

---

[244] Barch, B 162 / 3851, S. 434f – VP Euginia S.
[245] Barch, B 162 / 3850, S. 161 – VP Odette. H.
[246] Barch, B 162 / 3850, S. 207 – VP Allegra S.

Vermutlich meint Allegra S. hier ganz konkret die Kalziumspritzen für ihre Tochter und drückt sich in allgemeinerer Form aus. Außer diesen zwei Aussagen können bestenfalls noch die bereits zitierten Aussagen von Helena M., einem jungen polnischen Mädchen, und Eugenia S., deren Mutter partiell herangezogen werden. Wie Odette H., gehörte auch Helena M. zu den wenigen „Lieblingen“, denen durch Helene Klofik eine gewisse Protektion zuteil wird. Beide Fälle können möglicherweise mit Klofiks Muttergefühlen in Verbindung gebracht werden, und hängen wie die Schilderungen der ehemaligen Häftlinge glauben machen, mit dem Verlust des eigenen Kindes bei einem Bombenangriff zusammen.

VI. Suggestion von Tötungshandlungen

Wenn auch die Häftlingsaussagen ein deutliches Bild über das Verhalten der Oberaufseherin zeichnen, und ihre Betitelungen und Spitznamen wie ‚Hitlerauge', ‚Scheusal', ‚Sadistin' und ‚Bestie in Menschengestalt' eine klare Sprache sprechen, muss die Person Helene Klofiks im Sinne der Wahrheit aber auch vor einigen Anschuldigungen in Schutz genommen werden. So suggerieren verschiedene Aussagen Tötungshandlungen an Häftlingen, die sich dokumentarisch als weniger stichhaltig und damit als eher unwahrscheinlich erweisen. Neben dem bereits ausführlich behandelten Fall Boas gibt es weitere solcher Anschuldigungen. So Bella W.

> „Im Revier gab es eine Frau, die dort als Schwester arbeitete. Es geschah aber nichts für die Kranken. Jetzt fällt mir ein: Wenn jemand zu lange im Revier war, nahm ihn die Ober-SS weg, diese Frau kam dann nicht mehr wieder. Ich weiß nicht, wohin die kranken Häftlinge gebracht wurden.“[247]

Diese Aussage, die auf gewisse Weise die Tötung kranker Häftlinge im Lager Wilischthal suggeriert, kann dokumentarisch nicht bestätigt werden. Laut Häftlingsregistern und der hohen Zahl von Überlebenden ist es ziemlich unwahrscheinlich, dass

---

[247] Barch, B 162 / 3851, S. 396 – VP Bella W.

solche Fälle vorgekommen sind. Es ist aber durchaus möglich, dass sich Häftlinge auch innerhalb dieses kleinen Lagers aus den Augen verloren, weil sie z.B. nach einem Aufenthalt im Krankenrevier, der anderen Schicht zugeteilt wurden. Das vermeintliche Verschwinden mag im Nachhinein fälschlicherweise als Tod der Häftlinge gedeutet werden.
Bezüglich der Oberaufseherin wird Bella W. im weiteren Verlauf ihrer Vernehmung mit ihren Anschuldigungen noch deutlicher:

> „Sie kam auch jeden Abend in die Baracke und schlug ein Mädchen zusammen. Für besonders schwere Schläge pflegte sie Häftlinge nach außerhalb des Lagers zu nehmen. [...] Die Ober-SS hat mehrfach Häftlinge außerhalb des Lagers in den Wald genommen. Wir haben diese Häftlinge nicht mehr wieder gesehen. Das geschah meist in der Nacht. Die Ober-SS nahm dazu ein Gewehr mit. Sie wurde von anderen SS-Frauen begleitet. Einmal ist auch ein SS-Mann mitgegangen. Namen von Häftlingen, die auf diese Weise verschwunden sind, kann ich nicht angeben. Ich kann auch nicht sagen, wie oft das geschehen ist und wie viele Häftlinge auf diese Weise verschwunden sind. Ich bin sicher, daß diese Häftlinge im Wald erschossen worden sind. Manchmal kam sie zurück und war sehr ärgerlich. Dann sagte sie uns, sie würde uns alle wie die Hunde erschießen.“[248]

Auch diese scheinbar sehr konkreten Erinnerungen, können anhand von Dokumenten nicht bestätigt werden. Zudem waren die spät rekrutierten Aufseherinnen des KZ Flossenbürg in der Regel nicht im Besitz von Schusswaffen und schon gar nicht im Umgang mit diesen ausgebildet.[249] Auch hier könnte es sich um Fehldeutungen von Beobachtungen handeln. So wurden Frauen aus dem Zschopauer KZ-Außenlager zur Zahnbehandlung nach Wilischthal gebracht. Vielleicht nahm die Zeugin Bella W. wahr, wie einzelne Frauen unter SS-Aufsicht und Begleitung von Aufseherinnen oder Wachposten zurück nach Zschopau gebracht wurden. Die Straße führt oberhalb der Eisenbahnlinie durch den Wald und war vom Wilischthaler Lager aus eventuell

[248] Barch, B 162 / 3851, S. 397 – VP Bella W.
[249] Vgl. Pascal Cziborra. Frauen im KZ S.209ff. & KZ Dresden Reick S.31f.

partiell einzusehen. Auch, dass Bella W. die einzige ist, die solche Vorkommnisse beobachtet haben will, und die Identitäten der vermeintlich verschwundenen Häftlinge in keiner Art und Weise näher spezifizieren kann, lässt darauf schließen, dass es zu solchen Häftlingstötungen in Wilischthal zu keiner Zeit gekommen ist.

VII. Das Verfahren gegen Helene Schwarz, geb. Klofik

Während der Ludwigsburger Vorermittlungen wegen nationalsozialistischer Verbrechen wurden in den Jahren 1968 bis 1971 32 ehemalige Häftlinge des Lagers Wilischthal vernommen. Dabei wurde von den Beschuldigten nur die Oberaufseherin Helene Klofik ausreichend namentlich bekannt. Nachdem zunächst weder ihr Überleben noch ihr Wohnort ermittelt werden konnte, wurde sie 1976 zur Aufenthaltsermittlung ausgeschrieben. Erst 1979 kann ihr Wohnort erfolgreich ermittelt werden. Daraufhin wird sie am 16. Januar 1980 zu einer Vernehmung geladen. Nach dieser Vernehmung, deren Protokoll bereits in Auszügen angeführt wurde, wird das Verfahren wegen Mordes gegen die Rentnerin Helene Schwarz, geb. Klofik, am 23. Januar 1980 eingestellt. In der Vernehmung war sie in erster Linie zu den Fällen Boas (späterer Name Jolinger) und Kamenney befragt worden. Ihre Schilderungen diesbezüglich konnten Sie bereits den entsprechenden Kapiteln entnehmen. Die Beurteilung der Aussagen und die seitens der Staatsanwaltschaft gezogenen Schlüsse lauten bezüglich der missglückten Flucht der Frau Jolinger wie folgt:

> „Die Beschuldigte selbst will den Fluchtversuch nur damit geahndet haben, daß sie der Häftlingsfrau die Haare abschneiden ließ. Sie bestreitet nicht, daß Frau Jolinger nach der Wiederergreifung geschlagen worden ist, will jedoch glauben machen, daß dies ohne ihr Zutun von den anderen Häftlingen bewirkt worden sei, die aus Anlaß der Flucht Repressalien – z.B. Essensentzug – für sich befürchtet hätten. Im übrigen stellt die Beschuldigte in Abrede, daß die wiederergriffene Häftlingsfrau unter einen Hahn mit kaltem Wasser gestellt oder in eine Wanne mit kaltem Wasser gesteckt oder gar zur Tötung

> vorgesehen worden sei. Schließlich behauptet die Beschuldigte, die Verletzungen der betreffenden Häftlingsfrau (durch die Schläge ihrer Kameradinnen) seien nicht sehr schwerwiegend gewesen, denn noch am selben Abend sei sie wieder zur Arbeit gegangen. Die Darstellung der Beschuldigten erscheint in diesem Punkte wenig glaubhaft. Nach den Aussagen der vorgenannten Zeugen liegt es trotz ihrer Unsicherheit im Detail nahe, daß Frau Jolinger nach der missglückten Flucht in der Tat erheblich mißhandelt und auch gequält worden ist und daß die Beschuldigte hierfür verantwortlich ist, sei es, daß sie selbst zugeschlagen hat, sei es, daß sie die Ausschreitungen angeordnet oder bewußt geduldet hat. Ein Tötungsvorsatz kann ihr indessen nicht nachgewiesen werden. Wäre ihr es auf die Tötung der Frau Jolinger angekommen, hätte sie dieses Ziel unter den damaligen Verhältnissen mit einer gewissen Wahrscheinlichkeit auch erreichen können. Der Umstand, daß Frau Jolinger bei der Räumung des Arbeitslagers Wilischthal mit allen anderen Häftlingen nach Theresienstadt transportiert und dort befreit worden ist, spricht eher gegen eine Tötungsabsicht der Beschuldigten. Eine solche kann auch nicht aus Art und Umfang der Verletzungen hergeleitet werden, die ihr nach dem Fluchtversuch zugefügt wurden, weil zuverlässige Feststellungen insoweit jetzt nicht mehr zu treffen sind. [...] Der Beschuldigten kann daher ein Mordversuch zum Nachteil der Frau Jolinger nicht nachgewiesen werden. Soweit in diesem Falle andere Strafbestände – z.B. gefährliche Körperverletzung – in Betracht kommen, ist die Strafverfolgung verjährt.“[250]

Bezüglich der Anschuldigungen im Fall Kamenney kommt die Staatsanwaltschaft zu folgender Beurteilung:

> „Die Beschuldigte gibt zu, keine Krankenhauseinweisung der Häftlingsfrau veranlaßt zu haben, obwohl die Häftlingsärztinnen sie darauf hingewiesen haben, daß dies die einzige Überlebenschance für die Erkrankte darstellte. Die Beschuldigte beruft sich einmal darauf, daß sie die strikte Weisung gehabt habe, keinen Häftling aus dem Lager herauszulassen und daß es zum anderen damals kein Krankenhaus gegeben habe, das bereit gewesen sei, ihr einen Häftling zur Durchführung einer Operation abzunehmen. Sie selbst habe schon Vorwürfe sei-

[250] Barch, B 162 / 3851, S. 621f Begründung zur Verfahrenseinstellung

> tens ihrer Vorgesetzten bekommen, als sie bei früherer Gelegenheit einmal einen Zivilarzt in das Lager gebeten habe, der es übrigens dann auch abgelehnt habe, einen Häftling zu behandeln. Auch in dem Fall einer plötzlichen lebensgefährlichen Erkrankung eines Häftlings habe es keine Ausnahmeregelung gegeben, die die Unterbringung in einem Krankenhaus der deutschen Bevölkerung erlaubt hätte. Schließlich bringt die Beschuldigte vor, die Patientin sei wenige Stunden später verstorben, als man ihr gemeldet habe, daß sie nur mit einer Operation gerettet werden könne. Es kann offen bleiben, ob die Darstellung der Beschuldigten zu diesem Fall in allen Punkten zutrifft. Zumindest menschlich und moralisch hat sie schon deshalb versagt, weil sie nicht einmal den Versuch unternommen hat, einen Ausweg zur Rettung des Lebens der Frau Kammeney zu finden. Auch wenn man indessen von einer vorsätzlichen, durch Unterlassung der gebotenen Hilfe begangenen Tötungshandlung ausgeht, wird man unter Berücksichtigung der Zeitumstände und der einfachen Persönlichkeitsstruktur der Beschuldigten doch keine niedrigen Beweggründe oder andere mordqualifizierende Merkmale des § 211 StGB feststellen können. Insbesondere ist nicht sicher, daß sie die Hilfeleistung aus Rassenhaß unterlassen hat. Mord ist ihr mithin nicht nachzuweisen. Soweit Totschlag in Betracht kommt, ist die Strafverfolgung verjährt. [...] Das Ermittlungsverfahren mußte daher nach § 170 Abs. II StPO eingestellt werden."[251]

Mit diesen Einschätzungen und der damit verbundenen Einstellung des Verfahrens, kommt die Oberaufseherin des KZ Wilischthal, ohne jemals konkret wegen eines der begangenen Verbrechen verurteilt worden zu sein, straffrei davon. Ihre Taten bleiben - sieht man von der tschechoslowakischen Nachkriegshaft ab - juristisch ungesühnt. Dies ist letztlich auf die viel zu spät eingeleiteten Ermittlungen und juristischen Aufarbeitungsbestrebungen zurückzuführen.

[251] Barch, B 162 / 3851, S. 621ff

2.1.1.2 Der *zweite Chef* Susi

Wenn es in der Lagerpraxis so etwas wie eine stellvertretende Ober-, bzw. Erstaufseherin gab, so war das in Wilischthal eine Aufseherin namens Susanne, die wohl meist Susi genannt wurde. Der ehemalige Häftling Susi S. gibt zu Protokoll:

> „Die Stellvertreterin der Oberaufseherin hieß Susi, der Nachname ist mir nicht bekannt.“[252]

Nach Dokumentenlage und bestätigenden Leserreaktionen auf die erste Auflage dieses Buches muss es sich dabei um Susanne Schönfelder handeln, die aus Grießbach stammte und deren Elternhaus in der Scharfensteiner Straße stand. Nach dem Krieg soll sie in Westdeutschland untergetaucht sein und dort Familie gegründet haben. Ihre Tätigkeit war den Nachbarn bekannt.[253] Neben Helene Klofik äußern sich die meisten ehemaligen Häftlinge auch zu ihrer Person. Der Grundtenor ist wie bei der Oberaufseherin ebenfalls sehr negativ, wenngleich es auch einige wenige neutrale und entlastende Aussagen gibt. So äußert Mazoltev H. bei ihrer Vernehmung:

> „Ich kann Ihnen lediglich zwei Vornamen der Aufseherinnen nennen, und zwar der zweite Chef nannte sich mit Vornamen Suzy und eine einfache Aufseherin nannte sich Martha. Was diese Aufseherinnen betrifft, kann ich sagen, daß Suzy bei weitem die strengste war. Allerdings habe ich nie gesehen, daß sie Häftlinge schlug.“[254]

Andere Häftlingsfrauen mussten jedoch die Misshandlungen durch die Aufseherin Susi am eigenen Leib spüren. So Edith H.:

> „Auch erinnere ich mich an die Aufsichtsfrau namens Susanne, etwa 155cm hoch gewesen, blond, mit krummen Beinen, ihr Vater schaffte im Betrieb als Zivilarbeiter. Auch diese Susanne hat mich mißhandelt“[255]

---

[252] Barch, B 162 / 3849, S. 96 – VP Susi S.
[253] Brief der Ursula Vogel vom 10.03.2007
[254] Barch, B 162 / 3850, S. 212 – VP Mazoltev H.
[255] Barch, B 162 / 3851, S. 481 – VP Edith H.

Eine übereinstimmende Personenbeschreibung liefert Ita F.:

> „Susi war klein schlank und blond. Ihr Vater war Arbeiter in der Waffenfabrik, wo auch wir gearbeitet haben.“[256]

Da vier ehemalige Häftlinge sich erinnern, dass Susis Vater als Zivilist in der Fabrik arbeitete, kann die Richtigkeit dieser Aussage, als identifizierendes Merkmal angenommen werden.

> „Ich kann mich an Susi erinnern, die stammte aus der Stadt Scharfenstein; ihr Vater arbeitete als Arbeiter in der Fabrik.“[257]

Im Schriftverkehr des KZ Flossenbürg wird *Schwarzenberg* als Geburtsort der Susanne Schönfelder genannt. Chawa M. behauptet der Vater stammte aus Zschopau.[258] Auch Allegra S. erinnert sich an die Aufseherin,

> „die sich ‚Suzy‘ nannte. Diese war sehr streng mit den Häftlingen. Ich erinnere mich, daß sie mir eines Tages, als ich nicht richtig in der Reihe aufgestellt war, einen Schlag ins Gesicht gab, was mein Gebiß beschädigte.“[259]

Auch Chawa M. und Sylvia H beschuldigen die Aufseherin namens Susi durch relativ konkrete Schilderungen:

> „Susi, die SS-Aufseherin war eine schreckliche Sadistin. Sie pflegte uns bei unserer Rückkehr von der Arbeit mit einem Stock zu schlagen.“[260]

> „Alle haben uns während der Appelle geschlagen, insbesondere Susi. Sie war besonders grausam. Immer hatte sie eine Peitsche in der Hand.“[261]

---

[256] Barch, B 162 / 3850, S. 322 – VP Ita F.
[257] Barch, B 162 / 3849, S. 96 – VP Susi S.
[258] Barch, B 162 / 3849, S. 137 – VP Chawa M.
[259] Barch, B 162 / 3850, S. 206 – VP Allegra S.
[260] Barch, B 162 / 3849, S. 138 – VP Chawa M.
[261] Barch, B 162 / 3850, S. 259 – VP Sylvia H.

Neben der eingangs zitierten Mazoltev H. ist Stella V. die einzige weitere Stimme, die sich relativ neutral gegenüber Susi äußert:

> „An Susi und Hilde erinnere ich mich, sie bewachten uns bei der Arbeit und waren auch im Lager. Ich kann gegen sie nichts aussagen, im großen und ganzen benahmen sie sich uns gegenüber nicht schlecht."[262]

Wenn auch bei weitem nicht so viele ehemalige Häftlinge negatives über die Aufseherin Susi zu berichten wissen, wie über Helene Klofik, deutet die Dichte der Negativäußerungen gegenüber den übrigen Aufseherinnen und die Aussagen persönlich betroffener Opfer von Misshandlungen daraufhin, dass die Aufseherin Susi in Sachen Brutalität nicht weit von Helene Klofik entfernt anzusiedeln ist.
Quantitativ scheinen jedoch Misshandlungen durch sie weniger häufig vorgekommen zu sein. Es ist davon auszugehen, dass auch sie durch die Justiz nie zur Rechenschaft für im KZ begangene Verbrechen gezogen wurde. Dem Verfasser ist dergleichen jedenfalls nicht bekannt geworden.

2.1.1.3 Die übrigen Aufseherinnen

> „Wenn auch Tötungsverbrechen mir nicht bekannt sind, so muß ich erwähnen, daß die Häftlinge von allen Aufseherinnen ständig geschlagen wurden. Krankmeldungen erfolgten nur selten, weil wir befürchten mussten, daß diese durch Entzug der Verpflegung bestraft wurden."[263]

Diese pauschalisierende Aussage der Anna Z. macht deutlich, dass eine ganze Reihe der Aufseherinnen zu Misshandlungen neigte. Den Frauen, die sich einem solchen menschenunwürdigen Verhalten nicht hingaben, wird das Urteil der Anna Z. aber nicht gerecht. Daher soll versucht werden, die Aussagen aus den Ludwigsburger Akten differenziert zu betrachten und ein genaueres Bild von den Personen der Aufseherinnen zu zeichnen.

[262] Barch, B 162 / 3849, S. 129 – VP Stella V.
[263] Barch, B 162 / 3849, S. 64f – VP Anna Z.

Zunächst aber einige Vorbemerkungen. Von den ehemaligen Häftlingen werden meist nur die Vornamen der Aufseherinnen erinnert. Personenbeschreibungen für die einfachen SS-Aufseherinnen sind eher eine Seltenheit. Verwechslungen sind daher nicht ausgeschlossen. Auch wenn Aussagen einer Person konkret zugeordnet werden können, bedeutet das nicht automatisch ihre Richtigkeit. Zudem sind die Häftlingsaussagen subjektiv durch die Erfahrungen eines einzelnen Häftlings oder einer Häftlingsgruppe geprägt. Es kann daher auch zu scheinbar widersprüchlichen Urteilen kommen.
1991 nach den Unterschieden zwischen den Lagern Wilischthal („Willichtaal“) und Auschwitz-Birkenau befragt, äußert Betsy Sobol zur generellen Situation im Lager:

> „Es unterschied sich sehr von Birkenau. Ich denke wir waren alle jüdisch, zumindest unsere Gruppe. Die Fabrik war großartig. Man durfte sich nicht bewegen oder sprechen. Wenn wir redend oder sitzend erwischt wurden, wurden wir ins Gesicht geschlagen. Aber es war jedenfalls sehr viel lebensfreundlicher als Birkenau. Wir hatten Appell und wenn wir zurück von der Fabrik kamen, mussten wir unter die Dusche gehen und wurden durchsucht. Wir wurden von weiblichen Soldaten in Uniform mit Hunden bewacht. Ich weiß nicht wie viele es waren, aber ich erinnere mich an zwei Blondinen, die übrigens Lesben waren. Die Kapo war groß und dünn.“[264]

Aus welchen Beobachtungen oder Erfahrungen sie die sexuelle Identität der Aufseherinnen herleitet wird nicht konkretisiert. Nach dem Krieg gibt es aber allgemeine Tendenzen Brutalität von Frauen als *unnatürlich* darzustellen und SS-Aufseherinnen als Sadistinnen, Lesben oder Mannsweiber in eine Abnormalität zu rücken. Auch gab es in den Lagern unzählige, nicht zu bestätigende Gerüchte, sodass derartige Kommentare vorsichtig behandelt werden müssen. Grundsätzlich ist natürlich davon auszugehen, dass es auch unter den gut 500 SS-Aufseherinnen des KZ Flossenbürg einige Frauen mit lesbischen Neigungen gegeben hat. Ein überproportional hoher Anteil im Vergleich mit der übrigen Bevölkerung ist nicht nachweisbar.

---

[264] Betsy Sobol. In: Bulletin timestriel de la Fondation Auschwitz No 29 – S.190 Übersetzung aus dem Französischen von Pascal Cziborra

Am häufigsten nach der Oberaufseherin Klofik und ihrer Stellvertreterin Susi wird in den Ludwigsburger Akten aber eine Aufseherin namens Hilde, bzw. Hilda erinnert. Solange keine Verwechslungen vorliegen und es keine weitere – nicht dokumentierte – Aufseherin namens Hilde oder Hilda in Wilischthal gab, müssten sich alle Nennungen auf Hilde Matthes beziehen. Begonnen werden soll mit der negativsten Aussage bezüglich ihrer Person:

> „Ich kann mich jetzt an noch einen Namen einer SS-Aufseherin erinnern, sie hieß Hilde. Sie hat mir zur Strafe einmal die Haar[e] abgeschoren.“[265]

So die Schilderung der damals sehr jungen als *ungarische Jüdin* registrierten Chawa M. Hintergründe dieser Tat werden nicht genannt. Da es sich um eine Strafaktion handelte, ist es möglich, dass diese von der Oberaufseherin befohlen wurde. Hilde Matthes wäre demnach „nur“ die ausführende Aufseherin gewesen. Mangels entsprechender Aussagen, muss dies aber reine Vermutung bleiben. Ein positives Gegengewicht zur ersten Aussage setzt Ita F.

> „Ich kann mich an einige Vornamen erinnern. Susi, Ilse und Hilde. Ihre Nachnamen kannte ich nicht. Bei uns hatten sie verschiedene Spitznamen; zum Beispiel Hilde nannten wir „Turban“, denn sie trug manchmal einen Turban auf dem Kopf. Hilde-„Turban“ war groß, schwarzhaarig, dunkle Gesichtshaut. Sie benahm sich uns gegenüber nicht schlecht.“[266]

Alle weiteren Aussagen bezüglich der Aufseherin Hilde sind inhaltlich neutral und beschränken sich oft lediglich auf die Namensnennung. So Anna Z.:

> „An Namen kann ich mich nicht erinnern, ich meine nur den Namen ‚Hilda‘ gehört zu haben.“[267]

Auch Susi S. belässt es in ihrer Aussage bei einer neutralen Namensnennung:

---

[265] Barch, B 162 / 3849, S. 138 – VP Chawa M.
[266] Barch, B 162 / 3850, S. 322 – VP Ita F.
[267] Barch, B 162 / 3849, S. 64 – VP Anna Z.

> „Ich kann mich noch an einige Namen erinnern: Ilse, Helga oder Hilde. Sie bewachten uns während der Arbeit.“[268]

Bezüglich Hilde Matthes muss aber noch auf *Teil 1 k)* verwiesen werden. Sie soll während der Evakuierung mit einigen Häftlingsfrauen geflüchtet sein. Außerdem stellte sie ein Versetzungsgesuch nach Kopenhagen, das eventuell als Akt des Widerstandes gewertet werden kann. Genaue Gründe für den Versetzungswunsch sind allerdings nicht bekannt. Das Gesuch wurde aus dienstlichen Gründen abgelehnt.
Auch die Möbius-Zwillinge werden erinnert. Susi S.:

> „Weitere Vornamen eines wie ich meine Geschwisterpaares waren Edith und Traute. Eine andere Aufseherin hieß Hilde und wohnte in der Umgebung des Lagers.“[269]

Mit dem Geschwisterpaar sind die Zwillinge aus Niederlichtenau gemeint. Auch sie werden von einem weiteren ehemaligen Häftling erinnert.

> „Unter den SS-Aufseherinnen befanden sich, wie ich glaube, auch zwei Schwestern – Klari und Edith – auch Susi, Grete, Hilde waren da. Edith schrie immer, dass hier keine „Judenschule“ sei.“ [270]

Mit *Klari* und *Edith* sind ebenfalls die Schwestern Möbius gemeint. Wobei der Vorname *Klari* von Sarolta R. falsch erinnert wurde und in Wilischthal nach Dokumentenlage keine Aufseherin *Klara* hieß. Was bezüglich Edith Möbius gesagt wird klingt aber sehr authentisch und ist durchaus plausibel. Der Vorname *Grete* ist für das Lager Wilischthal nicht ohne weiteres belegbar. Eventuell könnte Gertrud Haase gemeint sein.
Dora B. aus Belgien erinnerte sich an die Aufseherinnen Luise, Inge und Liese.

> „Louise war schlimm; was die beiden anderen betraf, so behandelten sie uns relativ gut.“[271]

---

[268] Barch, B 162 / 3849, S. 96 – VP Susi S.
[269] Barch, B 162 / 3849, S. 96 – VP Susi S.
[270] Barch, B 162 / 3850, S. 297 – VP Sarolta R.
[271] Barch, B 162 / 3850, S. 155 – VP Dora B.

Die Anschuldigung und Entlastungen ihrer Aussage können aber keiner Person direkt zugeordnet werden. Die Anschuldigung könnte sich auf Luise Kahl oder Luise Haase beziehen. Letztere wird in einem Schreiben vom 11.12.1944 aus Flossenbürg erwähnt. Erstaufseherin Helene Klofik wird darin um Erledigung folgender Sache gebeten:

> „Die Kommandantur KL.Flossenbürg ersucht um raschmöglichste Zusendung einer kurzen Beurteilung der Führung der Aufseherin Louise Haase [...] beim dortigen Kommando."[272]

Unklar bleibt der Grund für diese Beurteilung. Gab es Verhaltensauffälligkeiten im positiven oder negativen Sinne oder sollte Louise Haase in einem anderen Lager als Erstaufseherin eingesetzt werden? Letztlich kann auch dieses Dokument nur mit Hilfe von weiteren Hinweisen zur Aufklärung beitragen, ob es eher Louise Haase war, die von Dora B. als *schlimm* bezeichnet wird, oder doch eher Luise Kahl. Mit *Inge* könnte Ingeborg Rösch oder Ingeborg Reuter gemeint sein, an die sich auch Helena M. erinnert. Sie gibt zu Protokoll:

> „Wir nannten sie mit Vornamen Susi, Hilda, zwei hießen Inge. Sie alle fürchteten gleichfalls die Oberaufseherin."[273]

Eine *Liese*, die Dora B. erwähnt, ist für Wilischthal nicht belegbar. Vermutlich handelt es sich um eine Namensverwechslung. Ähnliches gilt für die Entlastungsaussage des ehemaligen Häftlings Yetti B.:

> „Ich erinnere mich an eine SS-Bewacherin namens Anna, die jedoch keine Grausamkeiten verübte, vielmehr meistens schlief; eine andere hieß Hilda."[274]

Wenn der nicht belegbare Vorname *Anna* eventuell mit *Hanna* verwechselt wird, könnte es sich möglicherweise um die Aufseherin Johanna Uhlmann handeln. Jedenfalls ist eine Aufseherin gemeint, die aller Wahrscheinlichkeit nach die Nacht-

---

[272] Barch, B 162 / 3851, S. 556a

[273] Barch, B 162 / 3851, S. 442 – VP Helena M.

[274] Barch, B 162 / 3849, S. 92 – VP Yetti B.

schicht zu betreuen hatte. Auch der von Susi S., Sara B. und Edith H. genannte Vorname *Helga* kann nicht belegt werden.

> „Unter den Aufsichtspersonen erinnere ich mich an eine blonde Frau namens Helga.“[275]

Da der Name gleich mehrmals, einmal sogar mit dem Ansatz einer Personenbeschreibung genannt wird, könnte es sich um eine nicht dokumentierte Aufseherin handeln. Eine Verwechslung ist aber auch hier nicht völlig auszuschließen. Helga wird aber in den Aussagen zusätzlich zu Helene Klofik genannt, die in manchen Aussagen als Hella oder Helda erinnert wird. Eine Verwechslung des Vornamens Helga mit Hella oder Helena kann demnach ausgeschlossen werden. Zudem wird von der ehemaligen Aufseherin Lina Naumann der Nachname Deichsler genannt.[276] Laut ihrer Aussage soll es sich um den Namen der Oberaufseherin handeln. Dies wird nach Vorhalten verschiedener Namen auch vom ehemaligen Häftling Olga K. bestätigt.[277] Um eine Oberaufseherin hat es sich aber mit Sicherheit nicht gehandelt. Vielleicht trug aber eine bislang nicht belegbare einfache Aufseherin diesen Namen. Auch hier ist nicht sicher, ob der Nachname Deichsler überhaupt korrekt erinnert wird. Möglicherweise ist die Oberaufseherin und Lehrgangsleiterin Ruth Drechsler aus Flossenbürg gemeint.
Odette H. erinnert sich an den Vornamen *Martha*. Nähere Angaben zu dieser Aufseherin kann sie aber nicht machen. Hier handelt es sich vermutlich um die Erinnerung an die Aufseherin Martha Oertel. Miriam M. hat da konkretere Erinnerungen:

> „Ich erinnere mich an die Vornamen der SS-Aufseherinnen, und zwar an Erika und Ilse. Die Ilse nannten wir „Gluckhenne“, sie war [...], klein, dick, im fortgeschrittenen Alter. Sie behandelte uns sehr schlecht und schlug uns während der Appelle ohne jeglichen Grund.“[278]

Bei der neutralen Namensnennung *Erika* handelt es sich vermutlich um Erika Sprungk, die erst ab dem 27. Februar 1945 in

---

[275] Barch, B 162 / 3851, S. 481 – VP Edith H.
[276] Barch, B 162 / 3849 S. 38 Spruchkammerakte Lina Naumann
[277] Barch, B 162 / 3849, S. 125
[278] Barch, B 162 / 3851, S. 527 – VP Miriam M.

Wilischthal eingesetzt wurde. Der Vorname Ilse, der auch in anderen Häftlingsaussagen fällt, verweist auf Ilse Oehme. Die Personenbeschreibung zu überprüfen war nicht möglich, mindestens aber die Angabe über das fortgeschrittene Alter lässt Zweifel an der Richtigkeit dieser Aussage aufkommen. Ilse Oehme Jahrgang 23 kann damit nur schwer gemeint sein. Unter Umständen wird hier einer konkret erinnerten Person der falsche Vorname zugewiesen.

Eine wichtige Beobachtung und Interpretation des Verhaltens der übrigen Aufseherinnen gegenüber den Häftlingen liefert Katalin W.:

> „Außer ihr [der Oberaufseherin] haben auch andre Aufsichtsfrauen die Gefangenen mißhandelt. Zu diesen gehörte insbesondere eine niedrige Aufsichtsfrau, die von dort früher wegkam als wir, und auch eine Aufsichtsfrau namens Susanne, die die Gefangenen ebenfalls schlug. Ich bemerke jedoch, daß die eingeteilten Aufsichtsfrauen nach meinem Dafürhalten die Gefangenen mehr deswegen mißhandelten, um dadurch vor der Lagerkommandantin etwas zu gelten. Dies folgere ich daraus, daß die Mißhandlungen seitens der eingeteilten Aufsichtsfrauen zumeist in Gegenwart der Lagerkommandantin erfolgten“[279]

Mit der namentlich nicht benannten Aufseherin, die die Häftlinge ebenfalls misshandelte, könnte Erna Schuffenhauer gemeint sein. Sie ist laut Dokumenten die einzige, die Wilischthal vor der Evakuierung verließ und nach Zschopau versetzt wurde. Bereits mehrfach in anderen Kapiteln erwähnt wurde auch die SS-Aufseherin Lotti, die die Küchenleitung inne hatte. Bella W. gibt ihr eine starke und glaubwürdige Entlastungsaussage:

> „Lotti war sehr gut. Einmal war ein 14-jähriges Mädchen, das Tuberkulose hatte, bei der Nachtschicht in der Fabrik zusammengebrochen. Das Mädchen kam ins Revier und starb dort. Sie hieß mit Vornamen Tischa. Sie hatte noch mit Fieber in die Fabrik gehen müssen. Ich habe Lotti gesagt, daß sie im Revier war. Daraufhin hat mir Lotti fettes Essen für das Mädchen gegeben. Das sollte aber niemand sehen.“[280]

---

[279] Barch, B 162 / 3851, S. 475 – VP Katalin W.

[280] Barch, B 162 / 3851, S. 396 – VP Bella W.

Unbestritten bleibt der menschliche Akt der Aufseherin Lotti, wenngleich die Aussage Bella W. einige Unstimmigkeiten aufweist. Das beschriebene Mädchen ist aller Wahrscheinlichkeit nach Jentuscha Rottenberg. Sie war nicht 14 sondern 18 und verstarb erst später in Theresienstadt. Die Identität der Küchenleitung Lotti ist derzeit noch nicht geklärt. Vermutlich handelte es sich um Lotte Sahm. Es könnte aber auch die Aufseherin Charlotte Altmann vielleicht auch Lotte Weber gewesen sein.
Im Resümee lässt sich sagen, dass körperliche Misshandlungen durch das Aufsichtspersonal im Lager Wilischthal in erster Linie durch die Oberaufseherin Helene Klofik selbst oder durch deren Stellvertreterin Susanne Schönfelder geschahen. Aber auch Ilse Oehme und Erna Schuffenhauer werden nach Lage der Dinge dessen beschuldigt, sowie eine Aufseherin namens Luise, die sehr schlimm gewesen sein soll. Sogar Hilde Matthes soll mindestens in einem Fall einem Häftling zur Strafe die Haare geschoren haben. Es ist anzunehmen, dass auch weitere nicht namentlich genannte Aufseherinnen Befehlen der Oberaufseherin zu solchen Strafmaßnahmen Folge leisteten, oder sich in ihrem Beisein aus Angst vor ihr oder aus möglichem Eigennutz mit häftlingsverachtenden Verhalten hervortaten. Beschimpfungen und antisemitische Redensarten sollen neben den Erstgenannten zumindest auch bei Edith Möbius, vermutlich auch hier bei weiteren Aufseherinnen, vorgekommen sein. Körperliche Misshandlungen schließt die verbal geäußerte Gesinnung nicht zwangsläufig mit ein. Über die Mehrzahl der SS-Aufseherinnen existieren jedoch keine belastenden Aussagen. Entweder werden sie von den vernommenen ehemaligen Häftlingen nicht namentlich oder anderweitig erinnert, oder es existieren entlastende Aussagen wie dies für die SS-Aufseherinnen namens Lotti, Inge, Liese(?) und bedingt für Hilde Matthes der Fall ist. Für die nicht erinnerten Aufseherinnen ist mehrheitlich davon auszugehen, dass sie weder im positiven noch im negativen sonderlich auffielen und sich im allgemeinen zurückhaltend benahmen. Es ist daher dringend darauf hinzuweisen Pauschalurteile über ehemalige SS-Aufseherinnen zu vermeiden und deren Handlungshintergründe differenziert zu betrachten. Dies wurde hoffentlich auch in diesen Ausführungen im Sinne aller Betroffenen in einem genügend behutsamen Maße getan.

2.1.1.4 Männliches Wachpersonal

Für das Lager Wilischthal werden in der Stärkemeldung der Wachmannschaften des KZ Flossenbürg, zu keinem Zeitpunkt mehr als vier Wachposten genannt. Es ist aber durchaus möglich, dass das männliche Wachpersonal von Zeit zu Zeit wechselte, und durch diese Fluktuation, während seines Bestehens mehr als 4 männliche Personen ihren Dienst im Lager Wilischthal versahen. Insbesondere mit dem Außenlager der Auto Union - Werk DKW Zschopau - dem Mutterkonzern der DKK, könnte es Personaltausch, bzw. Dienstüberschneidungen gegeben haben. Außerdem sind die Häftlinge bei der Evakuierungsfahrt nach Theresienstadt sehr wahrscheinlich in Kontakt mit Personal beider Lager gekommen. In der Erinnerung der ehemaligen Häftlinge wird daher kaum in die Lagerzugehörigkeit des Wachpersonals unterschieden werden. So berichtet Ita F.:

> „Außer den SS-Aufseherinnen waren im Lager Wilischthal auch zwei Männer. Einer war ein Deutscher, der andere ein Ukrainer (er sprach russisch). Beide bewachten unser Lager. Ihre Namen kannte ich nicht.“[281]

Auch in der Wachmannschaft des Lagers Zschopau hat es, nach übereinstimmenden Aussagen von ehemaligen Aufseherinnen und Häftlingen, zwei Ukrainer gegeben, die schwarze SS-Uniformen trugen. Ob in Wilischthal ein dritter ukrainischer SS-Mann stationiert war, oder ob es sich hier bereits um die erste Überschneidung handelt, konnte bislang nicht geklärt werden. Auch Sara B. erinnert sich an einen Ukrainer in Wilischthal:

> „Außerdem waren drei SS-Männer dort. Einer war ein Volksdeutscher namens Kolacki, der andere war ein Ukrainer, an den dritten kann ich mich nicht mehr genau erinnern, er war blond.“[282]

Der SS-Mann namens Kolacki wurde auch im Gespräch mit einer ehemaligen Aufseherin des Zschopauer Lagers genannt. Er

---

[281] Barch, B 162 / 3850, S. 323 – VP Ita F.

[282] Hessisches Staatsarchiv Bestand 274 Staatsanwaltschaft Marburg Acc. 2003/24 5 Js 1202/79 S. 427 VP Sara B.

soll polnischer Herkunft gewesen sein und aus dem Ruhrgebiet stammen. Diese Angaben konnten bislang noch nicht verifiziert werden. Es ist durchaus möglich, dass er sowohl in Zschopau als auch in Wilischthal seinen Dienst versah.
Der Zwischenbericht Nr. 3 in den Ludwigsburger Akten fasst die Protokolle der Zeuginnen Elisabeth L. und Stefa W. zusammen, deren Aussagen unübersetzt in Polnisch vorliegen:

> „Die Zeuginnen erwähnen auch einen aus Ungarn stammenden SS-Mann unbekannten namens, er war nicht mehr jung, mittelgroß, schlank. Die Zeuginnen erwähnen auch einen anderen SS-Mann, der ungefähr 50 Jahre alt war, mittelgroß, dick. Beide benahmen sich den Häftlingen gegenüber korrekt."[283]

Margalit. L. kann diese Aussage zum Teil bestätigen:

> „Wir wurden von SS-Männern, Schwaben, die mit uns ungarisch sprachen, ins Lager gebracht. Im Lager selbst herrschten SS-Aufseherinnen"[284]

Auch einen Ukrainer, der russisch sprach, kann sie bestätigen. Aufgrund dieser Aussagen ist davon auszugehen, dass es sich bei einem nicht unerheblichen Teil der Wachmannschaften um sogenannte *Volksdeutsche* handelte. Auch Anna Z. berichtet:

> „Um die Baracke herum waren ständig vier Wachposten stationiert. Einer von diesen Posten, ein Österreicher, dessen Namen ich nicht weiß, beaufsichtigte uns, wenn wir Verpflegung bei der Küche abluden oder in Empfang nahmen. Zwanzig Aufseherinnen bewachten uns in der Baracke und in der Fabrik."[285]

Während andere ehemalige Häftlinge die Zahl der Aufseherinnen stark unterschätzen, deckt sich die Aussage der Anna Z., sowohl bezüglich der Aufseherinnen als auch der Wachposten exakt mit der Stärkemeldung der Wachmannschaften vom 31. März 1945. Ob dies auf eine außergewöhnliche Beobachtungs-

[283] Barch, B 162 / 3850, S.269
[284] Barch, B 162 / 3849, S. 126 – VP Margalit L.
[285] Barch, B 162 / 3849, S. 64 – VP Anna Z.

und Erinnerungsgabe oder auf Nachkriegsrecherchen ihrerseits zurückzuführen ist, konnte im Rahmen der Arbeit nicht geklärt werden. Aufgrund der dokumentarisch belegbaren Aussage ist davon auszugehen, dass einer der Wachmänner tatsächlich Österreicher war, oder dies zumindest vorgab. Unter Umständen war er Donauschwabe und ist mit einem der beschriebenen *„ungarischen"* Wachmännern identisch. Interessant in diesem Zusammenhang ist auch das geographische Gedächtnis der Rosa B.[286], die in ihrem Entschädigungsverfahren das Lager Wilischthal in Österreich verortet. Dieser Eindruck mag durch die Gebirgslage im Zusammenspiel mit der Herkunft des Wachpersonals entstanden sein. Unter Umständen wurde auch der sächsische Dialekt der Aufseherinnen falsch gedeutet.
Die gebürtige Ungarin Ella G. gibt außerdem zu Protokoll:

> „Neben den SS-Männern gab es noch polnische Polizisten in SS-Uniformen."[287]

Vielleicht meint sie in diesem Kommentar die Ukrainer in schwarzer SS-Uniform oder den polnischstämmigen SS-Mann namens Kolacki, welche auch von anderen Personen erinnert werden. Mit ihrem Hinweis auf *polnische Polizisten* ist sie jedenfalls allein. Die Aussage ist als missverständlich, ihr Wahrheitsgehalt als eher fragwürdig einzustufen. Personelle Hinweise - besonders auf die männliche Wachmannschaft, die namentlich bislang noch nicht zu erfassen ist - sind sehr erwünscht.

---

[286] Barch, B 162 / 3849, S. 47
[287] Barch, B 162 / 3851, S. 460 – VP Ella G.

2.2 Widerstand aus Belegschaft und Bevölkerung

Humanitärer Widerstand unter Personen aus der Belegschaft ist auch für Wilischthal dokumentiert, und muss als wichtige Überlebenshilfe für die Jüdinnen und als Ausdruck genereller Ablehnung solch menschenunwürdiger Haftbedingungen angesehen werden. Im diktatorischen System erforderten bereits geringfügige „Regelbrüche“ und kritische Meinungsäußerungen ein großes Maß an Zivilcourage und Mut. Die Angst aufzufliegen oder denunziert zu werden und am Ende möglicherweise selbst Repressalien erleiden zu müssen oder gar in einem KZ zu landen, ließ viele Andersdenkende bereits im Keim des Gedankens vor humanitären Hilfsmaßnahmen zurückschrecken. In Wirklichkeit gab es jedoch vielfältige Möglichkeiten schon mit kleinen Gesten den Häftlingen zu helfen und Mut zum Durchhalten zu machen, ohne derartige Bestrafungen riskieren zu müssen. Natürlich kam es auch hier immer auf das persönliche Umfeld, den eigenen Stand in der Gesellschaft und auf die Personen an, die als SS-Kommandanten und Bewacher fungierten. Cleverness und etwas Gespür, die Kräfte- und Machtverhältnisse in Situationen richtig einschätzen zu können, waren bei der Planung des humanitären Widerstandes in jedem Fall von Vorteil. Dennoch machen es sich Zeitzeugen aus Bevölkerung und Belegschaft vielerorts zu leicht und ziehen das diktatorische System als generelle Entschuldigung dafür heran, selbst nichts unternommen zu haben. „Man konnte doch nichts machen.“, ist ein typischer Satz, der Beobachtungsschilderungen von Evakuierungstransporten oder anderen Begegnungen mit KZ-Häftlingen folgt, und oftmals zur Reinigung des eigenen Gewissens beitragen soll. Beispiele für humanitären Widerstand, den es auch in Wilischthal gab und der generell vielerorts möglich war und auch praktiziert wurde, soll anhand einiger Zitaten gezeigt werden. Insbesondere die Rolle der Meister in den Betrieben spielt im humanitären Widerstand eine große Rolle. Gerade in größeren Flossenbürger Außenlagern kommt es nicht unerheblich darauf an, in welcher Abteilung und bei welchem Meister man eingesetzt wurde. Die Erfahrungen der Häftlinge im selben Lager unterscheiden sich durch das unterschiedliche Umfeld der Zivilangestellten mancherorts eklatant. Auch in Wilischthal ist es ein Meister, der sich für bessere Haftbedingungen einsetzte:

> „Die Arbeit wurde im Betriebe von deutschen Zivilbeschäftigten geleitet. Diese Beschäftigten waren nach ihren Möglichkeiten bestrebt sich uns gegenüber ordentlich zu verhalten. Ich erinnere mich zum Beispiel an einen Betriebsleiter namens Hans – ich glaube, dies war der Jüngste unter den deutschen Beschäftigten, der zum Beispiel bei der Lagerleitung zu Wort brachte, daß unter den von ihnen vorgeschriebenen Bedingungen und Umständen man unmöglich eine 12-stündige schwere physische Arbeit leisten konnte. Er beanstandete zum Beispiel, daß man keine genügende Zeit den Gefangenen einräume, für ihr Mittagessen. Wir mußten unser sowieso sehr schwaches, meistens aus einem Teller Suppe bestehendes Mittagessen, neben unsrer Arbeitsmaschine stehend innerhalb einiger Minuten verzehren. Außerdem kam auch vor, daß der Betriebsleiter das Zeitungspapier, in dem er sein in der Arbeitsstelle verzehrtes Essen gebracht hatte, dort in der Werkstatt ließ, daß wir uns daraus, aus der Zeitung, über die uns sonst unbekannten Weltereignisse informieren konnten. Deshalb hat der Betriebsleiter dauernd Schwierigkeiten gehabt. Die Lagerkommandantin hat nämlich auch die deutschen Arbeiter terrorisiert, sie wollte sie zwingen, den Gefangenen gegenüber dasselbe unmenschliche Benehmen zu zeigen, wie sie es taten."[288]

Wie die Aussage der Katalin G. zeigt, nahm der Meister auch persönliche Schwierigkeiten in Kauf, um wenigstens den Versuch gewagt zu haben, den Häftlingen etwas zu helfen. Auch wenn er die Haftbedingungen, wenn überhaupt, allgemein nur wenig zum Positiven beeinflussen konnte, war es ihm dennoch möglich in Einzelfällen, Informationen oder Nahrung den Häftlingen zukommen zu lassen und diesen damit neuen Mut zu schenken. Zudem hatte er auch für die übrige Belegschaft mit der öffentlichen Kritik ein Signal des Widerstands gesetzt. Möglicherweise war diese Kritik jedoch in die Ideologie des Regimes verpackt, und arbeitete zur eigenen Risikominimierung mit der rüstungswirtschaftlichen Bedeutung der Häftlinge, sodass die Kritik nicht ohne weiteres als widerständische Äußerung verstanden werden konnte. Die Schilderungen der Katalin W. klingen jedoch eher nach offener Kritik und daher öffent-

[288] Barch, B 162 / 3851, S. 474f – VP Katalin G.

lichem Widerstand. Auch weitere Mithäftlinge erinnern sich an den Meister Hans:

> „Unsere Arbeit diente zur Ausarbeitung von Maschinengewehrteilen. Ich habe bei einer Stanzmaschine gearbeitet. Mein Meister war ein deutscher Zivilist und hieß Hans. Er war zufällig ein guter Mensch. Er benahm sich uns allen gegenüber sehr gut."[289]

Auch Edith H. die Schwester der Katalin G. erinnert sich:

> „Ich erinner mich wohl, daß im Betrieb der Obermeister ein deutscher Mann namens Hans, etwa 45 Jahre alt, mit weisen Haaren, war und er benahm sich uns gegenüber sehr ordentlich."[290]

Zur Person des Meisters gab es mehrere Leserreaktionen auf die Erstauflage dieses Buches. Dabei könnte es sich um Obermeister Johannes (genannt Hans) Donner (1902-1992), aus Scharfenstein gehandelt haben.

Er hatte bis lange nach Kriegsende auch Kontakt zu einem französischen, ehemaligen Zwangsarbeiter des Stammwerks Scharfenstein namens Eugene Feret (Verett) der ihn im Sommer 1965 mit Frau einen Besuch abstattete. Ob Donner in einer Leitungsfunktion zeitweilig auch in Wilischthal tätig war, ist unbekannt. Dort soll aber definitiv ein Johannes (genannt Hans) Haase (24.09.1908-03.11.1985) aus Drebach als Schlossermeister gearbeitet haben. Erich Reuter berichtet über ihn:

> „Er war während des 2. Weltkrieges vom Wehrdienst freigestellt (u.K), weil er als Fachmann auch für die Rüstungsproduktion im dkk-Werk unabkömmlich war. Er war nicht Mitglied der Nazi-Partei und vertrat humanistische menschenfreundliche Auffassungen. Ich war mit ihm sehr weitläufig verwandt. Er erzählte mir einmal beiläufig, daß er vor Ende des Krieges im dkk-Betriebsteil Wilischthal als Meister eingesetzt worden sei und in seinem Bereich auch Zwangsarbeiterinnen bei der Kriegsproduktion schuften mußten."[291]

---

[289] Barch, B 162 / 3849, S. 138 – VP Chawa M.

[290] Barch, B 162 / 3851, S. 481 – VP Edith H.

[291] Mitteilung Erich Reuters vom 23.02.2007

Auch den polnischen Jüdinnen Stefa W. und Elisabeth L. ist ein Meister namens Hans in Erinnerung geblieben. Im Ludwigsburger Zwischenbericht Nr. 3 heißt es:

> „Den Zeuginnen blieb auch ein Fabrikmeister mit Vornamen Hans in Erinnerung. Im allgemeinen benahmen sich die Meister den Häftlingen gegenüber nicht schlecht, hatten aber Angst vor der Oberaufseherin.“[292]

Helene Klofik scheint also auch unter den Zivilangestellten der größte Angstfaktor gewesen zu sein. Selbst die gestandenen Meister scheinen sich vor ihr besonders in Acht genommen zu haben. Durch ihr resolutes, den Häftlingen gegenüber brutales Verhalten, ist es ihr gelungen der Belegschaft Respekt, eventuell sogar Angst einzuflößen und die Widerstandsbereitschaft größtenteils zu unterdrücken. Umso erfreulicher ist es, dass es dennoch Menschen gab, die sich trotz des ideologisch linientreuen Wesens der Erstaufseherin, nicht von Hilfeleistungen und Ermutigungen abhalten ließen. Da nicht alle widerständischen Aktionen unentdeckt blieben, war auch unter den Häftlingen eine große Disziplin erforderlich, mutige Menschen des humanitären Widerstands durch mutiges Verhalten zu schützen. Nur so konnte mit einer späteren Wiederaufnahme der Beziehungen und erneuter Hilfe gerechnet werden. Diese vorrausschauende Häftlingsdisziplin schildert Sarolta R.:

> „Mir ist am besten die berüchtigte Oberaufseherin bekannt. Sie wirtschaftete im Lager und auch bei der Arbeit in der Fabrik. Die übrigen SS-Aufseherinnen sowie die Fabrikmeister hatten Angst vor ihr. Einmal hat ein deutscher Meister einem Mädchen ein Stück Gebäck gegeben und per Zufall hat die Oberaufseherin es bei ihr gefunden und sie schrecklich geschlagen. Das Mädchen mußte auch sagen von wem sie es bekommen habe. Sie wollte den guten Deutschen nicht verraten und sagte, daß sie es gestohlen hätte. Sie bekam deshalb noch mehr Schläge.“[293]

Auffällig an allen Häftlingsaussagen, die humanitären Widerstand in Wilischthal bezeugen, ist, dass die Hilfsaktionen und

---

[292] Barch, B 162 / 3850, S. 269

[293] Barch, B 162 / 3850, S. 297 – VP Sarolta S.

Ermutigungen nur von Meistern oder Personen in leitender Funktion ausgehen. So gibt Chawa M. zu Protokoll:

> „Ich möchte hinzufügen, daß ein deutscher Ingenieur öfters in die Fabrik kam. Er war für die Fabrik verantwortlich. Er war ein guter Mensch und tröstete uns immer, indem er sagte, dass wir den Krieg überleben werden. Ich kann mich jetzt nicht erinnern wie er hieß.“[294]

Humanitärer Widerstand durch einfache Arbeiter ist für Wilischthal nicht in einem einzigen Fall explizit erwähnt. Vermutlich wagten es nur solche Personen der Helene Klofik entgegenzutreten, die sich durch ihre rüstungswirtschaftlich wichtige Position, in der vorliegenden Machtkonstellation als ebenbürtig ansahen. Zudem werden es auch hauptsächlich die Meister gewesen sein, die mit den Häftlingen in Kontakt kamen, da durch den kriegsbedingten Häftlingseinsatz die übrige Belegschaft ohnehin stark reduziert und anderweitig eingesetzt wurde. Natürlich sind auch längst nicht alle ehemaligen Häftlinge, sondern eher lediglich ein Bruchteil vernommen worden und die vorliegenden Aussagen sind als Stichprobe aufzufassen. Sie können daher nur einen Teil des Lagergeschehens abbilden, bzw. zu dessen Rekonstruierung herangezogen werden. Humanitärer Widerstand aus der Arbeiterschaft ist demnach nicht völlig auszuschließen. Auch zum Verhältnis der KZ-Häftlinge zu den eingesetzten ausländischen Zwangsarbeitern existieren nahezu keine Äußerungen. Erinnerungsberichte zu diesem Themenbereich sind herzlich willkommen. Da das Lager Wilischthal für sich isoliert und noch dazu abgelegen war, ist es kaum zu Kontakten mit Zivilbevölkerung gekommen. Demnach ist zu diesem Verhältnis zueinander auch nichts zu berichten. Widerstand aus der Bevölkerung war in Wilischthal damit eigentlich nur durch die Unterstützung von Zivilangestellten möglich, indem man selbst auf Nahrungsmittel oder Kleidungsstücke verzichtete und diese den Ehepartnern oder Nachbarn etc. mitgab, oder ihnen die nötige moralische Unterstützung für ihr Handeln bot. Konkrete Fälle und Geschichten diesbezüglich sind während der Recherche zu diesem Buch jedoch nicht bekannt geworden.

---

[294] Barch, B 162 / 3849, S. 139 – VP Chawa M.

Teil 3: Stationen der Deportation
Häftlingsüberstellungen und Transporte

3.1 Der 1. Transport vom 30.10.1944

3.1.1 Die „ungarischen Jüdinnen“

Die 33 als *ungarische Jüdinnen* registrierten Frauen und Mädchen dieses Transportes sind sehr wahrscheinlich alle zwischen dem 15. Mai und dem 9. Juli 1944 mit verschiedenen Transporten aus ungarischen Gebieten in Auschwitz eingetroffen. Von drei der Damen konnten durch die Recherchen, die eintätowierten Auschwitzer Häftlingsnummern herausgefunden werden. Die niedrigste ist A-10023, die höchste A-10515. Alle drei Frauen wurden somit im Durchgangslager selektiert und am 25. Juli in die Auschwitzer Häftlingsregister aufgenommen und tätowiert. In derselben Aktion bekamen laut Danuta Czech 2000 ungarische Jüdinnen ihre Nummer. Es ist davon auszugehen, dass die anderen Ungarinnen dieses Transportes überwiegend ebenfalls Nummern zwischen A–9819 und A-11818 tragen, bzw. trugen[295], einige aber auch höhere Häftlingsnummern.
Im Theresienstädter Datenbankprojekt zu den Evakuierungstransporten wurden 290, größtenteils mit Geburtsort erfasste Frauen dem Lager Wilischthal zugeordnet. In einzelnen Fällen wurde eventuell an Stelle des Geburtsortes auch der letzte Wohnort angegeben. Beim Abgleich mit diesen Daten wurde deutlich, dass die als *ungarische Jüdinnen* registrierten Frauen verstärkt aus den annektierten Gebieten stammen. Vier der genannten Städte liegen im heutigen Gebiet der Slowakei, zwei in Rumänien und fünf in der heutigen Ukraine. In einzelnen Fällen ist außerdem davon auszugehen, dass sich die Frauen zum Zeitpunkt ihrer Ergreifung auf der Flucht aus ihren Heimatländern befanden. Daher ist eine exakte Aufschlüsselung in Nationalitäten kaum möglich. Die Städte und die Anzahl ihrer Nennungen finden Sie in folgender Tabelle. In einigen Fällen konnte die Schreibweise nicht bestätigt, und die geographische Lage damit auch nicht genau bestimmt werden.

---

[295] Danuta Czech, Kalendarium S. 829

Ungarn	Z	Ukraine	Z	Slowakei	Z	Rumänien	Z
Ujpest	3	Ljuta	4	Kosice	3	Oradea	1
Olaszliszka	3	Uzhorod	1	Zdana	1	Cluj	1
Petneháza	2	Faluslatina	2	Pavlovce	1	Boghis (Csengerbagos)	1
Makó	1	Koselovo	2	Dunejska Streda	1		
Szolnok	1	Alsokalinfalva	1				
Ungdaróc	1					**unbekannt**	1
Mád	1					Gh.Warhedy ?	1

3.1.2 Die „italienischen Jüdinnen"

Die 32 als *italienische Jüdinnen* registrierten Frauen und Mädchen stammten, wie bereits erwähnt, alle von den Inseln Rhodos und Kos. Die Gemeinden von Rhodos und Kos sind die letzten griechischen Gemeinden, die einer Deportation kurz vor dem Rückzug der Besatzer zum Opfer fielen. Mindestens 1673 Personen von Rhodos und 94 von Kos wurden deportiert.[296] Auch hier sind verschiedene Zahlen im Umlauf, deren Verlässlichkeit von dieser Stelle aus nicht beurteilt werden kann. Laut Liliana Picciotto Fargion gehören drei der späteren Wilischthaler Frauen zu der Gruppe von Kos. Zwei von ihnen stammen gebürtig aber ebenfalls von Rhodos. Am 23. Juli 1944 wurde nahezu die gesamte jüdische Bevölkerung beider Inseln in Arrest genommen und in das Sammellager Haidari in der Nähe Athens verschifft. An Bord sollen bereits 23 Menschen[297] in der Mittelmeerhitze vornehmlich verdurstet sein. Nach einem Zwischenstop von vier Tagen[298] im Lager Haidari wurde die grauenhafte Odyssee am 3. August per Zug nach Auschwitz fortgesetzt. Am 16. August erreichte der Transport mit etwa 2500 Personen Auschwitz. Demnach wurden in Haidari möglicherweise weitere Gruppen angeschlossen:

> „Nach der Selektion werden 346 Männer, die die Nummern B-7159 bis B-7504 erhalten, und 254 Frauen, die mit den Nummern A-24215 bis A-24468 gekennzeichnet werden, als

[296] Zahlenangaben laut Götz Aly. Hitlers Volksstaat.
[297] USHMM
[298] Barch, B 162 / 3850, S. 258 – VP Sylvia H.

Häftlinge ins Lager eingeliefert. Die übrigen Menschen (etwa 1900 Personen[299]), darunter 1202 Männer, werden in den Gaskammern getötet.“[300]

Mit solchen leidvollen Vorerfahrungen erreichten die Frauen am 30. Oktober das Lager Wilischthal. Sie wurden spätestens in Auschwitz aller Habseligkeiten, ihrer Identität und Menschenwürde beraubt. Viele verloren in Auschwitz nahe Angehörige und kamen bereits mit dieser Gewissheit nach Wilischthal. Andere hofften noch auf ein Wiedersehen mit geliebten Menschen, von denen sie in Auschwitz getrennt worden waren.

Transport	Auschwitzer Nummern	Rhodos	Kos	Total
16.08.1944	A-24215 bis A-24468	29	3	32

3.1.3 Die „polnischen Jüdinnen“

Die 19 *polnischen Jüdinnen* des Transportes stammen aus sehr unterschiedlichen Städten, größtenteils aber aus Krakau. Acht Frauen nennen diesen Ort als ihre Heimatstadt. Zwei sind in Radom geboren, jeweils eine nennt Chlel, Debica, Drohobycz, Hrubieszow, Krynica, Lodz, Lwow (Lemberg), Nowy Sacz und Przemyl. Auch aus dieser Gruppe sind in den zugänglichen Ludwigsburger Akten drei Auschwitzer Nummern überliefert. Die niedrigste A-18622 die höchste A-22927. Die genannten Nummern wurden bei Tätowierungsaktionen am 10. und 11. August 1944 vergeben. Am 10. August erhalten 1446 polnische Jüdinnen die Nummern A-18555 bis A-20000. Sie hatten sich unter den 7500 Jüdinnen befunden, die am 6. August aus dem Konzentrationslager Krakau Plaszów eingeliefert, und zunächst im Durchgangslager untergebracht worden waren. Am selben Tag werden noch weitere 1000 ungarische Jüdinnen tätowiert. Am Folgetag, dem 11. August werden schließlich die Nummern A-21001 bis A-22999 an ungarische und polnische Jüdinnen vergeben, die ebenfalls im Durchgangslager selektiert worden

[299] Ergänzung des Verfassers
[300] Danuta Czech, Kalendarium S. 851

waren[301]. Es ist daher davon auszugehen, dass die 19 Polinnen möglicherweise ausnahmslos[302] vor Auschwitz das KZ Krakau Plaszów, durchliefen, welches durch den Spielfilm „Schindlers Liste“ sehr bekannt geworden ist. Dies ist daraus zu schließen, dass auch für vier[303] Frauen, die nicht Krakau als Geburtsstadt, bzw. letzten Wohnort angeben der Aufenthalt in Krakau Plaszów dokumentiert ist. Einige der späteren Wilischthaler Frauen hatten sogar direkten Kontakt mit dem berüchtigten Lagerführer Amon Goeth[304]. Anna Z. berichtet:

> „Lagerführer war ein SS-Mann namens Goeth. Ich habe gesehen, wie er Häftlinge mehrfach ohne ersichtlichen Grund erschoss.[...] Im Juli oder August wurde ich in das Konzentrationslager Auschwitz und von dort in das Nebenlager Birkenau[305] verbracht. Dort war ich Zeuge der Selektionen, die Dr. Mengele durchführte. Diejenigen, die von Dr. Mengele wegen irgendeiner kleinen Wunde oder auch wegen Krätze oder besonderer Abmagerung ausgewählt wurden, haben wir nicht wieder gesehen. Wir hörten vor allem nachts die Schreie von Häftlingen in Birkenau C, wo diese offensichtlich umgebracht wurden.“[306]

Polen	Anzahl	**Polen**	Anzahl
Krakau	8	Nowy Sacz	1
Radom	2	Przemysl	1
Chlel	1		
Debica	1		
Hrubieszów	1	**Heutige Ukraine**	Anzahl
Krynica	1	Drohobycz	1
Lodz	1	Lwow	1

---

301 vgl. Danuta Czech, Kalendarium S. 846f & S. 842

302 Nicht ganz auszuschließen ist, dass die beiden Frauen aus Radom über Blizyn eingeliefert wurden.

303 Debica, Drohobycz, Nowy Sacz, Przemysl

304 siehe Aussage Miriam M. Kapitel 3.2.1

305 Auschwitz-Birkenau

306 Barch, B 162 / 3849, S. 65 – VP Anna Z.

3.1.4 Die “belgischen Jüdinnen”

Die 17 als *belgische Jüdinnen* registrierten Frauen wurden allesamt über das belgische Sammellager Mechelen (Malines) deportiert, in dem sie sich nur wenige Tage, bzw. Wochen aufhielten. Mehrheitlich waren sie zuvor in Brüssel - ab Ende Mai bis zum 11. Juli - von der Gestapo festgenommen worden. Eine Dame war in Charleroi, eine in Theux inhaftiert, letztere bereits ab April. Alle erreichten mit dem 26. (XXVI.) Transport aus Mechelen am 2. August 1944 Auschwitz. Ihr Transport bestand aus 563 Menschen. 223 Männer erhielten nach der Selektion die Nummern B-3450 bis B-3672. Zusätzlich wurden 138 Jüdinnen ins Lager eingewiesen.

> „Die Frauen werden im Durchgangslager in Birkenau untergebracht und erhalten zunächst keine Nummern; sie werden erst am 22. August registriert. Die übrigen 202 Menschen, darunter 47 Kinder, werden in den Gaskammern getötet.“[307]

Die Frauen erhielten die Nummern A-24041 bis A-24178.[308] Die Häftlingsmatrikel der meisten Frauen dieses Transportes sind bekannt. Die *belgischen Jüdinnen* sind fast ausschließlich Emigranten aus Polen, Deutschland und Griechenland, aber auch aus Österreich und Rumänien. Sie sind in den 20er und 30er Jahren nach Belgien ausgewandert. Die Emigration der späteren Wilischthaler Jüdinnen deutscher, bzw. österreichischer Herkunft fiel mehrheitlich in die Jahre 1938 und 1939 und ist auf die Nazi-Diktatur, sowie auf die Nürnberger Rassengesetze zurückzuführen. Wer die Zeichen der Zeit erkannte, und die nötige Finanzkraft besaß, versuchte dem Naziterror und der Verfolgung zu entkommen. In Belgien eine neue Existenz aufzubauen, genügte aber nur zum Aufschub der Repressalien und der Deportation. Auch dort holte der Hitler-Staat die Verfolgten ein und transportierte sie gen Osten. Die durch die Emigration verzögerte Deportation erhöhte dennoch die Überlebenschancen. Einige der Wilischthaler Frauen arbeiteten unter falschen Identitäten in Brüssel bis ihre Tarnung aufflog.

---

[307] Danuta Czech, Kalendarium S. 839

[308] Vgl. Danuta Czech, Kalendarium S. 859

3.2 Der 2. Transport vom 22.11.1944

3.2.1 Die „polnischen Jüdinnen"

Die 115 als *polnische Jüdinnen* registrierten Frauen und Mädchen dieses Transports stammen aus verschiedensten Städten. Im Theresienstädter Datenbankprojekt wurden 25 Frauen mit *Radom* und 24 mit *Tomaszów Mazowiecki* als Ortsangabe erfasst. Dann folgen in quantitativer Reihenfolge die Städte Piotroków, Wolanów, Lódz, Przytyk, Krakau und Warschau. Etwa 100 von ihnen sind über Blizyn, einem Außenlager des KZ Majdanek nach Auschwitz deportiert worden und erhielten am 31. Juli 1944 dort Häftlingsnummern zwischen A-15211 und A-15925. In den Ludwigsburger Akten ist zu diesem Transport nur eine grobe zeitliche Datierung zu finden, die die Überstellung von Blizyn nach Auschwitz auf den Monat Juni datiert. Es ist davon auszugehen, dass es sich dabei um einen Irrtum handelt, denn für den Monat Juni ist laut Danuta Czechs Kalendarium der Ereignisse in Auschwitz-Birkenau kein Transport aus Blizyn nachzuweisen.

Neben der Herkunft aus dem Lager Blizyn, lassen sich in diesem zweiten Transport auch Frauen, die im Oktober 1944 über das KL Krakau Plaszów deportiert worden waren, nachweisen. Dort wurden sie Zeugen der Verbrechen des berüchtigten Kommandanten Ammon Goeth, dessen Person im Film Schindlers Liste relativ authentisch in Szene gesetzt wird. Kein Film, sondern blanke Realität war für Miriam M. die Hinrichtung ihrer Schwester, deren Augenzeuge sie wurde. Sie berichtet:

> „In Plaszow wurde am 5. März 1943 meine ältere Schwester Regina T. gehängt. Sie wurde eines Fluchtversuches verdächtigt. Den Befehl zum Erhängen gab der Lagerkommandant Amon Goeth. Ich war persönlich auf dem Appellplatz bei der Exekution. Sie wurde durch einen mir mit dem Namen unbekannten Ukrainer gehängt. Nach einigen Tagen rief mich Goeth zu sich und gab mir die Kleidung der Schwester ab."[309]

[309] Barch, B 162 / 3851, S. 526 – VP Miriam M.

Die Protokollversion dieser Erfahrung ist sachlich und nüchtern. Was der Verlust der Schwester auf diese Weise für Miriam M. tatsächlich bedeutete, lässt sich nur erahnen. Ihre Erfahrungen deuten aber an, mit welchen leidvollen Erlebnissen die Häftlinge später in Wilischthal eintrafen. Insbesondere die polnischen Jüdinnen hatten monatelange, teilweise sogar jahrelange KZ-Erfahrungen hinter sich.

Auschwitzer Nummern sind für die hier beschriebene kleine Häftlingsgruppe in den herangezogenen Dokumenten explizit keine überliefert. Doch auch für die polnischen Jüdinnen aus Plaszów hat sich ein Transport, als sehr wahrscheinliche Überstellung nach Auschwitz, herauskristallisiert. So gibt Eugenia S. für sich und ihre Tochter etwa 3 Wochen Aufenthalt in Auschwitz an. Miriam M. geht von 5-6 Wochen aus und nennt den Oktober als Ankunftsmonat. Alle drei haben zuvor in der Nähe Plaszóws in einer Kabelfabrik gearbeitet. Es ist daher davon auszugehen, dass sich alle drei unter den mindestens 2000 Frauen befanden, die am 22. Oktober, etwa einen Monat vor Überstellung nach Wilischthal, in Auschwitz eintrafen. Sie kamen abends an und mussten die Nacht in der sogenannten *Sauna* verbringen. Am Folgetag führte SS-Lagerarzt Mengele eine zweistündige Selektion unter den eingelieferten Jüdinnen durch. 1765 Frauen weist er in das Durchgangslager BIIc ein.

Eine weitere kleine Häftlingsgruppe könnte aus Lodz ins Durchgangslager eingewiesen worden sein. Häftlinge dieses Lagerabschnittes wurden nicht unmittelbar nach Ankunft tätowiert und könnten auch ganz vor einer solchen Nummer am Arm verschont geblieben sein. Das würde auch zum Listenende passen.

Ankunft	**Transport aus**	**Nummernbereich**	**Anzahl**
31.07.44	**Blizyn**	**A-15211 bis A-15925**	**Ca. 100**
06.08.44	Plaszów (7500)	A-18555 bis A-20000 A-21001 bis A-22999	?
ca.09/44	Lodz	Durchgangslager	?
22.10.44	**Plaszów**	Nummernbereich nicht genau bekannt. Fixpunkte bei Danuta Czech **A-26098 ~ A-27752**	4+ ?

3.2.2 Die “ungarischen Jüdinnen”

Die 40 als *ungarische Jüdinnen* registrierten Frauen und Mädchen stammen mit Sicherheit aus verschiedenen Transporten, die aus Ungarn im Mai bis Juli 1944 - vielleicht auch noch später - Auschwitz erreichten. Sie sind mit Sicherheit aus dem Durchgangslager selektiert worden. An welchem Tag sie tätowiert wurden und welche Nummern sie bekamen ist derzeit noch nicht bekannt. Eine Aufstellung der in Theresienstadt genannten Geburtsorte finden Sie im Anschluss. Die Mehrheit der als Ungarinnen registrierten, stammt aus dem östlichen Ungarn und der Karpaten-Region, insbesondere der Karpaten-Ukraine. Viele der genannten Städte gehörten zeitweise zur Tschechoslowakei und später zu Ungarn. Heute liegen sie größtenteils knapp hinter der Grenze auf ukrainischem Territorium. Auch die Städte, die heute auf rumänischem oder slowakischen Boden liegen, gehörten zeitweise zu Ungarn. Auch diese Gebiete waren während des 2.Weltkriegs annektiert. Die Orte befinden sich entlang der heutigen ungarischen Grenzen. Viele der Orte tragen daher auch verschiedene Namen in den jeweiligen Landessprachen. Einige Namensvarianten sind in Klammern beigefügt.

Ungarn	Z	**Ukraine**	Z	**Rumänien**	Z
Sátoraljaújhely (Nove Mesto)	3	Winogradow (Nagysöllös)	3	Satu Mare (Szatmar)	2
Felsöszeleste	3	Uzhorod	2	Viseu de Sus (Felsövisó)	1
Kecskemét	2	Beregove (Beregszász)	2	Rosalia	1
Leva	2	Mukaceve	1		
Eger	1	Chust	1	**Slowakei**	
Nyirbátor	1	Cepa (Csepe)	1	Buzinka	1
Badrogszentmaria	1	Csertesz (Certez)	1	Rimavská Sobota	1
Vásárosnamény	1	Fancsika (Fancikovo)	1		
Paks	1	Závidfalva	1		
Tiszadob	1	Kybliary (Köblér)	1		
Polgár	1				
Borzsovo	1				
Ketbodony	1			**unbekannt**	1

3.2.3 Die „französischen Jüdinnen"

Die elf Französinnen wurden allesamt über Drancy nach Auschwitz deportiert, gehörten aber unterschiedlichsten Transporten an, die zwischen dem 6. Februar und 4. Juli 1944 in Auschwitz eintrafen. Sie erhielten daher auch sehr verschiedene Auschwitzer Nummern. Die Transporte 67 bis 71 wurden noch in der alten Nummernserie registriert. Den Nummern ist kein „A"[310] vorangestellt. Obwohl also die Auschwitzer Häftlingsnummern der 70000er ‚Serie' deutlich früher vergeben wurden, sind die Häftlinge in den Flossenbürger Nummernbüchern, wohl wegen des weitestgehend eingehaltenen Ordnungsprinzipes der aufsteigenden Häftlingsnummern, ans Ende der Häftlingsliste gelangt. Es ist daher davon auszugehen, dass in der Originalliste, die später in die Flossenbürger Nummernbücher übertragen wurde, auch noch die Auschwitzer Häftlignsnummern aufgeführt waren. Diese Transport- oder Lagerliste ist allerdings nicht überliefert. Alle Auschwitzer Häftlingsnummern müssen für den Standort Wilischthal rekonstruiert werden.

Konvoi	Ankunft	Auschwitzer Nummernbereich	Anzahl
67	06.02.44	75125 bis 75173	1
68	12.02.44	75340 bis 75400	1
69	10.03.44	nicht bekannt, etwa 80 Frauen[311]	1
70	30.03.44	76162 bis 76309	2
71	16.04.44	78560 bis 78782	1
74	23.05.44	A-5420 bis A-5666	3
75	02.06.44	A-7065 bis A-7198	1
76	04.07.44	A-8508 bis A-8730	1

---

[310] Einige ehemalige Häftlinge wissen nichts von den verschiedenen Nummernserien und geben ihre Nummer in Dokumenten ohne ein A an. Dies kann zu Verwechslungen mit der Nummernserie ohne A führen, ist im Regelfall aber anhand des Deportationszeitpunktes richtigstellend zu klären

[311] weder Danuta Czech noch Serge Klarsfeld machen konkrete Angaben zu den Häftlingsnummern. Laut Klarsfeld überlebten nur fünf Frauen dieses Transportes, daher kann der Nummernbereich nicht genau eingegrenzt werden.

3.2.4 Die „tschechischen Jüdinnen“

Die 11 als *tschechische Jüdinnen* registrierten Frauen des Transportes wurden größtenteils über Theresienstadt nach Auschwitz deportiert. Mindestens 7 von ihnen befanden sich im letzten Transport *Ev,* der Theresienstadt Richtung Auschwitz verließ, und am 30. Oktober 1944 in Auschwitz eintraf. Laut Danuta Czech[312] werden 217 Männer und 132 Frauen ins Lager eingewiesen, die anderen 1689 Menschen werden in den Gaskammern getötet. Die Frauen kommen ins Durchgangslager. Am 4. November wird das Durchgangslager BIIc liquidiert.

> „Die dort untergebrachten weiblichen jüdischen Häftlinge werden in das Frauenlager im KL Auschwitz II aufgenommen. In den Akten der Abteilung III wird die Bezeichnung ‚Durchgangs-Juden' nicht mehr verwendet.“[313]

Etwa zu dieser Zeit wird in Auschwitz auch die Nummernvergabe per Tätowierung bei den weiblichen Häftlingen eingestellt. Die Theresienstädter Frauen hatten demnach keine Auschwitzer Nummern mehr tätowiert bekommen.
Eine in Flossenbürg als *tschechische Jüdin* registrierte Dame[314] wird im Theresienstädter Datenbankprojekt unter dem Geburtsort *Bratislava* geführt. Es ist davon auszugehen, dass es sich hier um eine Slowakin handelt. Sie konnte in den Theresienstädter Gedenkbüchern nicht nachgewiesen werden und wurde daher wohl auf einem anderen Weg nach Auschwitz überstellt, eventuell über Sered.
Eine Dame[315] gibt *Satu Mare* an. Sie ist wahrscheinlich mit ihrer Schwester in Wilischthal. Vermutlich handelt es sich hier um ungarische, bzw. rumänische Jüdinnen. Auch sie, die vermeintlichen Schwestern oder Schwägerinnen *Horvath,* können nicht in Theresienstadt für den Transport Ev nachgewiesen werden.
Jeweils eine der als *tschechische Jüdinnen* registrierten Damen wurde über Wien, bzw. über Westerbork nach Theresienstadt deportiert.

---

[312] Danuta Czech, Kalendarium S. 920
[313] Danuta Czech, Kalendarium S. 922
[314] Elisabeth Petöcz, FloNo.: 59015
[315] Elisabeth Horvath, FloNo.: 59025

3.2.5 Die „italienischen Jüdinnen“

Die sieben Italienerinnen des Transportes, wurden zu unterschiedlichen Zeiten nach Auschwitz deportiert. Im Gegensatz zu den *italienischen Jüdinnen* des ersten Transportes handelt es sich um *„echte“* italienische Jüdinnen. Sie erreichten Auschwitz am 10. April und 23. Mai 1944 von dem Lager Fossoli di Carpi aus. Gebürtig stammen sie mehrheitlich aus Rom. Der Deportationsweg der Ester Mizan ist bislang ungeklärt. Es ist denkbar, dass sie zu dem Transport vom 10.04.1944 gehörte. Wegen des Geburtsortes könnte Ester Mizan, als gebürtige Griechin, aber auch mit einem Sammeltransport aus Athen am 11.04.1944 in Auschwitz eingetroffen sein. Der Auschwitzer Häftlingsnummernbereich passt zu ihrem Listenplatz im Flossenbürger Nummernbuch. Möglicherweise ist sie also unter falscher Nationalität registriert. Im Gedenkbuch Liliana Picciotto Fargions lässt sich jedenfalls kein Hinweis auf eine italienische Jüdin namens Ester Mizan, die in Theresienstadt befreit wurde, finden.
Erfreulich ist auch, dass mittlerweile das Schicksal der Rosa Levi rekonstruiert werden konnte. Sie war nur mit dem Jahrgang 1905 im Flossenbürger Nummernbuch registriert, ist aber tatsächlich am 01.06.1900 im türkischen Smirne geboren. Sie und ihre Tochter Selma Levy in Coen, die Ravensbrück überlebte, wurden am 23.05.1944 nach Auschwitz deportiert. Der Tochter wurde die Häftlingsnummer A-5379 tätowiert. Rosa Levi dürfte eine benachbarte Nummer erhalten haben. Sie wurde am 1. Mai 1945 befreit und wanderte unter ihrem späteren Namen Rosa Ved, geborene Adut auf dem Schiff „Paolo Toscanelli“ von Genua nach Argentinien aus. Ihre 1924 ebenfalls in Smirne geborene Tochter gab am 29.06.1982 ein Interview für Anna Gasco für das Istituto piemontese per la storia Resistenza ... / Archivio della deportazione piemontese und verstarb letztlich am 20.09.2007 in Turin (Torino).

Transport	Auschwitzer Nummernbereich	Anzahl
10.04.44	76788, 76848, 76776 bis 76855	3
23.05.44	A-5383 und A-5390	3 [+1]
??.??.?? 11.04.44 ?	Unbekannt [76856-77183 ?]	1

Nach Wilischthal überstellt wurde aber auch die Sopranistin Frida Misul aus Livorno, die noch 1944 unter arischer Tarnung als Frida Masoni auftrat. Ihr Gesang rettete ihr in Auschwitz wahrscheinlich das Leben. In Wilischthal soll sie auch für das Wachpersonal Lieder wie „Mama“, das „Ave Maria“ oder Arien aus Puccinis Oper „Madame Butterfly“ vorgetragen haben.
Auch über Fossoli di Carpi deportiert wurde die in Beregove (Berehovo) geborene Goti Bauer, geb. Herskovits, die in Fiume aufwuchs. Sie ist im Flossenbürger Nummernbuch als *ungarische Jüdin* registriert. Sie ist vermutlich die aktivste Wilischthaler Überlebende, die sich für die Erinnerungsarbeit anbot und engagierte. In Italien gehörte sie neben Misul, die durch ihr frühes Holocaustzeugnis von 1946 berühmt wurde, mit zu den „prominentesten“ Holocaustüberlebenden. Statistisch wird sie nach dem Ordnungsprinzip der „registrierten Nationalität“ hier als *ungarische Jüdin* gewertet.

3.2.6 Die „holländischen Jüdinnen“

Die sieben *holländischen Jüdinnen* wurden über das Sammellager Westerbork, ebenfalls in einem größeren Zeitraum mit verschiedenen Transporten überstellt. Auch hier stehen verschiedene Nummernserien und große Differenzen in der Nummernhöhe zu Buche. Die erste Frau wurde bereits am 25. März 1944 in Auschwitz eingeliefert, die letzten erst am 5. September, also etwa 2 ½ Monate vor dem Weitertransport nach Wilischthal. Drei, bzw. vier Holländerinnen gelangten über Theresienstadt nach Auschwitz. Die vierte Rachelé Salomons ist im Flossenbürger Nummernbuch jedoch vermutlich aufgrund ihres Deportationsweges als *Tschechin* registriert. Um dem Ordnungsprinzip nach „registrierter Nationalität“ treu zu bleiben, wird sie in folgender Tabelle nicht geführt und wird auch statistisch zu den *tschechischen Jüdinnen* gezählt.

Transport	Auschwitzer Nummernbereich	Anzahl
25.03.44	76076 bis 76131	1
21.05.44	A-5242 bis A-5341	2
05.09.44	A-25060 bis A-25271	1
30.10.44	Durchgangslager (Theresienstadt)	3

3.2.7 Die „reichsdeutschen Jüdinnen“

Sechs Frauen sind mit der Herkunft *DR* für Deutsches Reich gekennzeichnet. Sie haben aber ganz unterschiedliche Deportationsgeschichten. Drei Damen wurden über Theresienstadt deportiert. Laja Rumstein[316] geboren in Týmová und Antonia Reiserová[317] geboren in Benesov werden mit dem letzten Theresienstädter Transport vom 28.10.44 nach Auschwitz deportiert und erreichten das Lager am 30.10.44. Dort wurden sie mit einigen anderen späteren Wilischthaler Frauen ins Durchgangslager aufgenommen. Dritte als „reichsdeutsch“ registrierte Theresienstädter Frau ist Emma Strauss, die älteste im Wilischthaler Lager. Sie erreichte Auschwitz bereits am 19. Mai 1944. Noch länger ist die Wienerin Gertrude Mihaly in Auschwitz. Sie wird am 4. April in Wien verhaftet und von dort aus am 26.April 1944 nach Auschwitz überstellt.[318] Ankunft und Registrierung ist bei Danuta Czech nicht überliefert. Die Deportationsstationen der beiden weiteren Frauen sind ungeklärt. Eine Dame ist in Leipzig, die andere im ungarischen Pécs geboren.

Transport	**Auschwitzer Nummernbereich**	**Anzahl**
(26.04.44)	Unbekannt	1
19.05.44	A-3642 bis A-5078	1
30.10.44	Durchgangslager	2
??.??.??	unbekannt	2

[316] Theresienstädter Gedenkbuch Österreich S. 418
Flossenbürger Registratur: Rumzstajn Lola, Datenbankprojekt: Rubinstein Lola
[317] Theresienstädter Gedenkbuch Tschechoslowakei S.172
[318] Theresienstädter Gedenkbuch Österreich S. 605

3.2.8 Die „belgischen Jüdinnen“

Drei Frauen des zweiten Transportes nach Wilischthal sind als *belgische Jüdinnen* registriert. Auch bei diesen Damen handelt es sich um Emigrantinnen. Zwei polnischer und eine deutscher Herkunft. Nur für eine dieser drei ist die genaue Deportation dokumentiert. Es ist der 25. Transport aus Mechelen (Malines) vom 19. Mai 1944, der am 21. Mai 1944 Auschwitz erreichte. Diesem Transport wurden vermutlich etwa 200 namentlich unbekannte Juden angeschlossen. Vielleicht auch weitere Jüdinnen. Es wurden jedenfalls mehr Männer aus diesem Transport ins Lager eingewiesen als ursprünglich auf Transport gingen.[319] Möglicherweise befanden sich auch die zwei anderen *belgischen Jüdinnen*, die später Wilischthal erreichen, in diesem Transport. Die gebürtige Berlinerin Henni Boas, deren Fall in diesem Buch bereits eingehend beschrieben wurde, ist eine der beiden Damen, deren Deportationsdaten in den vorliegenden Dokumenten nicht überliefert sind.

Transport	Auschwitzer Nummernbereich	Anzahl
21.05.44	A-5190 (A-5143 bis A-5241)	1
??.??.??	unbekannt	2

3.2.9 Die „slowakische Jüdin“

Konkret als *slowakische Jüdin* registriert ist nur Irma Klein aus Pezinok. Wie sich aber bereits darstellen ließ, stammten auch einige weitere Frauen, die über Ungarn oder eventuell auch über Theresienstadt deportiert wurden, aus slowakischen Städten. Demnach ist davon auszugehen, dass Frau Klein Anschluss fand und nicht isoliert und allein in der Häftlingszwangsgemeinschaft dastand. Ob Irma Klein über das slowakische Sammel- und Durchgangslager Sered oder auf einem anderen Wege nach Auschwitz gelangte, konnte bislang nicht festgestellt werden. Außer den Daten der Flossenbürger Nummernbücher und des Theresienstädter Datenbankprojektes liegen keine weiteren Informationen über sie vor.

[319] Danuta Czech, Kalendarium S. 779

Teil 4: Statistik, Daten, Diagramme

Forschungsstand und Datenbasis

Da eine Reihe statistischer Daten bereits in die Dokumentation eingeflossen ist, sollen in diesem Kapitel die Materialien weitestgehend unkommentiert bleiben.

4.1 Die Häftlingszwangsgemeinschaft

D1: Altersstruktur KZ Wilischthal nach Jahrgängen

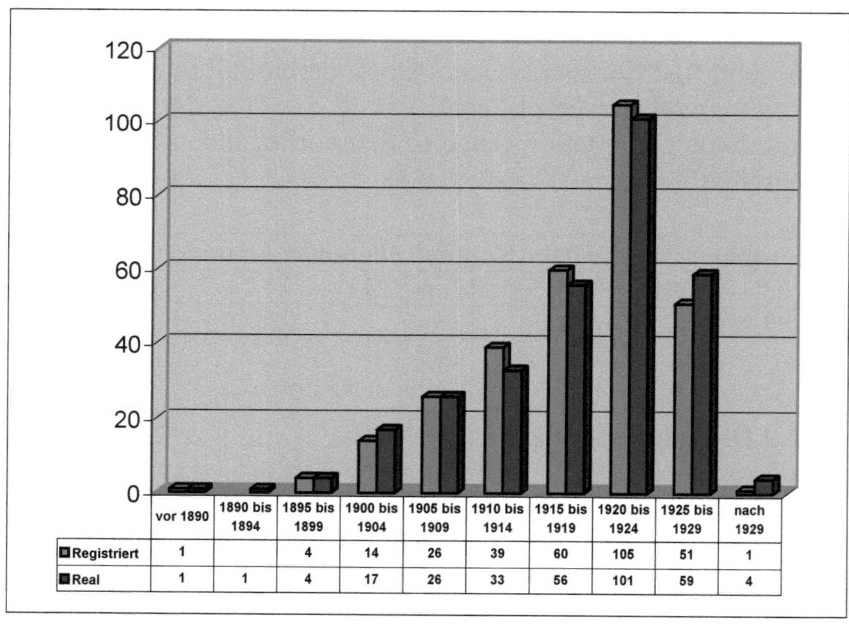

	vor 1890	1890 bis 1894	1895 bis 1899	1900 bis 1904	1905 bis 1909	1910 bis 1914	1915 bis 1919	1920 bis 1924	1925 bis 1929	nach 1929
Registriert	1		4	14	26	39	60	105	51	1
Real	1	1	4	17	26	33	56	101	59	4

D2: Zusammensetzung des Transportes vom 30.10.1944 nach registrierter Nationalität

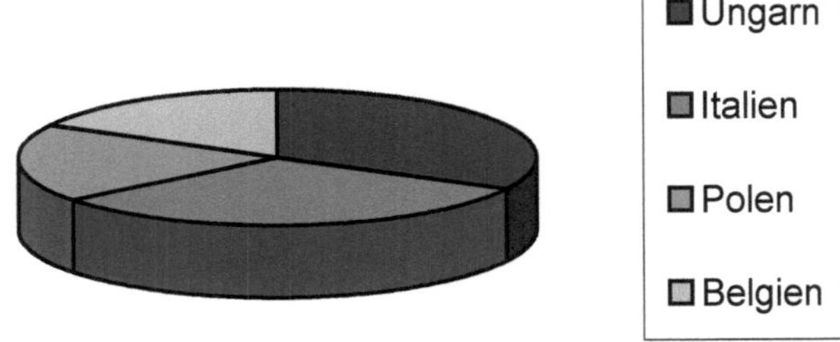

D3: Zusammensetzung des Transportes vom 22.11.1944 nach registrierter Nationalität

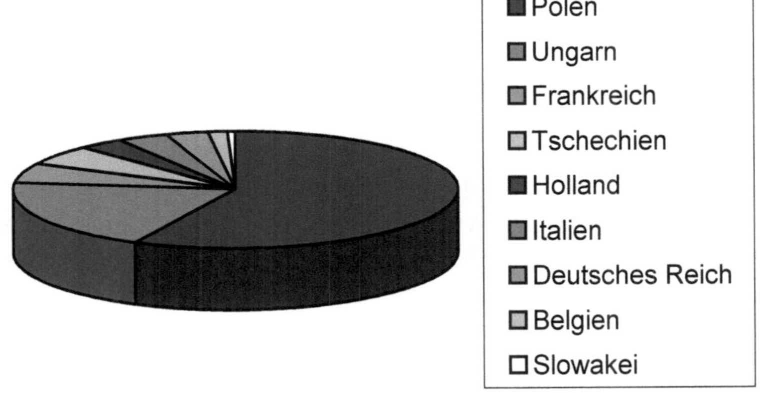

D4: Gesamtzusammensetzung der Häftlingszwangsgemeinschaft nach registrierter Nationalität

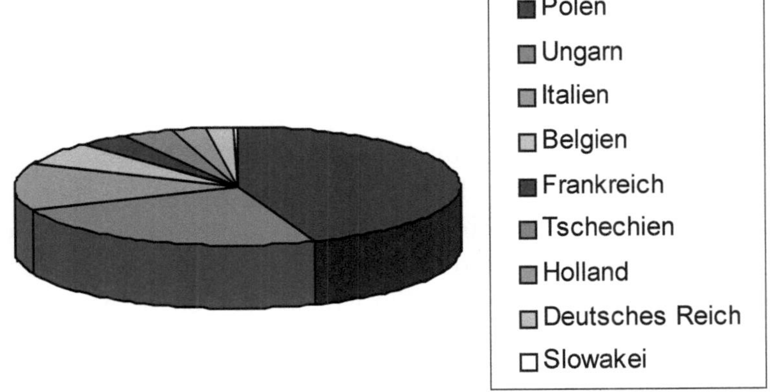

T1: Funktionshäftlinge

Funktion	Vorname	Name	Nationalität	Quelle
Häftlingsärztin	Gabriele	Heller	Ungarn	Fremdaussage
Revierschwester	Elisabeth	Ungar	Ungarn	Fremdaussage
Schreibkraft b. Helene Klofik	Sara (Lusia)	Hoch	Polen	Fremdaussage
Küchenleitung	Rita (Rebecca)	Liebmann	Belgien	Selbstzeugnis

Elisabeth Ungar, die Häftlingskrankenschwester vielleicht auch zweite Ärztin des Reviers gehört zu den wenigen Wilischthaler Häftlingen, die im Theresienstädter Datenbankprojekt nicht nachgewiesen werden konnten. Chawa M. sagt jedoch aus:

> „Es gab nur zwei Ärztinnen – einen Slowakin und eine Ungarin – die mit uns in Theresienstadt befreit worden sind."[320]

Die Aussage der Chawa M. könnte eventuell Elisabeth Ungar mit einschließen. Sie wird derzeit trotz dieser Aussage noch unter der Kategorie *Schicksal ungeklärt* geführt. Hinweise zu ihrem Verbleib sind dringend erbeten.

T2: Überzählige Identitäten

FloNo.	Name		Geburtstag	Geburtsort
?????	Rosenberg	Maria	10.8.1914	Marmarossziget
?????	Kaufmann	Béla	??????	Orod

Beide Identitäten wurden im Theresienstädter Datenbankprojekt dem Lager Wilischthal zugeordnet, konnten aber mit Hilfe des Flossenbürger Nummernbuches nicht bestätigt werden. Hinweise sind erbeten. Bei Maria Rosenberg könnte es sich unter Umständen um den nicht anderweitig nachgewiesenen Zschopauer Häftling Maria Rosenfeld *8.10.1914 handeln. Bestätigung oder Dementi erhofft. Statistisch wurden beide Personen noch nicht berücksichtigt.

[320] Barch, B 162 / 3849, S. 139 – VP Chawa M.

T3: Befreiungsort unsicher

FloNo.	Name		Geburt	30.10.44	22.11.44	Herkunftsland
58858	Levi	Rosa	01.06.1900		X	Italien
59018	Beer	Olga	15.8.1915		X	Czechoslovakia
59034	Katz	Alma	17.7.1910		X	Poland
59044	Sayl/Saxl	Edith	30.6.1924		X	Czechoslovakia
59045	Szlützler/ Schnitzler	Maria	1.12.1920		X	Czechoslovakia
59046	Szwarz/ (Jupiter?)	Edith	19.5.1923		X	Czechoslovakia
59047	Steiner	Berta	25.5.1908		X	Czechoslovakia

Alma Katz konnte im Theresienstädter Datenbankprojekt nicht als Evakuierte nachgewiesen werden. Jedoch ihre Tochter Wanda. Sie wurde in Lemberg (Lwow) geboren. Das Überleben ihrer Mutter kann den Ludwigsburger Akten entnommen werden. Auf die Frage: *„Kennen Sie Adressen von Frauen, die den Krieg überlebten und mit ihnen in dem Lager Wilischthal inhaftiert waren?"* nennt Miriam M. (ebenfalls nicht im Theresienstädter Datenbankprojekt nachgewiesen, aber nach eigener Aussage in Theresienstadt befreit) zunächst zwei Damen einschließlich ihrer Adressen und ergänzt: *„Ich kenne auch Frau Katz mit ihrem Töchterchen Wanda; ihre Adresse ist mir unbekannt."*[321]
Es ist daher anzunehmen, dass Alma Katz, vielleicht ein paar Jahre älter als angegeben, ebenfalls in Theresienstadt befreit wurde.

Bei den anderen aufgeführten Frauen handelt es sich um Theresienstädter Frauen, die mit dem Evakuierungstransport vermutlich zurück an den Ausgangsort ihrer Deportation gelangten. Im Theresienstädter Datenbankprojekt über die Evakuierungstransporte sind sie nicht explizit erfasst. Im Theresienstädter Gedenkbuch werden sie aber bis auf Edith Szwarz, die mit Edith Jupiter identisch sein müsste (Bestätigung erwünscht), als Überlebende geführt. Teilweise werden die Befreiungsorte Wilischthal und Scharfenstein angegeben, die aber möglicherweise aus der Nennung der letzten Haftstätten resultieren.

[321] Barch, B 162 / 3851, S. 528 – VP Miriam M.

4.2 Fehlerhafte Literatur und falsche Daten

Da es zum Flossenbürger Außenlager Wilischthal kaum Literatur gibt, kann demnach kaum etwas berichtigt werden. Hingewiesen werden muss aber auf falsche bzw. missverständliche Daten in der Online-Datenbank Yad Vashems, Israels zentraler Gedenkstätte. Auch Jahre nach der Erstauflage dieses Buches sind noch etliche französischen Jüdinnen, die Wilischthal durchliefen als *„murdered in the Shoah"*, *„ermordet während des Holocaust"* geführt. Wie dargelegt werden konnte, starb aber nur ein Jüdin: Renée Kamenney. Die anderen wurden in Theresienstadt befreit. Die abrufbaren Daten basieren auf der Arbeit Beate und Serge Klarsfeld von 1978. Sie waren die ersten, die in Frankreich intensive Holocaust-Recherchen und Aufarbeitungsarbeit betrieben. Ihnen ist auch die Veröffentlichung der Transportlisten von Drancy in *Le Memorial de la deportation des Juifs de France* zu verdanken. Die statistischen Angaben zu den Todesopfern und Überlebenden der Transporte in ihrem Buch müssen aber als überholt eingestuft werden. Die falschen Daten kursieren auch bei verschiedenen Organisationen und Institutionen in Frankreich, obwohl beim zuständigen Ministerium (*Ministère de la Dèfense*), andere Informationen vorliegen und mehr Frauen als Überlebende geführt werden.
Dem heutigen Forschungsstand entsprechend ist das italienische Gedenkbuch von Liliana Picciotto Fargion deutlich besser recherchiert als Klarsfelds Arbeit. Aber auch in der Neuauflage von 2002 finden sich kleinere Unstimmigkeiten und Fehler. So wird Maria Alcaná, verheiratete Hasson von der Insel Rhodos als Todesopfer des Holocaust geführt wird. Es heißt: *„Deceduta in luogo e data ignoti"*. Sterbetag und Ort unbekannt. Leider blieb der Versuch mit der Autorin in Kontakt zu treten erfolglos. Daher konnte auch nicht geklärt werden, wie sie zu dieser Behauptung kommt. Möglicherweise hängt ihre Beurteilung mit einem Fehler bei der Registrierung in Flossenbürg zusammen. Als Familienname wurde *Miru* und als Vorname *Akkana* eingetragen. Wenn Picciotto Fargion vornehmlich nach einer Maria Hasson suchte, hatte sie schlechte Karten den Deportationsweg der *Miru Alcaná* nachzuvollziehen. Dass *Akkana* der verunstaltete Familienname ist, wird auch dadurch deutlich, dass der vermeintliche Familienname *Miru* in der alphabetischen Ord-

nung unter *A* aufgeführt wird. Im Theresienstädter Datenbankprojekt konnte die dortige Befreiung einer *Miro Alcaná* dokumentarisch nachgewiesen werden. Sollte sie dennoch umgekommen sein, müsste dies deutlich nach Kriegsende, z.B. während eines Heimkehrversuches geschehen sein. Wenigstens der Todesort hätte dann aber von Picciotto Fargion in Erfahrung zu bringen sein müssen. Da ihr keine Daten vorliegen, ist auch ohne Aussprache mit ihr anzunehmen, dass es sich bei der Fülle zu recherchierender Einzelschicksale um einen Recherchefehler handelt, noch dazu, da ihr Buch das Eingeständnis „Schicksal ungeklärt" nicht kennt. Vielleicht können Angehörige und mögliche Nachkommen der Betroffenen zur Richtigstellung dieses Falles beitragen. In einem zweiten Fall der Wilischthaler Häftlinge von Rhodos gibt Picciotto Fargion mit sehr großer Wahrscheinlichkeit einen falschen Befreiungsort an. So soll Ester Cugno in Bergen Belsen befreit worden sein. Sie ist aber sowohl im Flossenbürger Nummernbuch als auch im Theresienstädter Datenbankprojekt nachzuweisen. Möglicherweise hielt sie sich nach Kriegsende in einem Displaced Persons Camp (DPC) auf, das auf angrenzendem Wehrmachtsgelände neben dem befreiten KZ Bergen-Belsen eingerichtet wurde. Da bei namentlicher Belegbarkeit oft die Herkunft der Häftlinge dieser Lager nicht mehr nachzuvollziehen ist, könnte ein Dokument des DPC die Ursache für die falsche Angabe sein.

Damit hier nicht ein verzerrter Eindruck über die nationalen Aufarbeitungsstände bezüglich des Holocaust entsteht, muss erwähnt werden, dass viele osteuropäische Länder sehr viel weiter von einer (vollständigen) namentlichen Erfassung der Deportierten entfernt sind. Da in diesen Ländern keine vergleichbaren Publikationen existieren, können ihnen auch keine Fehler in etwaigen Recherchen nachgewiesen werden.

4.3 Das gefälschte Tagebuch der Selma Ornstein

Bereits 1946 erschien in der jüdischen Zeitschrift „Der Neue Weg“ in Wien eine Fortsetzungsreihe in der unter dem Titel „So war es ... Tagebuchblätter im KZ. geschrieben“ vermeintlich authentische Berichte der Wilischthaler Überlebenden Selma Ornstein veröffentlicht wurden. Bereits nach Abschluss der Reihe gestand die Autorin jedoch ein, dass die Tagebuchblätter erst nach der Befreiung entstanden sind. Leider ist das nicht die einzige Manipulation, eines der frühesten Selbstzeugnisse einer KZ-Flossenbürg Überlebenden. Auch inhaltlich werden die Lagergeschehnisse erheblich verzerrt und passagenweise fiktionalisiert. Dabei entsetzt vor allem der frühe Zeitpunkt und die Machart dieser Fälschung. Das Lager Wilischthal erscheint in einem ganz anderen Licht. Vor allem das Evakuierungsgeschehen wird verzerrt und zu einem Todestransport bzw. -marsch stilisiert. Im Eintrag zum 19. April heißt es:

> „Wir sind nur mehr dreiundsiebzig Frauen im Waggon. Die anderen sind alle gestorben und wurden unterwegs aus dem Zug geworfen.“[322]

Anfänglich waren angeblich etwa 100 Frauen einwaggoniert worden. Eine solche Sterblichkeit ist für den gemeinsamen Evakuierungstransport aus den Außenlagern Zschopau und Wilischthal nahezu ausgeschlossen. Unter den Wilischthaler Häftlingen können maximal drei Personen während der Zugfahrt verstorben sein. Für die Krankenschwester Elisabeth Ungar scheint aber eine Befreiung in Theresienstadt wahrscheinlicher.
Die zwei explizit erwähnten verstorbenen Italienerinnen, die am 18. April während der Fahrt aus dem Waggon geworfen worden seien, lassen sich dokumentarisch ebenfalls nicht belegen. Für alle italienischen Jüdinnen der beiden Lager liegen inzwischen Befreiungsdaten vor.
Bei der Überführung von Leitmeritz nach Theresienstadt soll es laut Ornstein sogar zu Erschießungen gekommen sein:

[322] Selma Ornstein. So war es ... In: Der Neue Weg 1946 Nr. 35/36 S.11

„Wir setzen uns torkelnd in Bewegung, von SS. rechts und links flankiert. Ich spüre meinen Körper nicht, ich bin nur mehr konzentrierter Wille, bis Theresienstadt durchzuhalten. Wir gehen den mir wohlbekannten Weg über die Brücke und kommen gleich auf die Landstraße. Da fällt meine Nachbarin, eine kleine zwanzigjährige Französin, zusammen. Ich kann ihr nicht helfen, ich kann mich selbst kaum schleppen und muß nur geradeaus schauen, meine Füße in den großen, schweren Holzschuhen schlottern, meine Füße fliegen und vor meinen Augen flimmert es in allen Farben. Aber nur vorwärts. Ein Schuß fällt. Der Posten hat der kleinen Susette den Rest gegeben. [...] Wer nicht weiterkann, wird erbarmungslos niedergemacht, unsere Reihen lichten sich, es wird unaufhörlich geschossen und der Weg wird von Frauenleichen eingesäumt."[323]

Weder eine getötete Französin noch andere Opfer lassen sich für die Evakuierung aus Wilischthal nach Theresienstadt nachweisen. Ornsteins Schilderungen sind im konkreten Fall also erheblich dramatisiert und übertrieben und die erwähnten Personen sind nicht real, sondern reine literarische Fiktion.
Erzählerisch liefert Ornstein allerdings eine frühe Narration, die in ihrer Gesamtheit zum Vorbild für viele Evakuierungsschilderungen und Todesmärsche wird. Für die Außenlager Wilischthal und Zschopau trifft ein solches Szenario glücklicherweise aber nicht zu.
Auffällig sind auch andere Episoden und Details der Geschichte Ornsteins. Insbesondere ihre Begegnung mit Mengele in Auschwitz und die Flucht nach der Selektion für die Gaskammer sind höchst fragwürdig, und sollen dem Leser wohl plausibel machen, warum Ornstein keine Auschwitzer Häftlingsnummer tätowiert bekam. Durch ihre Schilderung und die gegebenen Details entlarvt sie sich am Ende aber selbst, denn in Wilischthal trifft sie wieder auf die Theresienstädter Frauen ihres Deportationstransportes, die ins Durchgangslager eingewiesen worden waren, und denen ebenfalls keine Häftlingsnummer eintätowiert wurde.[324] Vermutlich ist sie die ganze Zeit bei und mit dieser Gruppe zusammen gewesen.

---

[323] Selma Ornstein. So war es ... In: Der Neue Weg 1946 Nr. 37/38 S.10
[324] Vgl. Pascal Cziborra. KZ-Autobiografien. S.137ff.

4.4 Fehlerhafte Erinnerungen der Lucia Sciarcon Amato

Einen spannenden Fall zur Verlässlichkeit von Erinnerungen bildet der Erinnerungsbericht der nach dem Krieg nach Afrika ausgewanderten Lucia Amato. Bis 1947 lebte sie in Rom, wanderte dann zunächst nach Rhodesien, dem heutigen Simbabwe, aus und zog 1978 ins südafrikanische Kapstadt. In der englischsprachigen Edition von Gwynne Schrire unter dem Titel „In Sacred Memory" von 1995 wird die Episode der Misshandlung der Henni Boas [vgl. Kapitel i)] dem KZ-Lager Auschwitz zugeordnet. Das Außenlager Wilischthal ist als „Willemstad" erinnert. Lucia Amato war hier mit ihrer älteren Schwester Julia. Ihre jüngere Schwester war zuvor in Auschwitz verstorben. Amato schreibt:

> "Eines Tages, während des Morgenappells stellte sich heraus, dass ein Häftling fehlte. Die Wache[325] sagte uns, wenn wir ihr nicht erzählen, wohin sie verschwunden sei, würden sie 10 von uns nach dem Zufallsprinzip erschießen. Wir waren sehr verängstigt, dass sie uns töten würden. Am nächsten Tag wurde sie gefunden und zu unserem Block gebracht. Wir konnten sie kaum wiedererkennen. Sie war so schlimm geschlagen worden, dass sie auf ihrem Körper überall riesige Beulen hatte, insbesondere auf ihrem Kopf. Die Deutschen gaben uns dann Stöcke und zwangen uns sie zu schlagen. Das war absolut schrecklich. Wir weinten während wir vorgaben es zu tun. Schließlich wurde sie ohnmächtig und wir waren überzeugt, dass sie im Begriff war zu sterben. Die Deutschen warfen einen Eimer mit Eiswasser über sie, um sie wiederzubeleben, und sie starb nicht. Das war genug, um alle davon abzuhalten, zu versuchen aus dem Lager zu fliehen."[326]

Über ihren Aufenthalt in Wilischthal und eine persönliche Misshandlung und Strafaktion durch die Oberaufseherin äußert sie:

> „Jeden Morgen mussten wir mit leerem Magen zur Arbeit gehen und erst als wir zurückkamen erhielten wir solch eine wässrige Suppe und ein Stück Brot. Ich gab immer meiner

[325] Im Original wird die Vokabel „guard" verwendet. Es ist unklar ob ein Wachposten oder eine Aufseherin gemeint ist.
[326] Lucia Amato. In: Gwynne Schrire. In Sacred Memory

älteren Schwester etwas von meiner Portion ab. Eines nachts, ich erinnere mich, war ich so hungrig, dass ich anfing die Innenseiten des Kessels auszulecken., die Oberaufseherin erwischte mich und schlug mich mit einem Stock und trat mir überall in den Körper. Dann steckte sie mich in die Ecke des Raumes und zwei andere Aufseherinnen kamen auf mich zu, eine von ihnen ein paar Rasierklingen haltend. Ich dachte das wäre mein Ende und dass sie mir die Kehle mit den Rasierklingen durchschneiden würde. Stattdessen schnitten sie mir das bisschen Haar, das gerade wieder begonnen hatte nachzuwachsen ab und ich wurde in den Schnee geschmissen und dort gelassen für zwei Stunden oder länger. Zur weiteren Strafe wurde ich zur Nachtschicht in die Fabrik versetzt. Das war sehr schwer, weil man tagsüber schlafen musste und das bedeutete man würde das Mittagessen verpassen, die einzige Mahlzeit."[327]

4.5 Die Zeitzeugnisse der Frida Misul

Leichte Erinnerungsmankos sind für Zeitzeugen generell nichts ungewöhnliches. Unsicherheit besteht oftmals bereits in der Schreibweise des Lagerstandortes. So sind bei Boren, Bauer und Sciarcon diverse fehlerhafte Varianten im Umlauf. Zudem erinnert Misul Wilischthal 1946 und wohl auch noch 1980 bei der Verfassung ihrer Autobiografie als *Villistat* und Zschopau als *Scioppan*, Dr. Mengele gar als *Kengerle.* Die Datierung des Evakuierungsgeschehens ist dabei nicht ganz richtig. Sie berichtet von einem letzten Appell am 15. April. Die Wilischthaler Häftlinge wurden aber bereits am 13. April für eine Nacht nach Zschopau gebracht und tags darauf bereits per Zug evakuiert. In Auschwitz will sie am 16. November selektiert worden, und nach zweitägiger Fahrt in Wilischthal angekommen sein. Das wäre durchaus denkbar auch wenn in den Flossenbürger Nummernbüchern der 22. November als Überstellungsdatum vermerkt ist. Oftmals wurde aber in diesem Lagerdokument nicht rückdatiert. Ein Forderungsnachweis zur Klärung des ersten Arbeitseinsatzes des Transportes liegt nicht vor. Dass Misul in Auschwitz wirklich bis auf 34kg abmagerte, ist unbestätigt.

[327] Ebd.

T4: Ergänzende Zeittafel

	Nach dem Krieg und späterer Gründung der DDR wird als *VEB Mafrasa Textilwerke* in den Räumlichkeiten des Wilischthaler Werkes der ehemaligen Marschel Frank Sachs AG wieder die Produktion aufgenommen. Parallel dazu geschieht dies auch beim VEB Draht- und Nagelwerk Wilischthal, der später Teile der Fabrik übernimmt.
1965	In der BRD wird Wilischthal per Gesetz zum KZ erklärt. Am 18.09.1965 tritt nach Zustimmung des Bundestags und Bundesrats die 6. Verordnung zur Durchführung des Bundesentschädigungsgesetzes (BEGDV 6) in Kraft. Nach dieser Verordnung ist Wilischthal wie etwa 1600 andere Kommandos und Lager auf europäischem Boden *„als Konzentrationslager im Sinne des § 31 Abs. 2 BEG“* anzusehen. Gleichzeitig wird aber das Zeitfenster einen Entschädigungsantrag zu stellen klein gehalten. *„Nach dem 31. Dezember 1969 können Ansprüche nach dem Bundesentschädigungsgesetz und nach diesem Gesetz nicht mehr angemeldet werden.“*[328]
1966	Im Rahmen der Ludwigsburger Ermittlungsstelle werden Vorermittlungen zu möglichen Verbrechen in den, jetzt auch für Entschädigungsansprüche anerkannten Konzentrationslagern eingeleitet.
1967-1975	Mehr als acht Jahre wird wegen Mord und Tötungsdelikten im Flossenbürger Außenkommando Wilischthal ermittelt. Alle anderen Straftatbestände sind zu dieser Zeit bereits verjährt. Insgesamt werden mehr als 30 ehemalige Häftlinge vernommen. Einige weitere verweigern eine Aussage oder ihr Aufenthaltsort ist nicht zu bestimmen. Das Rechtshilfeersuchen der BRD zur Ermittlung von Tätern oder Auffinden weiterer Zeugen, bleibt seitens der DDR unbeantwortet.
1976	Das Ermittlungsverfahren wird vorläufig eingestellt. Die Beschuldigte Klofik wird zur Aufenthaltsermittlung ausgeschrieben.

[328] BEGSchlG Art. VIII

1979	Das Verfahren gegen die ehemalige Oberaufseherin Helene Klofik wegen Mordverdachts wird vor dem Landgericht Marburg wieder aufgenommen.
1980	Am 23. Januar wird das Verfahren gegen Helene Schwarz, geb. Klofik eingestellt
1990	Die Wiedervereinigung beider deutscher Staaten führt zu einer Verbesserung des Informationsaustausches. Archive auf dem Gebiet der DDR werden für Forschungsarbeiten zugänglich. Der Gedenkstätte Flossenbürg bieten sich neue Möglichkeiten der Recherche. Die VEB DKK, die sich nach dem Krieg zu dem bedeutendsten Kühlschrank-Produzent der DDR entwickelt hatte, ist mit Einführung der DM nicht mehr konkurrenzfähig und geht in den Konkurs.
1990 - 2004	In den neuen Bundesländern setzt örtlich allmählich eine erneute Aufarbeitungswelle bezüglich des Holocaust ein. Aber ernst zu nehmende gegenläufige Entwicklungen sind in den 90er Jahren ebenfalls wahrzunehmen
2004	Die NPD erreicht bei den sächsischen Landtagswahlen 9,2% der Stimmen und zieht mit 9 Sitzen erstmals seit 36 Jahren wieder in ein Parlament ein.
2005	Im Frühjahr werden die Gebäude der ehemaligen Mafrasa Textilfabrik (Industriebrache) abgerissen. Erhalten bleiben lediglich neuere Gebäude des vormaligen Draht- und Nagelwerks Wilischthal, die heute von der United Team International GmbH genutzt werden. Auf dem Zschopauer Friedhof wird zum 60. Jahrestag des Kriegsendes am 8. Mai ein Gedenkstein für die Opfer der Lager Zschopau und Wilischthal eingeweiht. Auf diesem Gedenkstein wird namentlich der Französin Renée Kamenney gedacht.
2007	Mit dem Buch „KZ Wilischthal“ wird die Lagergeschichte erstmals ausführlich aufgearbeitet.
2015	Anlässlich des 70. Jubiläums der Befreiung erscheint die zweite erweiterte Auflage des Buches „KZ Wilischthal – Unter Hitlerauges Aufsicht“, der nun auch eine umfangreiche namentliche Aufstellung aller ehemaligen Häftlinge beigefügt ist.

FloNo. Nation	**Name**, *Mädchenname **Vorname** [Varianten]	**Geburtsdaten Deportationsdaten**	**Opferstatus Quellennachweis**
58752 HUN	Grossmann, Jolan [>Zitta Frojmowits] [>Ita Fromowitz] F: Schwester v. 58753	13.01.1917 [‚13.01.1919’] Keselova	Befreit am 08.05.1945 in Theresienstadt, TDB B 162 / 3849 S.48, 143 Vgl. B 162/3849 S.127 B 162 / 3850 S.322f. VP: 05.04.1970 Tel Aviv
58753 HUN	Grossmann, Margit [>Lebowicz] [>Margalit Levavi] F: Schwester v. 58752	15.11.1924 [23.04.1923?] [‘15.08.1921’] Moselove	Befreit am 08.05.1945 in Theresienstadt, TDB W: 1969 Ramat-Gan B 162/3849 S.46, 126ff.
58754 HUN	Kessler, Sarah [Sarolta Schönberger] [>Sarolta Rozenwasser] F: Kusine v. 58755	02.06.1920 Ljutta Uzhorod- Auschwitz Mai 1944	Befreit am 08.05.1945 in Theresienstadt TDB B 162 / 3850 S.297ff. VP: 10.02.1970 Kiryat Chaim
58755 HUN	Gubner [Kessler], Eva [Chava] F: Kusine v. 58754 [>Eva Moskovitz]	28.11.1929 12.05.1928 Uzhorod	Befreit am 08.05.1945 in Theresienstadt TDB W: 1968 Haifa B 162 / 3849 S.46f. , 137ff. VP: 25.04.1969
58756 HUN	Kessler, Fani [Fanny Schönberger]	13.08.1923 Ljutta 13.08.1935?	Befreit am 08.05.1945 in Theresienstadt TDB
58757 HUN	Kessler, Lydia [Lydia Schönberger] [Rozenwasser]	20.06.1921 Ljutta	Befreit am 08.05.1945 in Theresienstadt TDB
58758 HUN	Lefkovics, Bella [>Bella Svarc] **AuNo.: A-10023**	12.12.1920 [16.12.1920] Pavlovce Ungarn-Auschwitz	Befreit am 08.05.1945 in Theresienstadt TDB B 162/3849 S.143 B 162 / 3850 S.294ff. VP: 14.01.1970 Kiryat Malachi
58759 HUN	Lax *Steinberg, Szeren [Herskovics] **AuNo.: A-10???** [A-9819 bis A-11818]	20.01.1920 Olaslisko ‚Oloalisko’	Befreit am 08.05.1945 in Theresienstadt TDB B 162/3849 S.143

58760 HUN	Steinberg, Ella [>Ella Grosz] **AuNo.: A-10103**	08.03.1923 Oloaglisko Getto: Niregy Haza Haragod- Auschwitz: 05/44	Befreit am 08.05.1945 in Theresienstadt TDB B 162/3849 S.143 B 162 / 3851 S.458ff. VP: 08.10.1970 New York
58761 HUN	Steinberg, Bella [Hella] [>Bella Schwarz] **AuNo.: A-10???** [A-9819 bis A-11818]	19.08.1925 Oloslisko	Befreit am 08.05.1945 in Theresienstadt TDB B 162/3849 S.146 W: 1969 Brooklyn, NY
58762 HUN	Simonovics, Roza [>Ruzena Simonovic-Katz]	11.02.1918 Dravce Ungdaroc/Uzhorod	Befreit am 08.05.1945 in Theresienstadt TDB B 162/3849 S.146
58763 HUN	Willinger, Edit [Edith] [>Chawa Jakubowicz] F: vgl. 58764	28.06.1922 22.06.1922 Petneháza ‚Potnehasi'	Befreit am 08.05.1945 in Theresienstadt TDB B 162/3849 S.147
58764 HUN	Willinger, Erna [Anna] [>Erna Esther Grunwald] F: vgl. 58763	28.11.1927 [28.11.1924] [27.10.1924] Petneháza ‚Potnehasi'	Befreit am 08.05.1945 in Theresienstadt TDB B 162/3849 S.147 W: 1959 Brooklyn, NY
58765 HUN	Nissenzweig, [Nussenzweig] Vera	15.05.1922 Mád	Befreit am 08.05.1945 in Theresienstadt TDB
58766 HUN	Weisz, [Weiss] Edith [>Edit Horvath] F: Schwester v. 58767 **AuNo.: A-10???** [A-9819 bis A-11818]	17.11.1926 Ujpest Budakalasz Auschwitz Juni/Juli 1944	Befreit am 08.05.1945 in Theresienstadt TDB B 162 / 3851 S.480ff. VP: 01.09.1970 Budapest
58767 HUN	Weisz, [Weiss] [Vincze] Katalin [>Katalin Gabor] F: Schwester v. 58766 **AuNo.: A-10515**	06.11.1927 Ujpest Budakalasz Auschwitz	Befreit am 08.05.1945 in Theresienstadt TDB B 162 / 3851 S.473ff. VP: 02.09.1970 Budapest
58768 HUN	Roth, Hajnal [>Hajnal Aves] **AuNo.: A-?????**	05.07.1923 Ujpest	Befreit am 08.05.1945 in Theresienstadt TDB B 162/3849 S.146 W: 1956 bei Rechowoth

58769 HUN	Keszler, Tonci [Antonie Schönberger]	20.04.1927 Ljutta [‚20.01.1924']	Befreit am 08.05.1945 in Theresienstadt TDB
58770 HUN	Weisz, Matilda **AuNo.: A-?????**	24.11.1927 Makó [‚24.11.1919']	Befreit am 08.05.1945 in Theresienstadt TDB
58771 HUN	Lazar, Ilona **AuNo.: A-?????**	14.09.1912 Cengerbagos	Befreit am 08.05.1945 in Theresienstadt TDB
58772 HUN	Weiner [Burger], Gizela **AuNo.: A-?????**	27.08.1926 26.08.1926 Kalin Falwo	Befreit am 08.05.1945 in Theresienstadt TDB
58773 HUN	Rozenwasser, Malwin [Mindl] [Malvina Schönberger] [>Malvina Fuks] **AuNo.: A-?????**	01.04.1927 Zdania 31.03.1923 Zdana	Befreit am 08.05.1945 in Theresienstadt TDB B 162/3849 S.146 W: 1954 Rechowoth
58774 HUN	Reich, Borbala **AuNo.: A-?????**	25.10.1925 23.10.1923 Kosice	Befreit am 08.05.1945 in Theresienstadt TDB B 162/3849 S.146 W: 1959 Lorain, Ohio
58775 HUN	Facher, [Facherova] Frida [Bedriska] **AuNo.: A-?????**	03.07.1897 [‚03.06.1901'] Kosice	Befreit am 08.05.1945 in Theresienstadt TDB
58776 HUN	Facher, [Facherová] Rozsi [Ruzena] **AuNo.: A-?????**	27.08.1922 Kosice	Befreit am 08.05.1945 in Theresienstadt TDB
58777 HUN	Reisz, Sara [>Sara Forschner] **AuNo.: A-?????**	09.08.1926 [‚09.08.1924'] Dunaszerdahely [Dunajska Streda]	Befreit am 08.05.1945 in Theresienstadt, TDB B 162/3849 S.146 B 162/3850 S.255ff. VP: 04.12.1969 W: 1967 Nahariya
58778 POL	Gottlieb, Rachela **AuNo.: A-?????**	25.10.1924 Krakau Plaszow-Auschwitz 06.08.1944	Befreit am 08.05.1945 in Theresienstadt TDB
58779 POL	Klahr [Klar], *Abramowicz Golda [Olga] **AuNo.: A-18622**	04.08.1907 Nowy Soncz Plaszow-Auschwitz 06.08.1944	Befreit am 08.05.1945 in Theresienstadt, TDB B 162 / 3849 S.5, 140 VP: 03.06.1969 W: 1969 Aszdod
58780 POL	Kostman, [Kosztmann] Dora **AuNo.: A-18???**	09.06.1922 Krakau Plaszow-Auschwitz 06.08.1944	Befreit am 08.05.1945 in Theresienstadt TDB

58781 POL	Hubel, *Feiler Klara [>Clara Hilt] **AuNo.: A-18427**	04.09.1915 [04.09.1914] Drohobycz Plaszow-Auschwitz 06.08.1944	Befreit am 08.05.1945 in Theresienstadt SVHF 7013
58782 POL	Siegfried, Berta [>Bella Westreich] **AuNo.: A-?????**	16.03.1920 Debica Plaszow-Auschwitz 06.08.1944	Befreit am 08.05.1945 in Theresienstadt, TDB B 162 / 3851 S.395ff. VP: 14.05.1970 Brooklyn, New York
58783 POL	Stahl, Helena [Helene] F: Schwester v. 58784 **AuNo.: A-?????**	20.02.1917 Krakau 20.02.1913 20.11 1913 Krakau Plaszow-Auschwitz 06.08.1944	Befreit am 08.05.1945 in Theresienstadt TDB Kennkarte 3755 18.02.1941, USHMM
58784 POL	Stahl, Anna [Anne] F: Schwester v. 58783 **AuNo.: A-?????**	04.04.1914 Krakau 04.04.1906 Krakau Plaszow-Auschwitz 06.08.1944	Befreit am 08.05.1945 in Theresienstadt TDB, USHMM Kennkarte 13593?
58785 POL	Sindel, *Wohlmuth Zofia [Sofie] **AuNo.: A-?????**	09.11.1908 Krakau [‚09.11.1915‚] Plaszow-Auschwitz 06.08.1944	Befreit am 08.05.1945 in Theresienstadt TDB B 162/3849 S.146
58786 HUN	Heimovics, *Wiesel [Heimovits] [Haimowicz] Fani [Fanny] F: Mutter v. 58787	18.01.1901 [18.01.1904] Faluslatina	Befreit am 08.05.1945 in Theresienstadt TDB B 162/3849 S.144 W: 1954 Tel Aviv
58787 HUN	Heimovics, [Heimovits] Rozsi [Rosi] [>Rozsi Glatstein] F: Tochter v. 58786	19.11.1921 Gh. Warhedy [Warwis]	Befreit am 08.05.1945 in Theresienstadt TDB B 162/3849 S.144 W: 1966 Tel Aviv
58788 HUN	Klein, *Feuerwerker Fanny [>Fani Pollak] **AuNo.: A-?????**	19.06.1906 [21.07.1906] [29.07.1905] Faluslatina	Befreit am 08.05.1945 in Theresienstadt, TDB B 162 / 3849 S.5, 134ff. VP: 21.05.1969
58789 HUN	Rosenfeld, Ilus [Ilona]	27.04.1913 Oradea	Befreit am 08.05.1945 in Theresienstadt, TDB
58790 HUN	Grossmann, *Seifert Anna [>Anna Zaryn] **AuNo.: A-?????**	15.03.1925 Lwow Przemysl Plaszow-Auschwitz	Befreit am 08.05.1945 in Theresienstadt TDB, SVHF 26130 B 162 / 3849 S.62ff. VP: 24.04.1969 W: 1969 Montreal

58791 POL	Konig , [Königel] *Wester, Helene [>Susanne Holzer] **AuNo.: A-?????**	03.03.1921 Pontoise Plaszow-Auschwitz	Befreit am 08.05.1945 in Theresienstadt, TDB, SVHF 39965 B 162 / 3849 S.145 W: 1954 New Jersey Starb 20.01.2013
58792 POL	Krantz, [Kranz] Ala **AuNo.: A-?????**	01.06.1919 Radom [01.06.1921]	Befreit am 08.05.1945 in Theresienstadt TDB, JA 38959
58793 POL	Mandel, Sara [>Ilona Werdiger] **AuNo.: A-?????**	16.12.1925 Przemysl Plaszow-Auschwitz	Befreit am 08.05.1945 in Theresienstadt TDB, SVHF 6758 B 162/3849 S.144
58794 POL	Neuwirth, *Bojman Maria **AuNo.: A-?????**	27.07.1908 Lodz [28.07.1908] Krakau Plaszow-Auschwitz	Befreit am 08.05.1945 in Theresienstadt TDB B 162 / 3849 S.144
58795 POL	Silberblech 'Ziberblech', Perla **AuNo.: A-?????** [>Perla Lola Freund]	30.05.1928 30.05.1927 Hrubieszow	Befreit am 08.05.1945 in Theresienstadt TDB B 162/3849 S.145
58796 POL	Sylberblech Chana **AuNo.: A-?????**	30.12.1906 Chlel ['30.04.1909']	Befreit am 08.05.1945 in Theresienstadt TDB
58797 POL	Siebert ['Zylbert'], Eda **AuNo.: A-?????**	14.03.1915 Radom	Befreit am 08.05.1945 in Theresienstadt TDB
58798 POL	Rapaport, Zlota [Lotte] [>Zlata Kanner] **AuNo.: A-?????**	28.09.1918 Krynica	Befreit am 08.05.1945 in Theresienstadt TDB B 162 / 3849 S.144
58799 POL	Pelcman, [Pelzman] *Vogel Elzbieta [>Elisabeth Lent-Pelcman] **AuNo.: A-22730**	01.10.1918 Krakau Plaszow-Auschwitz 06.08.1944	Befreit am 08.05.1945 in Theresienstadt TDB B 162 / 3849 S.144 W: 1966 Tel-Mend B 162 / 3850 S.268ff. VP: 15.01.1970
58800 POL	Weitzenhof, *Munk ,Weiszenhov' Stefa [Szewa] **AuNo.: A-22927**	06.06.1910 Krakau 07.07.1910 Plaszow-Auschwitz 06.08.1944	Befreit am 08.05.1945 in Theresienstadt TDB B 162 / 3849 S.145 W: 1954 Tel Aviv B 162 / 3850 S.273ff. VP: 21.01.1970

58801 **HUN**	Blumenfeld, *Fischman Etel [>Etel Ester Brück] **AuNo.: A-2????**	09.06.1903 Szolnok [‚09.06.1913'] Satoraljaujhely Auschwitz	Befreit am 08.05.1945 in Theresienstadt TDB B 162 / 3849 S.5, 47, 131ff. VP: 21.05.1969
58802 **BEL**	Angel, *Hassid Mazaltov [>Mazoltev Hassid] F: Tochter v. 58807 F: Schwester v. 58806 **AuNo.: A-24041**	01.03.21 Saloniki [‚06.03.1921'] Mechelen XXVI - Auschwitz: 31.07.-02.08.1944	Befreit am 08.05.1945 in Theresienstadt TDB, SVHF 29541 W: 1969 Brüssel B 162/3850 S.211ff.
58803 **BEL**	Brzezinski, Dora [Kepinski Rosenberg] **AuNo.: A-2404?**	16.10.1921 Friedenhütte Mechelen XXVI - Auschwitz: 31.07.-02.08.1944	Befreit am 08.05.1945 in Theresienstadt TDB B 162/3850 S.153ff. VP: 08.05.1969 Seraing
58804 **BEL**	Berliner, Maria [>Marie Fajngold] **AuNo.: A-24047**	17.06.1917 Basel Brüssel Mechelen XXVI - Auschwitz: 31.07.-02.08.1944	Befreit am 08.05.1945 in Theresienstadt TDB B 162/3850 S.217ff. VP: 13.10.1969
58805 **BEL**	Frommer, Sacha [Sascha] **AuNo.: A-240??**	10.08.1912 Lodz Mechelen XXVI - Auschwitz: 31.07.-02.08.1944	Befreit am 08.05.1945 in Theresienstadt TDB
58806 **BEL**	Hassid, Odette [>Odette Beser] F: Tochter v. 58807 F: Schwester v. 58802 **AuNo.: A-2406?**	20.06.27 Saloniki [‚20.03.1927'] Mechelen XXVI - Auschwitz: 31.07.-02.08.1944	Befreit am 08.05.1945 in Theresienstadt TDB, SVHF 29118 B 162/3850 S.160ff. VP: 21.05.1969 Brüssel
58807 **BEL**	Hassid, Alegra [>Allegra Schevah] F: Mutter v. 58802, 58806 **AuNo.: A-24067**	25.12.1900Saloniki [‚25.12.1903'] Mechelen XXVI - Auschwitz: 31.07.-02.08.1944	Befreit am 08.05.1945 in Theresienstadt TDB W: 1969 Brüssel B 162/3850 S.205ff. VP: 10.10.1969
58808 **BEL**	Kellermann, [Kellerman] Susi [Suzanne] [>Susanne Salamon] **AuNo.: A-24079**	25.01.1926 Wien Mechelen XXVI - Auschwitz: 31.07.-02.08.1944	Befreit am 08.05.1945 in Theresienstadt TDB W: 1958 Montreal W: 1969 Hampstead B 162 / 3849 S.5, 94ff. VP: 02.07.1969

58809 BEL	Kadisz, [Kadicze] Celine [Cizora] [>Cypra Fajbusiewicz] **AuNo.: A-24087**	29.04.1906 Lodz ['08.02.1906'] 29.04.1913 Mechelen XXVI - Auschwitz: 31.07.-02.08.1944	Befreit am 08.05.1945 in Theresienstadt TDB
58810 BEL	Liebmann, Rita [>Rebecca Rita Berenstejn][>Merckx] **AuNo.: A-24???**	15.05.1914 Minsk Mechelen XXVI - Auschwitz: 31.07.-02.08.1944	Befreit am 08.05.1945 in Theresienstadt, TDB B 162/3850 S.223ff. VP:22.10.1969 Louvain
58811 BEL	Lindberger, [Lindenberger] Charlotte [>Chaja Rozenberg] **AuNo.: A-24102**	12.09.1914 Antwerpen Mechelen XXVI - Auschwitz: 31.07.-02.08.1944	Befreit am 08.05.1945 in Theresienstadt TDB
58812 BEL	Motylski, [Motulski] Anna [>Johanna Gutreimann] **AuNo.: A-241??**	31.12.1921 Berlin Mechelen XXVI - Auschwitz: 31.07.-02.08.1944	Befreit am 08.05.1945 in Theresienstadt TDB
58813 BEL	Rotberg, Maria [Maryja] **AuNo.: A-24126**	12.06.1917 Pabianice Mechelen XXVI - Auschwitz: 31.07.-02.08.1944	Befreit am 08.05.1945 in Theresienstadt TDB
58814 BEL	Reichmann, Martha ['Matka'] [>Martha Sana Brodt] **AuNo.: A-24129**	04.12.1910 Gelsenkirchen Mechelen XXVI - Auschwitz: 31.07.-02.08.1944	Befreit am 08.05.1945 in Theresienstadt TDB B 162/3849 S.144
58815 BEL	Sobel, [Sobol] Bella Betsy [Bela] **AuNo.: A-24151**	27.01.1928 Brüssel Mechelen XXVI - Auschwitz: 31.07.-02.08.1944	Befreit am 08.05.1945 in Theresienstadt TDB, Interview in Bulletin trimestriel 1991
58816 BEL	Weltsch, Herta [>Herta Ester Bronstein][Braunstein] **AuNo.: A-24163**	30.12.1925 Kobersdorf Mechelen XXVI - Auschwitz: 31.07.-02.08.1944	Befreit am 08.05.1945 in Theresienstadt, TDB VP vom 28.06.1970 in Haifa; Bestand 274 Hessisches Staatsarchiv B 162 / 3849 S.145 B 162/3850 S.194
58817 ITA	Alcanà, ‚Akkana' Mirù [Miro] **AuNo.: A-24215**	24.05.1915 Rhodos ['24.05.1917'] [23.06.1915] Rhodos-Auschwitz: 23.07.-16.08.1944	Befreit am 08.05.1945 in Theresienstadt TDB, SVHF 129, Foto www.nomidellashoah.it Repatriiert: 01.06.1945

58818 ITA	Benun, ‚Bennum' Rachel **AuNo.: A-242??**	15.07.1926 Rhodos Rhodos-Auschwitz: 23.07.-16.08.1944	Befreit am 08.05.1945 in Theresienstadt TDB. Repatriiert: 03.09.1945
58819 ITA	Benun, ‚Bennum' Comprad [Komprada] **AuNo.: A-24251**	10.12.1911 Milas [11.12.1911] Kos Rhodos-Auschwitz: 23.07.-16.08.1944	Befreit am 08.05.1945 in Theresienstadt TDB
58820 ITA	Benveniste, 'Beveniste' Stella [Esther] [>Stella Habib] **AuNo.: A-24???**	08.01.1921 Rhodos ['20.01.1923'] [03.01.1921] Rhodos-Auschwitz: 23.07.-16.08.1944	Befreit am 08.05.1945 in Theresienstadt TDB, SVHF 34151 Repatriiert: 29.08.1945
58821 ITA	Cugno, *Hasson Ester [>Stella Varsano] **AuNo.: A-24???**	02.02.1927 Rhodos ['02.02.1925'] Rhodos-Auschwitz: 23.07.-16.08.1944	Befreit am 08.05.1945 in Theresienstadt TDB W: 1964 Tel Aviv B 162 / 3849 S.5, 129f.
58822 ITA	Cohen [Coen], Rebecca [Rebecka] [>Rebecca Chodakiewicz] F: Schwester v. 58823 **AuNo.: A-24???**	15.09.1920 Aidin 16.09.1915 Rhodos-Auschwitz: 23.07.-16.08.1944	Befreit am 08.05.1945 in Theresienstadt TDB B 162 / 3849 S.5 B 162 / 3849 S.78 W: 1969 Uruguay Repatriiert: 02.12.1945
58823 ITA	Cohen [Coen], Susanna [>Susana Azaredo] F: Schwester v. 58822 **AuNo.: A-24???**	03.04.1919 Aidin ‚03.04.1910' Rhodos-Auschwitz: 23.07.-16.08.1944	Befreit am 08.05.1945 in Theresienstadt TDB B 162 / 3849 S.5 B 162 / 3849 S.78 W: 1969 Uruguay
58824 ITA	Franko [Franco], Elisa [Alisa] **AuNo.: A-24308**	13.10.1926 Rhodos [14.10.1926] Dep.: Kos Rhodos-Auschwitz: 23.07.-16.08.1944	Befreit am 08.05.1945 in Theresienstadt TDB Vgl. B 162 / 3850 S.260 digital-library.cdec.it
58825 ITA	Franko, [Franco] Stella **AuNo.: A-243??**	14.09.1926 Rhodos Rhodos-Auschwitz: 23.07.-16.08.1944	Befreit am 08.05.1945 in Theresienstadt TDB
58826 ITA	Ferrera, Mercada **AuNo.: A-243??**	28.08.1929 Rhodos '28.08.1928' [24.08.1928] Rhodos-Auschwitz: 23.07.-16.08.1944	Befreit am 08.05.1945 in Theresienstadt TDB

58827 ITA	Franco, Allegra **AuNo.: A-243??**	01.01.1925 Rhodos Rhodos-Auschwitz: 23.07.-16.08.1944	Befreit am 08.05.1945 in Theresienstadt TDB
58828 ITA	Galante, Diana [>Diana Golden] F: Schwester v. 58829 **AuNo.: A-24328**	07.02.1922 Rhodos Rhodos-Auschwitz: 23.07.-16.08.1944	Befreit am 08.05.1945 in Theresienstadt TDB , SVHF 35869
58829 ITA	Galante, Felicina F: Schwester v. 58828 **AuNo.: A-243??**	19.03.1924 Rhodos ['12.03.1914'] Rhodos-Auschwitz: 23.07.-16.08.1944	Befreit am 08.05.1945 in Theresienstadt TDB
58830 ITA	Hanan ['Hanau'], Matilde [>Capelluto ?] **AuNo.: A-243??**	18.08.1925 Rhodos Rhodos-Auschwitz: 23.07.-16.08.1944	Befreit am 08.05.1945 in Theresienstadt,TDB, [CDEC: 10.06.1922 ?]
58831 ITA	Hasson, Regina **AuNo.: A-243??**	10.09.1922 Rhodos Rhodos-Auschwitz: 23.07.-16.08.1944	Befreit am 08.05.1945 in Theresienstadt TDB, Foto www.nomidellashoah.it
58832 ITA	Hasson, Silvia [>Sylvia Berro] **AuNo.: A-24369**	15.08.1920 Rhodos Rhodos-Auschwitz: 23.07.-16.08.1944	Befreit am 08.05.1945 in Theresienstadt TDB , SVHF 5969 Repatriiert: 12.11.1945
58833 ITA	Israel, Matilde **AuNo.: A-243??**	10.02.1921 Rhodos Rhodos-Auschwitz: 23.07.-16.08.1944	Befreit am 08.05.1945 in Theresienstadt TDB
58834 ITA	Israel, Rosa [>Rosa Ferera] **AuNo.: A-24374**	23.12.1924 Rhodos Rhodos-Auschwitz: 23.07.-16.08.1944	Befreit am 08.05.1945 in Theresienstadt TDB , SVHF 18515
58835 ITA	Israel, Ester [Esther] **AuNo.: A-243??**	16.08.1914 Rhodos Rhodos-Auschwitz: 23.07.-16.08.1944	Befreit am 08.05.1945 in Theresienstadt TDB
58836 ITA	Levi, Lela [Lea] F: Schwester v. 58839 **AuNo.: A-24386**	20.09.1927 Rhodos 21.09.1918 '08.03.1918' Rhodos-Auschwitz: 23.07.-16.08.1944	Befreit am 08.05.1945 in Theresienstadt TDB Repatriiert: 31.12.1945
58837 ITA	Leon, Allegra **AuNo.: A-24???**	08.10.1914 Rhodos Rhodos-Auschwitz: 23.07.-16.08.1944	Befreit am 08.05.1945 in Theresienstadt TDB
58838 ITA	Levi, ['Levy'] Rosa [>Rosa Fumagalli] F: Schwester v. 58840 **AuNo.: A-24410**	05.05.1924 Rhodos Rhodos-Auschwitz: 23.07.-16.08.1944	Befreit am 08.05.1945 in Theresienstadt TDB, SVHF 43883 B 162/3849 S.143 Repatriiert: 31.12.1945

58839 ITA	Levi, Rachele [>Rachela Martoscia] F: Schwester v. 58836 **AuNo.: A-24411**	20.01.1924 Rhodos 20.10.1921 15.01.1920 Rhodos-Auschwitz: 23.07.-16.08.1944	Befreit am 08.05.1945 in Theresienstadt TDB B 162/3849 S.143 B 162/3850 S.200 Repatriiert: 01.10.1945
58840 ITA	Levi ['Leur'], Vittoria [Viktoria] F: Schwester v. 58838 **AuNo.: A-244??**	20.01.1921 Rhodos [10.01.1920] Rhodos-Auschwitz: 23.07.-16.08.1944	Befreit am 08.05.1945 in Theresienstadt TDB Repatriiert: 01.10.1945
58841 ITA	Lewi, [Levi] Rebecca **AuNo.: A-244??**	05.05.1910 Budrum [Bodrum] Dep.: Kos Rhodos-Auschwitz: 23.07.-16.08.1944	Befreit am 08.05.1945 in Theresienstadt TDB
58842 ITA	Menascé [Menasche], Amelia [Amilia] **AuNo.: A-244??**	05.04.1896 Rhodos [,10.09.1902'] Kos Rhodos-Auschwitz: 23.07.-16.08.1944	Befreit am 08.05.1945 in Theresienstadt TDB
58843 ITA	Nachmias, [Nakmias] Ester [Nahmias] [>Stella Hasson] F.: Schwester v. 58847 **AuNo.: A-244??**	12.10.1915 Rhodos [,12.10.1920'] [22.10.1917] Rhodos-Auschwitz: 23.07.-16.08.1944	Befreit am 08.05.1945 in Theresienstadt TDB, SVHF 1468
58844 ITA	Rosio, [Rozio] Silvia [Sylvia] [>Sylwia Herzberg] F: Schwester v. ????? **AuNo.: A-244??**	11.03.1925 Rhodos 02.03.1924 11.03.1923 Rhodos-Auschwitz: 23.07.-16.08.1944	Befreit am 08.05.1945 in Theresienstadt, TDB B 162/3849 S.144 W: 1954 Haifa B 162/3850 S.258ff. VP: 06.01.1970
58845 ITA	Sciarcon, Julia [Giulia] F: Schwester v. 58846 **AuNo.: A-24442**	07.12.1911 Rhodos [,07.12.1915'] Rhodos-Auschwitz: 23.07.-16.08.1944	Befreit am 08.05.1945 in Theresienstadt TDB
58846 ITA	Sciarcon, Lucia [>Lucia Amato] F: Schwester v. 58845 **AuNo.: A-24444**	15.03.1921 Rhodos ['15.09.1920'] [13.09.1920] Rhodos-Auschwitz: 23.07.-16.08.1944	Befreit am 08.05.1945 in Theresienstadt TDB, SVHF 14687 Vgl. Gwynne Schrire
58847 ITA	Scemanica, *Nachmias [Schemaria] [Nahmias] [Scemarià] Rica [Ricca] F: Schwester v. 58843 **AuNo.: A-244??**	10.09.1917 Rhodos 10.11.1913 Rhodos-Auschwitz: 23.07.-16.08.1944	Befreit am 08.05.1945 in Theresienstadt TDB B 162/3849 S.144 W: 1963 Kongo

58848 **ITA**	Sidis, Clara **AuNo.: A-244??**	30.12.1919 Rhodos Rhodos-Auschwitz: 23.07.-16.08.1944	Befreit am 08.05.1945 in Theresienstadt TDB
58849 **BEL**	Loewenstein, *Knoller Margot **AuNo.: A-24097**	04.12.1904 Berlin 04.12.1908 ‚Berun' Mechelen XXVI - Auschwitz: 31.07.-02.08.1944	Befreit am 08.05.1945 in Theresienstadt TDB B 162/3849 S.144
58850 **BEL**	Kaapmann,[Koopman] *Van Leeuwen Miny [Annie] **AuNo.:**	01.07.1916 Amsterdam A: Transvaalstr.128	Befreit am 08.05.1945 in Theresienstadt TDB
58851 **HUN**	Ungar, Elisabeth B: Krankenschwester [im Revier]	24.11.1915	**Schicksal ungeklärt** Befreit am 08.05.1945 in Theresienstadt [?] vgl Barch, B 162 / 3849, S. 139
58852 **HUN** **54588**	Heller, Gabriele B.: Ärztin **AuNo.:**	21.05.1912 Cluj Budapest- Auschwitz Oederan- 07.10.-09.10.1944 Wilischthal	Befreit am 08.05.1945 in Theresienstadt TDB, Vgl. Grete Salus
2. Transport vom 22.11.1944			
58853 **DR**	Strauss, Emma **AuNo.: A-????** [A-3642 bis A-5078]	16.08.1886 Wien Theresienstadt – Auschwitz 19.05.1944	Befreit am 08.05.1945 in Theresienstadt TDB
58854 **BEL**	Lövenhaar, [Löwenhaar] Fanny [‚Janny'] [>Feiga Chapochnik] [Saposnik] **AuNo.: A-5190**	06.02.1914 Brecevp Mechelen XXV - Auschwitz: 19.05.-21.05.1944	Befreit am 08.05.1945 in Theresienstadt TDB
58855 **HOL**	Pels [‚Fels'], *Brandon Hendrika [Henricke] **AuNo.: A-5???** [A-5242 bis A-5341]	04.01.1912 Amsterdam Westerbork Auschwitz 19.05.-21.05.1944	Befreit am 08.05.1945 in Theresienstadt TDB
58856 **HOL**	Mandelberg, Mania [Machla] **AuNo.: A-5???** [A-5242 bis A-5341]	25.06.1907 Amsterdam Westerbork Auschwitz 19.05.-21.05.1944	Befreit am 08.05.1945 in Theresienstadt TDB

58857 HUN	Herskovitz, Agathe [Agata] [>Goti Bauer] **AuNo.: A-5372**	29.07.1924 Beregszasz Fossoli-Auschwitz 16.05.1944 [AuNo.23.05.1944]	Befreit am 08.05.1945 in Theresienstadt TDB, SVHF 43394 Autobiografie: Una Vita Segnata; Foto www.nomidellashoah.it
58858 ITA	Levi ['Lewi'], *Adut Rosa [>Rosa Ved] **AuNo.: A-53??** [A-5378 / A-5380 [?]] F: Mutter von Selma *19.06.1924 [A-5379]	01.06.1900 Smirne ['1905'] Fossoli-Auschwitz 16.05.1944 [AuNo.23.05.1944]	Befreit am 01.05.1945 Ort unbekannt; nach Argentinien per 'Paolo Toscanelli' v. Genua ausgewandert vgl. IT C00 FD859
58859 ITA	Perugia, *Di Segni Rosa **AuNo.: A-5390**	18.10.1916 Fossoli-Auschwitz 16.05.1944 [AuNo.23.05.1944]	Befreit am 08.05.1945 in Theresienstadt TDB, CDEC Repatriiert: 27.07.1945
58860 FRA	Bernheim, *Koupermann Olga (Simone) **AuNo.: A-5???** [A-5420 bis A-5666]	03.02.1906 Paris Drancy 74 Auschwitz 20.05.-23.05.1944	Befreit am 08.05.1945 in Theresienstadt TDB
58861 FRA	Boni, *Cohen Mathilde **AuNo.: A-5???** [A-5420 bis A-5666]	04.04.1911 Sfax ['04.04.1931'] Drancy 74 Auschwitz 20.05.-23.05.1944	Befreit am 08.05.1945 in Theresienstadt TDB DP 21570153
58862 FRA	Wajnsztajn, [Weinstein] Ira [Sara] **AuNo.: A-5???** [A-5420 bis A-5666]	11.02.1907 Istanbul Drancy 74 Auschwitz 20.05.-23.05.1944	Befreit am 08.05.1945 in Theresienstadt TDB
58863 HUN	Eisner, Sari **AuNo.: A-????** [A-6039 bis A-7038 ?]	??.05.1925 [Durchgangslager 31.05.1944 ?]	**Schicksal ungeklärt**
58864 HUN	Hübscher, Ilona **AuNo.: A-6388**	25.02.09 Nove M. 26.02.1915 [1917] Satoraljaujhely [Durchgangslager 31.05.1944]	Befreit am 08.05.1945 in Theresienstadt, TDB Entschädigungsamt Stuttgart B 162 / 3849 S.48
58865 HUN	Hübscher, Rozsa [>Rosa Berendt] **AuNo.: A-????** [A-6039 bis A-7038 ?]	15.12.1929 15.12.1928 15.12.1920 Satoraljaujhely	Befreit am 08.05.1945 in Theresienstadt TDB W: 1968 Flushing NY B 162 / 3849 S.47, 86

58866 **FRA**	Rauni, [Roini] [Roumi] Sultana [Susanne] **AuNo.: A-7???** [A-7065 bis A-7198]	15.12.1903 Turki [15.12.1905] Drancy 75 Auschwitz 30.05.-02.06.1944	Befreit am 08.05.1945 in Theresienstadt TDB
58867 **HUN**	Paszternak, Roszi **AuNo.: A-????** [A-7270 bis A-8269 ?]	29.10.1921 Felsöselyste	Befreit am 08.05.1945 in Theresienstadt TDB
58868 **HUN**	Wieder, Lea **AuNo.: A-????** [A-7270 bis A-8269 ?]	09.07.1920 Felsöselistye	Befreit am 08.05.1945 in Theresienstadt TDB
58869 **HUN**	Stern [Wider], Roza [Rosa] **AuNo.: A-????** [A-7270 bis A-8269 ?]	12.08.1915 12.08.1916 Felsöselyste	Befreit am 08.05.1945 in Theresienstadt TDB
58870 **HUN**	Löwenwirth, Regina **AuNo.: A-????** [A-7270 bis A-8269 ?]	20.01.1920 Zahidfalva	Befreit am 08.05.1945 in Theresienstadt TDB
58871 **HUN**	Pollak, Margit **AuNo.: A-????** [A-7270 bis A-8269 ?]	05.11.1902 04.11.1902 Berehovo	Befreit am 08.05.1945 in Theresienstadt TDB
58872 **FRA**	Kamenney, ['Kammeney'] Renée ['Renne'] **AuNo.: A-8613** A: Paris 75020, 36, rue Olivier Metra	27.08.1921 Paris Drancy 76 Auschwitz 30.06.-04.07.1944	**Starb am 06.12.1944** **in Wilischthal** **Ab.: 15.12.1944** **Bestattet in Zschopau** B 162 / 3851 S.619ff.
58873 **HUN**	Blaustein, Jolan **AuNo.: A-**	19.12.1911 Fancika 19.12.1921	Befreit am 08.05.1945 in Theresienstadt TDB
58874 **HUN**	Fleischmann, Iren **AuNo.: A-**	20.12.1929 [‚??.12.1924'] Satu Mare	Befreit am 08.05.1945 in Theresienstadt TDB
58875 **HUN**	Klein, Jolan **AuNo.: A-**	05.12.1928 05.12.1927 Mukacevo	Befreit am 08.05.1945 in Theresienstadt TDB
58876 **HUN**	Lebi, [David] Lilli [Lili] **AuNo.: A-**	09.07.1924 Satu Mare	Befreit am 08.05.1945 in Theresienstadt TDB
58877 **HUN**	Schwarcz, Olga **AuNo.: A-**	23.07.1915 Satoraljaujhely	Befreit am 08.05.1945 in Theresienstadt TDB

58878 HUN	Weisz, Judith **AuNo.: A-**	10.05.1920 10.05.1919 Borszovo	Befreit am 08.05.1945 in Theresienstadt TDB
58879 HUN	Feldmann, Serena **AuNo.: A-**	19.05.1918 Eger	Befreit am 08.05.1945 in Theresienstadt TDB
58880 HUN	Wizel, [Pollak] Frida **AuNo.: A-**	21.04.1925 Felsövisó	Befreit am 08.05.1945 in Theresienstadt TDB
58881 HUN	Ausländer, ‚Ausleder' Lenke **AuNo.: A-**	06.12.1896 Kübler [12.12.1916]	Befreit am 08.05.1945 in Theresienstadt TDB
58882 HUN	Csillag, [Cillag] Marta **AuNo.: A-**	12.04.1918 04.12.1918 Vasarosnameny	Befreit am 08.05.1945 in Theresienstadt TDB
58883 HUN	Klein, Edith **AuNo.: A-**	16.05.1922 26.05.1922 Nagysöllös	Befreit am 08.05.1945 in Theresienstadt TDB
58884 HUN	Klein, Wera **AuNo.: A-**	14.03.1930 [‚14.03.1926'] Nagysöllös	Befreit am 08.05.1945 in Theresienstadt TDB
58885 HUN	Klein, Magda **AuNo.: A-**	28.03.1929 Chust [‚28.04.1926']	Befreit am 08.05.1945 in Theresienstadt TDB
58886 HUN	Salamon, Ilona **AuNo.: A-**	27.04.1923 Nagysöllös	Befreit am 08.05.1945 in Theresienstadt TDB
58887 HUN	Weisz, Edith **AuNo.: A-**	07.08.1906 Paks [‚07.08.1912']	Befreit am 08.05.1945 in Theresienstadt TDB
58888 HUN	Blum, Roza [Rosalie] **AuNo.: A-**	17.03.1928 Csertez	Befreit am 08.05.1945 in Theresienstadt TDB
58889 HUN	Rosenberg, Klara **AuNo.: A-**	27.06.1922 Tiszadoeb	Befreit am 08.05.1945 in Theresienstadt TDB
58890 HUN	Roth, Erzsebeth [Erzsi] **AuNo.: A-**	12.10.1917 Polgár	Befreit am 08.05.1945 in Theresienstadt TDB
58891 POL	Akermann, Ruchla **AuNo.: A-152??**	04.01.1919 [04.03.1921] Wolanow Blizyn-Auschwitz 31.07.1944	Befreit am 08.05.1945 in Theresienstadt TDB

58892 POL	Abelska, Chaja [‚Cheja'] **AuNo.: A-152??**	14.02.1919 [12.04.1921] Bialystok Blizyn-Auschwitz 31.07.1944	Befreit am 08.05.1945 in Theresienstadt TDB
58893 POL	Belzycka, Lonia [>Lonia Tiefenbach] **AuNo.: A-15???** [>F: Schwägerin v. 58932]	21.12.1917 21.12.1920 Tomaszow Blizyn-Auschwitz 31.07.1944	Befreit am 08.05.1945 in Theresienstadt TDB, W: Toronto B 162 / 3851 S.591 Verstarb: 21.10.1995
58894 POL	Berger, Chumka [>Helen Maybruch] **AuNo.: A-15???**	01.02.1923 [02.01.1923] Szidlovice Blizyn-Auschwitz 31.07.1944	Befreit am 08.05.1945 in Theresienstadt TDB, SVHF 18776
58895 POL	Bojnajl, [Bojmal] Roza **AuNo.: A-15???**	17.07.1917 17.07.1919 Przytyk Blizyn-Auschwitz 31.07.1944	Befreit am 08.05.1945 in Theresienstadt TDB
58896 POL	Berenholc, Blima **AuNo.: A-15???**	20.05.1925 03.04.1922 Wolanow Blizyn-Auschwitz 31.07.1944	Befreit am 08.05.1945 in Theresienstadt TDB
58897 POL	Berenholc, Rojza [Rosa] **AuNo.: A-15???**	01.12.1900 Wolanow Blizyn-Auschwitz 31.07.1944	Befreit am 08.05.1945 in Theresienstadt TDB
58898 POL	Berenholz, Sala **AuNo.: A-15???**	13.05.1926 13.05.1925 Wolanow Blizyn-Auschwitz 31.07.1944	Befreit am 08.05.1945 in Theresienstadt TDB
58899 POL	Bojmann, [Bojman] Rachela [Ruchla] **AuNo.: A-15???**	01.08.1924 31.08.1924 Volanow Blizyn-Auschwitz 31.07.1944	Befreit am 08.05.1945 in Theresienstadt TDB
58900 POL	Birenbaum ['Birbaum'], Sala [Scheindla] **AuNo.: A-15???**	25.06.1910 Radom Blizyn-Auschwitz 31.07.1944	Befreit am 08.05.1945 in Theresienstadt TDB

58901 POL	Belek, Estusia [Estuscha] **AuNo.: A-15???**	15.08.1921 Radom 15.08.1920 Blizyn-Auschwitz 31.07.1944	Befreit am 08.05.1945 in Theresienstadt TDB
58902 POL	Birenbaum, [Birebaum] Anna [Chawa] **AuNo.: A-15???**	10.10.1910 Radom 20.10.1910 Blizyn-Auschwitz 31.07.1944	Befreit am 08.05.1945 in Theresienstadt TDB
58903 POL	Biatosecka, [Bialystocka] Pesza [Pesa] **AuNo.: A-15???**	05.05.1923 03.08.1914? Bialystock Blizyn-Auschwitz 31.07.1944	Befreit am 08.05.1945 in Theresienstadt TDB
58904 POL	Bojmal, ['Beimal'] Pola **AuNo.: A-15???**	10.12.1923 10.12.1922 Tomaszow Blizyn-Auschwitz 31.07.1944	Befreit am 08.05.1945 in Theresienstadt TDB
58905 POL	Bornstein, [Borenstein] Hena **AuNo.: A-15???**	24.08.1920 08.12.20 Piotrkow Blizyn-Auschwitz 31.07.1944	Befreit am 08.05.1945 in Theresienstadt TDB
58906 POL	Borenholz, Regina [Rifka] **AuNo.: A-15???**	15. 02.1928 [,01.01.1927'] Wolanow Blizyn-Auschwitz 31.07.1944	Befreit am 08.05.1945 in Theresienstadt TDB
58907 POL	Borenholz, Mania [Mariem] **AuNo.: A-15???**	15.03.1923 15.09.1922 Wolanów Blizyn-Auschwitz 31.07.1944	Befreit am 08.05.1945 in Theresienstadt TDB
58908 POL	Brajesz, [Breuer] Hela **AuNo.: A-15???**	04.02.1925 Radom Blizyn-Auschwitz 31.07.1944	Befreit am 08.05.1945 in Theresienstadt TDB
58909 POL	Bendermacher, Dora **AuNo.: A-15???**	20.05.1915 20.05.1916 Piotrkow Blizyn-Auschwitz 31.07.1944	Befreit am 08.05.1945 in Theresienstadt TDB
58910 POL	Cola, Bina **AuNo.: A-153??**	07.05.1914 17.05.1915 Piotrkow Blizyn-Auschwitz 31.07.1944	Befreit am 08.05.1945 in Theresienstadt TDB

58911 POL	Cukier, [Zucker] Fela [,Hela'] [>Phyllis Eisenstein] **AuNo.: A-153??**	22.11.1923 Radom [,22.08.1922'] Blizyn-Auschwitz 31.07.1944	Befreit am 08.05.1945 in Theresienstadt TDB, SVHF 36966
58912 POL	Cwajgenbaum, Rosia **AuNo.: A-153??**	15.07.1923 Radom 15.07.1922 Blizyn-Auschwitz 31.07.1944	Befreit am 08.05.1945 in Theresienstadt TDB
58913 POL	Drewniana, Pesa [Pola] [>Pola Potaznik] **AuNo.: A-153??**	21.03.1923 Siedlce ['21.02.1919'] Radom Blizyn-Auschwitz 31.07.1944	Befreit am 08.05.1945 in Theresienstadt TDB, SVHF 35276
58914 POL	Drezner, Regina **AuNo.: A-153??**	29.12.1914 Radom [21.12.1918] Blizyn-Auschwitz 31.07.1944	Befreit am 08.05.1945 in Theresienstadt TDB
58915 POL	Drezner, Leja [Lola] **AuNo.: A-153??**	13.01.1917 Radom [23.01.1918] Blizyn-Auschwitz 31.07.1944	Befreit am 08.05.1945 in Theresienstadt TDB
58916 POL	Freimann, Eda [Edda] **AuNo.: A-153??**	14.11.1924 Czestochowa Blizyn-Auschwitz 31.07.1944	Befreit am 08.05.1945 in Theresienstadt TDB
58917 POL	Freimann, Anna [Chanka] **AuNo.: A-153??**	29.06.1921 Czestochowa Blizyn-Auschwitz 31.07.1944	Befreit am 08.05.1945 in Theresienstadt TDB
58918 POL	Friedmann, Dora **AuNo.: A-153??**	26.06.1921 Radom 26.06.1920 Blizyn-Auschwitz 31.07.1944	Befreit am 08.05.1945 in Theresienstadt TDB
58919 POL	Fumann, Roza [Rozia] **AuNo.: A-153??**	15.05.1902 Radom 15.05.1923 ? Blizyn-Auschwitz 31.07.1944	Befreit am 08.05.1945 in Theresienstadt TDB
58920 POL	Friedmann, Mania [Malka] [>Mania Wartecki] **AuNo.: A-153??**	28.06.1918 Radom ['28.06.1917'] Blizyn-Auschwitz 31.07.1944	Befreit am 08.05.1945 in Theresienstadt TDB, SVHF 16027
58921 POL	Frenkel, [Frenkiel] Hela **AuNo.: A-153??**	12.01.1915 12.01.17 Piotrkow Blizyn-Auschwitz 31.07.1944	Befreit am 08.05.1945 in Theresienstadt TDB

58922 POL	Grünmann, [Grinmann] Szyfra [Szifra] **AuNo.: A-153??**	07.11.1915 Modocin-Volano Blizyn-Auschwitz 31.07.1944	Befreit am 08.05.1945 in Theresienstadt TDB
58923 POL	Glat, Sara **AuNo.: A-15???**	02.02.1915 Bedzin 02.02.1917 Blizyn-Auschwitz 31.07.1944	Befreit am 08.05.1945 in Theresienstadt TDB
58924 POL	Gutherz, [Gutherc] Lola **AuNo.: A-15???**	05.10.1923 Radom 20.06.1923 Blizyn-Auschwitz 31.07.1944	Befreit am 08.05.1945 in Theresienstadt TDB
58925 POL	Gutherz, [Gutherc] Adela **AuNo.: A-15???**	12.03.1920 Sosnowitz Blizyn-Auschwitz 31.07.1944	Befreit am 08.05.1945 in Theresienstadt TDB
58926 POL	Goldszneider, [Goldschneider] Lola **AuNo.: A-15???**	15.05.1922 ['15.05.1920'] Piotrków Blizyn-Auschwitz 31.07.1944	Befreit am 08.05.1945 in Theresienstadt TDB
58927 POL	Gerenstadt, [Gerensztat] Ruchla [Rozia] **AuNo.: A-154??**	09.01.1923 10.01.1923 Tomaszow Blizyn-Auschwitz 31.07.1944	Befreit am 08.05.1945 in Theresienstadt TDB
58928 POL	Gerenstadt, [Gerensztat] Riva ['Tywa'] [Rywa] [>Riva Bojarski] **AuNo.: A-15444**	03.12.1926 [,03.12.1925'] Tomaszow Blizyn-Auschwitz 31.07.1944	Befreit am 08.05.1945 in Theresienstadt TDB, SVHF 44328
58929 POL	Gwiazda, Zosia [Sophie] **AuNo.: A-154??**	08.03.1924 Pabianice Blizyn-Auschwitz 31.07.1944	Befreit am 08.05.1945 in Theresienstadt TDB
58930 POL	Hoppe, Tauba **AuNo.: A-154??**	12.01.1916 12.05.1918 Tomaszów Blizyn-Auschwitz 31.07.1944	Befreit am 08.05.1945 in Theresienstadt TDB
58931 POL	Checinska, Regina **AuNo.: A-154??**	15.07.1920 Czestochowa Blizyn-Auschwitz 31.07.1944	Befreit am 08.05.1945 in Theresienstadt TDB

58932 **POL**	Choch, [Hoch] Lusia [>Lusia Belzycki] [>Sara Belzycki] **AuNo.: A-154??** [>F Schwägerin v. 58893]	19.02.1925 Radom Blizyn-Auschwitz 31.07.1944	Befreit am 08.05.1945 in Theresienstadt TDB, SVHF 9173 VP: 16.06.1970 Toronto Hessisches Staatsarchiv Bestand 274 Bl.426
58933 **POL**	Hoch, Edzia **AuNo.: A-154??**	16.11.1926 Radom 26.11.1926 Blizyn-Auschwitz 31.07.1944	Befreit am 08.05.1945 in Theresienstadt TDB
58934 **POL**	Janowska, Zlata **AuNo.: A-154??**	06.06.1917 06.06.1919 Sokolka Blizyn-Auschwitz 31.07.1944	Befreit am 08.05.1945 in Theresienstadt TDB
58935 **POL**	Jakubowicz, Hunna [>Chuma Dychtenberg] **AuNo.: A-154??**	09.04.1923 Tomaszów Blizyn-Auschwitz 31.07.1944	Befreit am 08.05.1945 in Theresienstadt TDB Starb am 08.06.2014 in Canada
58936 **POL**	Kirszbaum, Hanka ['Hanga'] **AuNo.: A-155??**	23.07.1915 24.07.1915 Tomaszów Blizyn-Auschwitz 31.07.1944	Befreit am 08.05.1945 in Theresienstadt TDB
58937 **POL**	Klecha, [Klecka] Sulamita [Salamith] **AuNo.: A-155??**	10.10.1925 Kalisz 10.10.1910? Blizyn-Auschwitz 31.07.1944	Befreit am 08.05.1945 in Theresienstadt TDB
58938 **POL**	Kurant, Ruchta **AuNo.: A-155??**	28.04.1926 Przytyk Blizyn-Auschwitz 31.07.1944	Befreit am 08.05.1945 in Theresienstadt TDB
58939 **POL**	Kleinmann, Hella **AuNo.: A-155??**	27.08.1924 20.08.1924 Tomaszów Blizyn-Auschwitz 31.07.1944	Befreit am 08.05.1945 in Theresienstadt TDB
58940 **POL**	Lew, Rachela **AuNo.: A-15???**	25.09.1925 Lodz Blizyn-Auschwitz 31.07.1944	Befreit am 08.05.1945 in Theresienstadt TDB
58941 **POL**	Lutenberg, Hisza [Chischa] **AuNo.: A-15???**	18.08.1925 17.08.1925 Bialystok Blizyn-Auschwitz 31.07.1944	Befreit am 08.05.1945 in Theresienstadt TDB, Vgl. Zschopau FloNo.: 61159

58942 POL	Luxembourg, [Luxenburg] Frymena [Ermeta] **AuNo.: A-15???**	15.03.1915 15.03.1916 Glowaczow Blizyn-Auschwitz 31.07.1944	Befreit am 08.05.1945 in Theresienstadt TDB
58943 POL	Milstein, Sara **AuNo.: A-156??**	05.05.1905 ['05.05.1907'] Tomaszów Blizyn-Auschwitz 31.07.1944	Befreit am 08.05.1945 in Theresienstadt TDB
58944 POL	Milstein, Fela **AuNo.: A-156??**	23.01.1920 Tomaszów Blizyn-Auschwitz 31.07.1944	Befreit am 08.05.1945 in Theresienstadt TDB
58945 POL	Milstein, [Mühlstein] Cenia (Gina) **AuNo.: A-156??**	05.08.1924 Tomaszów Blizyn-Auschwitz 31.07.1944	Befreit am 08.05.1945 in Theresienstadt TDB
58946 POL	Milstein, [Mühlstein] Cela [Zella] **AuNo.: A-156??**	08.07.1919 Tomaszów Blizyn-Auschwitz 31.07.1944	Befreit am 08.05.1945 in Theresienstadt TDB
58947 POL	Nejman, [Neumann] Blima **AuNo.: A-156??**	29.10.1906 Sosnowitz Blizyn-Auschwitz 31.07.1944	Befreit am 08.05.1945 in Theresienstadt TDB
58948 POL	Niewjadowska, [Niewiadomska] Frejla [Frajda] **AuNo.: A-156??**	04.12.1923 Warschau Blizyn-Auschwitz 31.07.1944	Befreit am 08.05.1945 in Theresienstadt TDB
58949 POL	Puterman, Hela [Chaja] **AuNo.: A-156??**	25.03.1926 Radom ['25.03.1924'] Blizyn-Auschwitz 31.07.1944	Befreit am 08.05.1945 in Theresienstadt TDB
58950 POL	Puter, Hanna [Chana] **AuNo.: A-156??**	21.07.1916 Radom Blizyn-Auschwitz 31.07.1944	Befreit am 08.05.1945 in Theresienstadt TDB
58951 POL	Rozeblum, Eta **AuNo.: A-15???**	12.01.1917 Lodz Blizyn-Auschwitz 31.07.1944	Befreit am 08.05.1945 in Theresienstadt TDB
58952 POL	Roza, [Ruza] Ania [Anna] **AuNo.: A-15???**	20.07.1920 Warschau Blizyn-Auschwitz 31.07.1944	Befreit am 08.05.1945 in Theresienstadt TDB

58953 POL	Neudorf [Rozenberg], Irene **AuNo.: A-15???**	17.09.1917 Plock ['17.09.1919'] Blizyn-Auschwitz 31.07.1944	Befreit am 08.05.1945 in Theresienstadt TDB
58954 POL	Rozen, Gitta [Jita] **AuNo.: A-157??**	01.06.1903 Warka 06.09.1908 Blizyn-Auschwitz 31.07.1944	Befreit am 08.05.1945 in Theresienstadt TDB
58955 POL	Rozenberg, Hela [Chaja] **AuNo.: A-157??**	20.05.1907 Warschau Blizyn-Auschwitz 31.07.1944	Befreit am 08.05.1945 in Theresienstadt TDB
58956 POL	Rafalowicz ['Ratalowicz'], Rizia [Rosa] **AuNo.: A-157??**	17.05.1923 Piotrków Blizyn-Auschwitz 31.07.1944	Befreit am 08.05.1945 in Theresienstadt TDB
58957 POL	Rafalowicz, Szewa **AuNo.: A-157??**	18.08.1900 ['10.05.1908'] Piotrków Blizyn-Auschwitz 31.07.1944	Befreit am 08.05.1945 in Theresienstadt TDB
58958 POL	Rotenberg, Rottenberg Jenta [Jentuscha] **AuNo.: A-157??**	15.09.1926 Pulawy [,25.09.1925'] Blizyn-Auschwitz 31.07.1944	**Starb am 05.05.1945 in Theresienstadt** an Tuberkulose Vgl.Yaja Boren S.213ff.
58959 POL	Rozanska, [Ruzanska] Golda [>Golda Kuc] **AuNo.: A-157??**	25.05.1920 ['25.05.1918'] Tomaszow Blizyn-Auschwitz 31.07.1944	Befreit am 08.05.1945 in Theresienstadt TDB, SVHF 22813
58960 POL	Rozenzwaig, Chava **AuNo.: A-157??**	03.03.1924 03.11.1924 Tomaszow Mazowiecki Blizyn-Auschwitz 31.07.1944	Befreit am 08.05.1945 in Theresienstadt TDB
58961 POL	Rozenzwaig, Sara [Sala] **AuNo.: A-157??**	14.02.1914 Tomaszów Mazowiecki Blizyn-Auschwitz 31.07.1944	Befreit am 08.05.1945 in Theresienstadt TDB
58962 POL	Rothard, [Rottbard] Bala [Bella] [>Bella Rosenbaum] **AuNo.: A-157??**	26.12.1925 Radom ['06.12.1923'] Blizyn-Auschwitz 31.07.1944	Befreit am 08.05.1945 in Theresienstadt TDB, SVHF 4807

58963 POL	Rojal, [Royal] Ida F: Tochter v. 58964 F: Schwester v 58965, 58966 **AuNo.: A-157??**	20.01.1924 Radom Blizyn-Auschwitz 31.07.1944	Befreit am 08.05.1945 in Theresienstadt TDB
58964 POL	Rojal, [Royal] Balbina F: Mutter v. 58963, 58965 und 58966 **AuNo.: A-157??**	07.05.1905 Radom ['05.05.1908'] Blizyn-Auschwitz 31.07.1944	Befreit am 08.05.1945 in Theresienstadt TDB
58965 POL	Rojal, [Royal] Lea Lusia F: Tochter v. 58964 F: Schwester v 58963, 58966 **AuNo.: A-157??**	30.07.1928 Radom 30.07.1927 Blizyn-Auschwitz 31.07.1944	Befreit am 08.05.1945 in Theresienstadt TDB
58966 POL	Rojal, [Royal] Renia F: Tochter v. 58964 F: Schwester v 58963, 58965 **AuNo.: A-157??**	14.06.1926 Radom Blizyn-Auschwitz 31.07.1944	Befreit am 08.05.1945 in Theresienstadt TDB
58967 POL	Uszerowicz [Swietalska], Ruta **AuNo.: A-157??**	05.05.1920 30.05.1921 Piotrków Blizyn-Auschwitz 31.07.1944	Befreit am 08.05.1945 in Theresienstadt TDB
58968 POL	Szarfhare, [Szarfharc] Tobka **AuNo.: A-157??**	10.02.1925 19.02.1925 Szydlowiec Blizyn-Auschwitz 31.07.1944	Befreit am 08.05.1945 in Theresienstadt TDB
58969 POL	Sztrajman, [Streimann] Bajla [Bela] [Bella] F: Schwester v. 58970 **AuNo.: A-157??**	06.07.1923 Radom 06.07.1924 Blizyn-Auschwitz 31.07.1944	Befreit am 08.05.1945 in Theresienstadt TDB, Starb 1976
58970 POL	Sztrajman, [Straimann] Sera [Yetty] [>Yaja Boren] F: Schwester v. 58969 **AuNo.: A-15791**	06.10.1926 Radom [,06.06.1926'] Blizyn-Auschwitz 31.07.1944	Befreit am 08.05.1945 in Theresienstadt TDB, SVHF 25625 We Only Have Each Other, W: 1968 Los Angeles B 162 / 3849 S.92

58971 POL	Sokolowska, Sara **AuNo.: A-15???**	10.03.1925 26.04.1926 ? Blizyn-Auschwitz 31.07.1944	Befreit am 08.05.1945 in Theresienstadt TDB
58972 POL	Szajnholc, [Scheinholz] Irka [Irena] **AuNo.: A-15???**	15.03.1921 15.03.22 Warschau Blizyn-Auschwitz 31.07.1944	Befreit am 08.05.1945 in Theresienstadt TDB
58973 POL	Scheffer, [Scheper] Jozefina [Josefine] **AuNo.: A-15???**	03.11.1912 Berzezany Blizyn-Auschwitz 31.07.1944	Befreit am 08.05.1945 in Theresienstadt TDB
58974 POL	Szwiczer, [Schnitzer] Sara [Sima Laja] **AuNo.: A-15???**	15.03.1920 Przetek Blizyn-Auschwitz 31.07.1944	Befreit am 08.05.1945 in Theresienstadt TDB
58975 POL	Szulmajszter, Nacia ['Mortka'] [Nesza] [>Naomi Steiman] **AuNo.: A-158??**	22.12.1921 ??.12.1919 Tomaszow Mazowiecki Blizyn-Auschwitz 31.07.1944	Befreit am 08.05.1945 in Theresienstadt TDB, SVHF 6622
58976 POL	Toronczyk, Frania **AuNo.: A-158??**	28.08.1914 Lodz 28.10.1915 Blizyn-Auschwitz 31.07.1944	Befreit am 08.05.1945 in Theresienstadt TDB
58977 POL	Tejblum, Saba [Scheindla] **AuNo.: A-158??**	10.09.1916 Radom 09.12.1917 Blizyn-Auschwitz 31.07.1944	Befreit am 08.05.1945 in Theresienstadt TDB
58978 POL	Turko, Ella [Eta] **AuNo.: A-158??**	05.08.1924 08.05.1924 Tomaszów Mazowiecki Blizyn-Auschwitz 31.07.1944	Befreit am 08.05.1945 in Theresienstadt TDB
58979 POL	Koperwas [Tyszler], Fajga [Feige] **AuNo.: A-158??**	15.11.1920? 05.08.1919 Przytyk Blizyn-Auschwitz 31.07.1944	Befreit am 08.05.1945 in Theresienstadt TDB
58980 POL	Tyszler, [Tischler] Hinda **AuNo.: A-158??**	20.02.1930 ['25.11.1925'] Przytyk Blizyn-Auschwitz 31.07.1944	Befreit am 08.05.1945 in Theresienstadt TDB

58981 **POL**	Wahrsager, [Warzager] Helena **AuNo.: A-158??**	30.12.1909 Tomaszow Blizyn-Auschwitz 31.07.1944	Befreit am 08.05.1945 in Theresienstadt TDB
58982 **POL**	Wajsbard, [Weissbard] Bina **AuNo.: A-158??**	15.12.1918 15.12.1920 Tomaszów Blizyn-Auschwitz 31.07.1944	Befreit am 08.05.1945 in Theresienstadt TDB
58983 **POL**	Wajgensberg, Maria [>Mary Siegelbaum] **AuNo.: A-158??**	02.03.1923 ['02.07.1923'] Tomaszow Blizyn-Auschwitz 31.07.1944	Befreit am 08.05.1945 in Theresienstadt TDB, SVHF 15964
58984 **POL**	Warzecha,'Waezechta' Zlata [>Sophie Samuels] F: Schwester v. 58985 **AuNo.: A-158??**	02.10.1925 Tomaszów Blizyn-Auschwitz 31.07.1944	Befreit am 08.05.1945 in Theresienstadt, TDB W: Forest Hills, NY B 162 / 3849 S.46, 87ff. VP: 04.06.1969
58985 **POL**	Warzecha, Frumeta [>Fruma Markowitz] F: Schwester v. 58984 **AuNo.: A-158??**	15.01.1921 Tomaszów Blizyn-Auschwitz 31.07.1944	Befreit am 08.05.1945 in Theresienstadt TDB, W: 1969 Philadelphia Vgl. B 162 / 3849 S.88
58986 **POL**	Wekselman, Rywka [Rifka] **AuNo.: A-158??**	08.06.1924 Radom 08.03.1924 Blizyn-Auschwitz 31.07.1944	Befreit am 08.05.1945 in Theresienstadt TDB
58987 **POL**	Singer [Rynger], Ita [Jita] **AuNo.: A-15???**	12.12.1907 Zamosc 20.12.1906 Blizyn-Auschwitz 31.07.1944	Befreit am 08.05.1945 in Theresienstadt TDB
58988 **POL**	Ajzenberg, [Eisenberg] Sala [Sara Lea] **AuNo.: A-15???**	10.06.1922 Glowaczow Blizyn-Auschwitz 31.07.1944	Befreit am 08.05.1945 in Theresienstadt TDB
58989 **POL**	Millermann, [Milerman] Luba ['Luha'] **AuNo.: A-15???**	12.12.1922 Radom 10.10.1922 Blizyn-Auschwitz 31.07.1944	Befreit am 08.05.1945 in Theresienstadt TDB
58990 **HUN**	Herskovics, [Herschkowits] Rozsi **AuNo.:**	02.06.1919 10.06.1919 Uzhorod	Befreit am 08.05.1945 in Theresienstadt TDB

58991 HUN	Herskovics, [Herschkowits] Joli [Jolan] **AuNo.:**	15.05.1923 ['15.05.1920'] Uzhorod	Befreit am 08.05.1945 in Theresienstadt TDB
58992 HUN	Blumenfeld, Rozsi **AuNo.:**	12.05.1915 Leva	Befreit am 08.05.1945 in Theresienstadt, TDB
58993 HUN	Sztransky-Blumenfeld, Aranka **AuNo.:**	24.02.1913 Leva	Befreit am 08.05.1945 in Theresienstadt, TDB
58994 POL	Goldberg, *Lajcerowicz Jenta [Jadzia] **AuNo.:**	14.05.1916 Tomaszow [Blizyn-Auschwitz 31.07.1944 ?]	Befreit am 08.05.1945 in Theresienstadt, TDB W: 1966 Montreal B 162 / 3849 S.46 B 162 / 3850 S.453
58995 SLO	Klein, Irma **AuNo.:**	10.01.1911 Pezinok	Befreit am 08.05.1945 in Theresienstadt TDB
58996 FRA	Murrate, [Murate] [Muratte] *Lendler Berte [Berthe] **AuNo.: 751??** [75125-75173]	14.12.1908 Bordeaux Drancy 67 Auschwitz 03.02.-06.02.1944	Befreit am 08.05.1945 in Theresienstadt TDB DP 210602771 Repatriiert: 05.06.1945
58997 FRA	Altan, [Atlan] Gisela [Gisele] **AuNo.: 75???** [75340-75400]	06.04.1924 Algerie [Bougie]Drancy 68 Auschwitz 10.02.-13.02.1944	Befreit am 08.05.1945 in Theresienstadt TDB
58998 FRA	Schwartzenberg, Rosette [>Rosette Levy] **AuNo.: 7????**	18.07.1924 Paris [Montmorency] Drancy 69 Auschwitz 07.03.-10.03.1944	Befreit am 08.05.1945 in Theresienstadt TDB DP 210110745 Repatriiert: 22.05.1945
58999 HOL	Velt, Petranda [Nelly] **AuNo.: 76???** [76076-76131]	12.02.1898 London Westerbork Auschwitz 23.03.-25.03.1944	Befreit am 08.05.1945 in Theresienstadt TDB
59000 FRA	Hasson, Juliette [>Julie Rovouna] **AuNo.: 76???** [76162-76309]	10.11.1926 Ücsküb Drancy 70 Auschwitz 27.03.-30.03.1944	Befreit am 08.05.1945 in Theresienstadt TDB Repatriiert: 20.05.1945
59001 ITA	Di Veroli, Silvia **AuNo.: 76788**	28.08.1914 Rom Fossoli-Auschwitz 05.04.-10.04.1944	Befreit am 08.05.1945 in Theresienstadt, TDB Repatriiert: 31.08.1945
59002 ITA	Di Nepi, [Cavaglia] Adrianne **AuNo.: 76???** [76776-76855]	03.11.1915 Rom Fossoli-Auschwitz 05.04.-10.04.1944	Befreit am 08.05.1945 in Theresienstadt TDB Repatriiert: 31.08.1945

59003 **ITA**	Tagliacozzo, *Di Segni Tosca [‘Torca’] **AuNo.: 76848**	17.06.1905 Rom 16.06.1905 Fossoli-Auschwitz 05.04.-10.04.1944	Befreit am 08.05.1945 in Theresienstadt TDB Repatriiert: 09.08.1945
59004 **ITA** GRE?	Mizan, [Misan] Esther **AuNo.: 7????** [76856-77183 ?]	1926 [15.08.1927] Arta [Athen-Auschwitz 11.04.1944 ?]	Befreit am 08.05.1945 in Theresienstadt TDB
59005 **FRA**	Taziel, [Tastiel] Suzanne **AuNo.: 76???** [76162-76309]	27.03.1903 Istanbul Drancy 70 Auschwitz 27.03.-30.03.1944	Befreit am 08.05.1945 in Theresienstadt TDB
59006 **FRA**	Tylmann, [Silberstein] Charlotte [>Charlotte Sienicka] **AuNo.: 78???** [78560-78782]	14.09.1911 Paris Drancy 71 Auschwitz 13.04.-16.04.1944	Befreit am 08.05.1945 in Theresienstadt TDB
59007 **DR**	Mikaly, [Mihaly] Gertrude **AuNo.:**	25.05.1928 Wien Wien-Auschwitz 26.04.1944	Befreit am 08.05.1945 in Theresienstadt TDB
59008 **BEL**	Boas, [‚Baas’] *Kaminetzka-Edelstein Henni [Henny] [>Henni Jolinger] **AuNo.:**	23.06.1904 Berlin 23.06.1909	Befreit am 08.05.1945 in Theresienstadt Geflüchtet: „13.04.45“ B 162 / 3851 S.619ff. Verstarb: 31.07.1968 Neptune, New Jersey
59009 **DR**	Cassel, [Kassel] Wera [Vera] **AuNo.:** [*nicht Fünfeichen]	06.05.1920 Pécs [05.06.1920 Fünfkirchen ?!]	Befreit am 08.05.1945 in Theresienstadt, TDB, PR: Berlin, Aufbau
59010 **HOL**	Sparenreyk, Marianne **AuNo.: A-25???** [A-25060 - A-25271]	28.12.1916 28.12.1926 ? Amsterdam Westerbork Auschwitz 03.09.-05.09.1944	Befreit am 08.05.1945 in Theresienstadt TDB
59011 **ITA**	Misul, [‚Misek’] Frida [‚Frieda’] [“Masoni”] [>Rugiadi] **AuNo.: A-5383**	03.11.1919 [03.11.1921 / 1920] Livorno Fossoli-Auschwitz 16.05.1944 [AuNo.23.05.1944]	Befreit am 08.05.1945 in Theresienstadt TDB Repatriiert: 31.07.1945 Starb: 20.04.1992 [Foto]
59012 **POL**	Gwiazda, Sala **AuNo.:** [F: vgl. 58929 ?]	08.10.1898 [Blizyn-Auschwitz 31.07.1944 ?]	**Schicksal ungeklärt**

59013 HUN	Mendelowicz, [Mendelovits] Basia [Berta] **AuNo.:**	24.05.1924 Rosalia	Befreit am 08.05.1945 in Theresienstadt TDB
59014 POL	Nitenberg, [Nittenberg] Golda [Genia] **AuNo.:**	21.08.1913 22.08.1912 Tomaszów Mazowiecki [Blizyn-Auschwitz 31.07.1944 ?]	Befreit am 08.05.1945 in Theresienstadt TDB
59015 CZE	Petöz, [Petöcz] Elisabeth **AuNo.:**	25.06.1916 Bratislava	Befreit am 08.05.1945 in Theresienstadt TDB
59016 HUN	Goldhammer, Ewa [Eva] **AuNo.:**	15.12.1922 Kecskemét	Befreit am 08.05.1945 in Theresienstadt TDB
59017 HUN	Marko, Rozsi **AuNo.:**	18.02.1900 [,1912'] Kecskemét	Befreit am 08.05.1945 in Theresienstadt TDB
59018 CZE	Beer, Olga **AuNo.: keine** [Durchgangslager]	15.08.1915 Theresienstadt Auschwitz 28.10.1944	Befreit am 08.05.1945 in Theresienstadt TDB
59019 HUN	Czymmerman, Szarolta [Charlotte] **AuNo.:**	01.06.1894 [,01.06.1906'] Buzinka	Befreit am 08.05.1945 in Theresienstadt TDB
59020 BEL	Dresner, [Dresdner] Jacheta **AuNo.:**	25.02.1908 20.02.1909 Miechow	Befreit am 08.05.1945 in Theresienstadt TDB
59021 POL	Goldberg, Helena [Chaja Rejla] **AuNo.:**	05.01.1910 Lodz	Befreit am 08.05.1945 in Theresienstadt TDB
59022 POL	[Wachstock] Gelbwachs, Leonora [Lola]**AuNo.:**	15.08.1902 ['15.08.1909'] Wadowice	Befreit am 08.05.1945 in Theresienstadt TDB
59023 POL	Gross, Anna **AuNo.:**	25.01.1904 25.01.1905 Jaworow	Befreit am 08.05.1945 in Theresienstadt TDB
59024 CZE	Horwath, [Horvath] Emma **AuNo.:**	20.01.1903 20.01.1909?	Befreit am 08.05.1945 in Theresienstadt TDB
59025 CZE	Horwath, [Horvath] Elisa [Elisabeth] **AuNo.:**	23.08.1906 23.08.1911? Satu Mare	Befreit am 08.05.1945 in Theresienstadt TDB

59026 **POL**	Herkowicz, Bella [Isabella] **AuNo.:**	19.01.1924 Lodz 19.02.1925	Befreit am 08.05.1945 in Theresienstadt TDB
59027 **POL**	Herskowicz, Genia **AuNo.:**	11.09.1920 Lodz	Befreit am 08.05.1945 in Theresienstadt TDB
59028 **HUN**	Herskowicz Hajnal **AuNo.:**	31.08.1913 Csepe 31.08.1914	Befreit am 08.05.1945 in Theresienstadt TDB
59029 **HUN**	Klein, Helene [Helen] **AuNo.:**	15.10.1928 [‚01.01.1923'] Bodrogszentmaria	Befreit am 08.05.1945 in Theresienstadt TDB
59030 **HOL**	Kuit, [Kult] Judith **AuNo.: keine** [Durchgangslager]	18.07.1915 Amsterdam Westerbork Theresienstadt Ev Auschwitz 28.10-30.10.1944	Befreit am 08.05.1945 in Theresienstadt TDB
59031 **HOL**	Kaufman, [Kauffmann] Marion [‚Marien'] **AuNo.: keine** [Durchgangslager]	02.09.1927 Hamburg Westerbork Theresienstadt Ev Auschwitz 28.10-30.10.1944	Befreit am 08.05.1945 in Theresienstadt TDB
59032 **CZE**	Königsberg, Sloma **AuNo.: keine** [Durchgangslager]	15.12.1906 Budzanov Wien- Theresienstadt Ev Auschwitz 28.10-30.10.1944	Befreit am 08.05.1945 in Theresienstadt TDB
59033 **POL**	Katz, Wanda **AuNo.:** F: Tochter v. 59034	30.11.1031 Lwów 30.09.1927	Befreit am 08.05.1945 in Theresienstadt TDB
59034 **POL**	Katz, Alma **AuNo.:** F: Mutter v. 59033	17.07.1910 [Ghetto Lvov]	Befreit [Ort unbekannt] Vgl. B 162/3851 S.528 USHMM
59035 **CZE**	Ornstein, [Ohrnsteinova] Selma **AuNo.: keine** [Durchgangslager]	19.02.1899 Wien Theresienstadt Ev Auschwitz 28.10-30.10.1944	Befreit am 08.05.1945 in Theresienstadt TDB „So war es ..." [Gefälschtes Tagebuch]

59036 HUN	Kosna, [Rosna] [Bokor] Edith **AuNo.:**	20.12.1922 Rimavska Sobota	Befreit am 08.05.1945 in Theresienstadt TDB
59037 HOL	Papagaay [,Papagaj'], [Papegasij] *Presser Klara [Clara] **AuNo.: keine** [Durchgangslager]	30.11.1912 Amsterdam Westerbork Theresienstadt Ev Auschwitz 28.10-30.10.1944	Befreit am 08.05.1945 in Theresienstadt TDB
59038 DR	Pasternak, Erika **AuNo.:**	25.12.1920 Leipzig [Tarnow ?]	Befreit am 08.05.1945 in Theresienstadt TDB
59039 POL	Regent, Erna **AuNo.:**	28.05.1920 Krakau [1926 ?] Plaszow-Auschwitz	Befreit am 08.05.1945 in Theresienstadt, TDB Aufbau: Windermere
59040 DR	Rumzstajn, [Rumstein] (,Rubinstein') Lola **AuNo.: keine** [Durchgangslager]	17.10.1897 17.10.1900 Tymova Theresienstadt Ev Auschwitz 28.10-30.10.1944	Befreit am 08.05.1945 in Theresienstadt TDB
59041 DR	Reiser, [Reiserova] Antonia **AuNo.: keine** [Durchgangslager]	14.06.1904 Bensov Dep.: Prag Theresienstadt Ev Auschwitz 28.10-30.10.1944	Befreit am 08.05.1945 in Theresienstadt TDB
59042 POL	Safrin ['Safum'], [Sahrin] Klara **AuNo.:**	26.11.1921 Stryj A: Wola Duchacka Hauptstr. 12 9 Plaszow-Auschwitz	Befreit am 08.05.1945 in Theresienstadt TDB, USHMM Distrikt Aufbau: Windermere
59043 CZE	Salomons, Ryszel [Rachele] **AuNo.: keine** [Durchgangslager]	04.12.1908 [,04.11.1918'] Winschoten Theresienstadt Ev Auschwitz 28.10-30.10.1944	Befreit am 08.05.1945 in Theresienstadt TDB
59044 CZE	Saxl ['Sayl'],[Saxlova] Edith **AuNo.: keine** [Durchgangslager]	30.06.1924 Theresienstadt Ev Auschwitz 28.10-30.10.1944	Befreit [Ort unbekannt] TDB: Wilischthal
59045 CZE	Schnitzler['Szlützler'], [Schnitlerova] Maria **AuNo.: keine** [Durchgangslager]	01.12.1920 Theresienstadt Ev Auschwitz 28.10-30.10.1944	Befreit am 08.05.1945 in Theresienstadt TDB

59046 **CZE**	*Jupiter, Szwarz, Edith **AuNo.: keine** [Durchgangslager]	19.04.1923 Theresienstadt Ev Auschwitz 28.10-30.10.1944	Befreit [Ort unbekannt] TDB: ‚Sachsenhausen'
59047 **CZE**	Steiner, Berta **AuNo.: keine** [Durchgangslager]	25.05.1908 Theresienstadt Ev Auschwitz 28.10-30.10.1944	Befreit [Ort unbekannt] TDB: Scharfenstein
59048 **POL**	Schaumer, *Falek Eugnenia F: Mutter v. 59049 **AuNo.:**	12.12.1912 Krakau [1906 ?] Plaszow-Auschwitz [22.10.1944 ?]	Befreit am 08.05.1945 in Theresienstadt TDB, [Kennkarte 737?] B 162 / 3850 S.289ff. VP: 05.02.1970 Tel Aviv, Holon B 162 / 3851 S.432ff.
59049 **POL**	Schaumer, Halina [>Helena Majtlis] F: Tochter v. 59048 **AuNo.:**	02.12.1931 Krakau 02.12.1930 ['15.08.1927'] Plaszow-Auschwitz [22.10.1944 ?]	Befreit am 08.05.1945 in Theresienstadt TDB B 162 / 3850 S.292ff. VP: 09.02.70 Tel Aviv B 162 / 3851 S.439ff.
59050 **POL**	Szer, Miriam **AuNo.:**	15.06.1924 Lublin 15.06.1925	Befreit am 08.05.1945 in Theresienstadt TDB
59051 **POL**	Teichman, [Tajchman] Miriam *Salz [>Miriam Meszulami] **AuNo.:**	25.04.1925 Krakau 25.06.1926 Plaszow-Auschwitz [Oktober 1944]	Befreit am 08.05.1945 in Theresienstadt Kennkarte 12550 B 162 / 3851 S.525ff. VP: 23.02.1971 Kibutz Necer-Sireni
59052 **HUN**	Weis, [Weiss] Aranka **AuNo.:**	13.02.1913 13.02.1916 Nyirbator	Befreit am 08.05.1945 in Theresienstadt TDB
55740 **HUN**	Friedman, Margit **AuNo.:**	02.10.1922 Ketbodony	Befreit am 08.05.1945 in Theresienstadt TDB

4.7 Literaturverzeichnis

Bauer, Goti. Una Vita Segnata in Voci della Shoah: testimonazione pernon dimenticare. La nuova Italia. Firenze. 1996

Benz, Wolfgang. Distel, Barbara. Der Ort des Terrors. Geschichte der nationalsozialistischen Konzentrationslager. Band 4 C.H.Beck Verlag. München. 2006

Boren, Yaja. We Only Have Each Other. PublishAmerica. Baltimore 2003

Czech, Danuta. Kalendarium der Ereignisse im KZ Auschwitz-Birkenau 1939-1945. Rowohlt. Reinbek bei Hamburg. 1989

Cziborra, Pascal. Frauen im KZ Möglichkeiten und Grenzen der historischen Forschung am Beispiel des KZ Flossenbürg und seiner Außenlager. Lorbeer Verlag. Bielefeld. 2010

Cziborra, Pascal. KZ-Autobiografien. Geschichtsfälschungen zwischen Erinnerungsversagen, Selbstinszenierung und Holocaust-Propaganda. Lorbeer Verlag. Bielefeld. 2012

Cziborra, Pascal. KZ Gundelsdorf. Fischers Liste. Lorbeer Verlag. Bielefeld. 2010

Cziborra, Pascal. KZ Oederan. Verlorene Jugend. Lorbeer Verlag. Bielefeld. 2008

Cziborra, Pascal. KZ Venusberg. Der verschleppte Tod. Lorbeer Verlag. Bielefeld. 2015

Cziborra, Pascal. KZ Wilischthal. Unter Hitlerauges Aufsicht. Lorbeer Verlag. Lemgo. 2007

Cziborra, Pascal. KZ Zschopau. Sprung in die Freiheit. Lorbeer Verlag. Lemgo. 2007

Frankl, Michal. Theresienstädter Gedenkbuch. Österreichische Jüdinnen und Juden in Theresienstadt 1942 -1945. Prag. 2005

Heigl, Peter. Konzentrationslager Flossenbürg. In Geschichte und Gegenwart. Bilder und Dokumente gegen das zweite Vergessen. Mittelbayrische Verlagsgesellschaft. Regensburg. 1989

Karny, Miroslav. Terezinska Pametni Kniha. Zidovske Obeti Nacistickych Deportaci Z Cech A Moravy. 1941-1945.Theresienstädter Initiative. Melantrich. 1995

Klarsfeld, Serge. Le mémorial de la déportation des juifs de France. Beate et Serge Klarsfeld.1978

Klarsfeld, Serge. Mémorial de la déportation des juifs de Belgique. Union des Déportés Juifs en Belqique. Bruxelles. 1982

Misul, Frida. Deportazione: il mio diario. Stampa. Livorno. 1980

Misul, Frida. Fra gli artigli mostro nazista: la più romanzesca delle realtà, il più realistico dei romanzi. Stabilimento Poligrafico Belforte. Livorno. 1946

Nitsche, Jürgen. Röcher, Ruth. Juden in Chemnitz. Die Geschichte der Gemeinde und ihrer Mitglieder. Michel Sandstein Verlag. Dresden. 2002

Ornstein, Selma. So war es … Tagebuchblätter, im KZ. geschrieben. In: Der Neue Weg. 1/2 – 39/40. Wien. 1946

Picciotto Fargion, Liliana. Il libro della memoria gli ebrei deportati dall'Italia (1943-1945). Mursia. Milano. 2002

Poloncarz, Marek. Die Evakuierungstransporte nach Theresienstadt (April-Mai 1945). S.242-262 In : Miroslav Kárný und Raimund Kemper. Theresienstädter Studien und Dokumente 1999. Metropol Verlag. Berlin. 1999

Schrire, Gwynne. In Sacred Memory: Recollections of the Holocaust by survivors living in Cape Town. Holocaust Memorial Council.Cape Town 1995

Sheridan, Kenneth Frank. Entführung 1934 : Episode aus der Frühzeit des Nazi-Regimes. Kidnap the jew. A reminiscence by Kurt Schlesinger. BIK. Marbach a.N. 2002

Siegert, Toni. 30000 Tote mahnen! Die Geschichte des Konzentrationslagers Flossenbürg und seiner 100 Außenlager von 1938 bis 1945. Verlag der Taubald'schen Buchhandlung. Weiden. 1987

Tzani, Fotini. Zwischen Karrierismus und Widerspenstigkeit – SS-Aufseherinnen im KZ Alltag. Lorbeer Verlag. Bielefeld. 2011

Weinmann, Martin. Das nationalsozialistische Lagersystem. Zweitausendeins. Frankfurt am Main. 2001

Archivalien

Bundesarchiv:

Barch, B 162 / 3849
Barch, B 162 / 3850
Barch, B 162 / 3851
Barch, B 162 / 3854
Barch, NS4 FL 393 Bd.2

Sächsisches Staatsarchiv Chemnitz:

StAC 31050 AU 586
StAC 31050 AU 2036
StAC 31050 AU 4261

Hessisches Staatsarchiv:

Bestand 274 Staatsanwaltschaft Marburg

Yad Vashem

YVA-064/32

Fotos

Frank Engel: Coverfoto 14.12.1991
Pascal Cziborra: F4, F6, F7, F8, F10, F16
Christian Brünig: F9, F11, F12, F13, F14
Hans J. Gravens: F5
Roberto Riugadi: FS17 (Familienarchiv)

Stadtarchiv Zschopau:
F1, F2, F3, F15

FOTINI TZANI

Zwischen Karrierismus und Widerspenstigkeit -

SS-Aufseherinnen im KZ-Alltag

ISBN: 978-3-938969-13-7 140 Seiten 19,95€

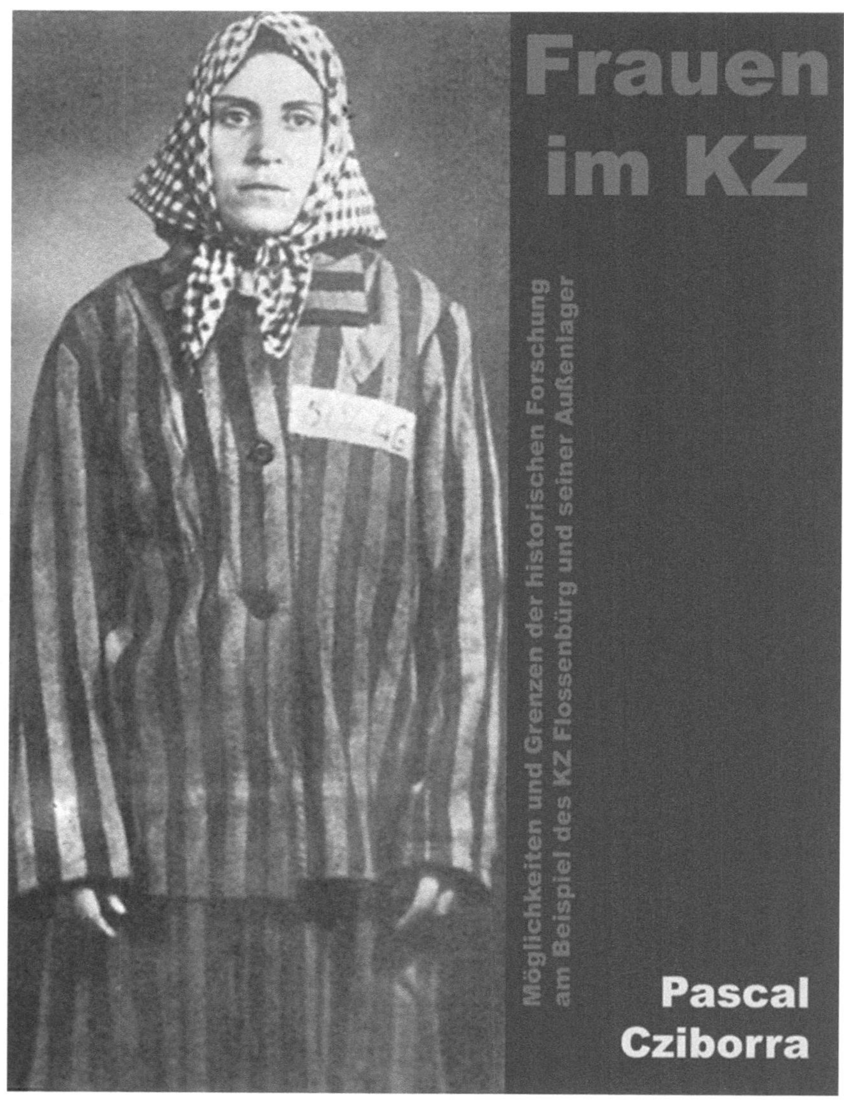

ISBN: 978-3-938969-10-6 460 Seiten 29,95€